Lorbeer
Literaturverlag

AF547186

ISBN 978-3-938969-28-1

Joachim Potthast

IM NETZWERK DER TÄTER

Eine Juristenkarriere im Reichssicherheitshauptamt

Lorbeer - Verlag
Bielefeld 2014

Für Margit

die mich ermuntert und unterstützt hat, dieses Buch zu schreiben. Darin wird die Lebensgeschichte ihres Vaters erzählt, die wegen der Ereignisse im Zweiten Weltkrieg zu einer starken persönlichen Betroffenheit führt. Dennoch haben wir beide gemeinsam die vorhandenen Unterlagen gesichtet und weiter nachgeforscht, um herauszufinden, was genau in den Zeiten geschehen ist, über die keiner gerne redet oder schreibt, wenn das familiäre Umfeld betroffen ist.
Beschrieben wird die typische Karriere eines jungen Juristen im Reichssicherheitshauptamt, wie der Weg dorthin führte, was seine Aufgaben während des Krieges waren – soweit nachvollziehbar – und was dies nach dem Krieg zur Folge hatte.

Margit und ich danken Christa Boltz-Hentschel, die für uns die Tagebücher „dechiffriert" hat, unserem Sohn Jan, dem Historiker, für seine hilfreichen Anregungen und Hinweise und unserem Sohn Jörg für die technische Hilfe.

Starnberg, 09.09.2013

Gliederung

1. Die Verhaftung

Am Donnerstag, den 20. Juni 1963, muss sich eine der Schlüsselszenen im Leben meines Schwiegervaters Jobst Thiemann abgespielt haben – ich selbst habe ihn leider nicht mehr persönlich kennengelernt. Sie ereignete sich am Amtsgericht Bielefeld und könnte sich nach den vorgefundenen Dokumenten folgendermaßen abgespielt haben: *„Im Namen des Volkes ergeht folgendes Urteil: Der Angeklagte wird vom Vorwurf der Trunkenheitsfahrt freigesprochen.....“* Der Strafrichter hat wieder Platz genommen und begründet in kurzen Zügen seinen Freispruch.

„Danke, Herr Rechtsanwalt, ich bin Ihnen ja so dankbar, dass ich meinen Führerschein wieder habe!“ flüstert der soeben Freigesprochene seinem Verteidiger zu. Der Rechtsanwalt ist Jobst Thiemann, ein hochgewachsener, rotblonder Ostwestfale. Der kleine Schmiss am Kinn deutet darauf hin, dass er in einer schlagenden Verbindung aktiv gewesen ist.

Jobst hört der Urteilsbegründung nur halb zu, etwas stimmt heute nicht im Gerichtssaal, keine Schulklasse ist anwesend, keine Familienangehörigen, nur einer der üblichen Pensionäre, die sozusagen die Öffentlichkeit des Strafgerichts herstellen. Ihn beunruhigen aber die zwei jungen Männer in den schwarzen Lederjacken, die zu Beginn der Verhandlung in der letzten Zuschauerreihe Platz genommen haben.

Der Strafrichter ist mit seiner mündlichen Begründung am Ende, der Staatsanwalt macht mit grimmiger Miene Notizen in seiner Akte. Jobst erhebt sich, packt die Handakte in seine schwarze Aktentasche, verabschiedet sich von seinem glücklichen Mandanten und wendet sich dem Ausgang zu.

In diesem Moment kreuzen die beiden Lederjacken seinen Weg zur Tür. Der ältere der beiden zückt die bekannte Marke am Kettchen aus der Tasche.

„Kriminalpolizei, Sie sind vorläufig festgenommen. Folgen Sie uns bitte auf den Flur.“

Jobst lebt seit Jahren in Angst vor diesem Moment, aber dass die Justiz so erniedrigend zuschlagen würde, macht ihn sprachlos.

Er muss damit gerechnet haben, dass sie eines Morgens diskret in seiner Kanzlei auftauchen, ihm eine halbe Stunde Zeit geben, die notwendigsten Telefonate zu führen und vor allen Dingen seine Frau Inge zu verständigen. So schaut er nur in die überraschten Augen seines Mandanten, der ihm auf den Flur gefolgt ist. Auf einen Wink des Kriminalbeamten entfernt sich dieser sichtlich verstört. Nun steht Jobst in Anwaltsrobe den beiden Beamten gegenüber, der ältere spricht leise und dezent:

„Sie kennen sich im Strafrecht ja bestens aus, wie wir gerade gesehen haben, jetzt geht's zum Haftrichter."

Die Herren kommen vom Landeskriminalamt in Düsseldorf. Jobst lässt sich den Haftbefehl zeigen und liest ihn durch.

„Was wollen Sie von mir?"

„Wir müssen Sie sofort an das zuständige Gericht nach Dortmund überstellen."

„Meine Herren, der Haftbefehl muss ja wohl zunächst einmal verkündet werden. Lassen Sie uns bitte zunächst mit Amtsgerichtsdirektor Schnell klären, ob das alles rechtens ist, was Sie hier machen."

„Der ist informiert und hat die Erlaubnis erteilt, Sie im Amtsgericht festzunehmen. Folgen Sie uns bitte ins Nebengebäude zum Haftrichter."

Dann nehmen sie Jobst mit energischem Griff in die Mitte und führen ihn über den Flur in das Nebengebäude zum Untersuchungsgefängnis. Amtsgerichtsrat Ostermeyer verliest formell den kurz und knapp formulierten Haftbefehl des Amtsgerichts Ratingen vom 11. Juni 1963. Er ruft dann den Haftrichter in Ratingen an und fragt, ob darauf bestanden werde, den Haftbefehl sofort zu vollziehen, Rechtsanwalt Thiemann sei hier bestens bekannt. Der Haftrichter in Ratingen bestätigt, dass der Haftbefehl auf jeden Fall vollzogen werden müsse.

Ingeborg (Inge) Thiemann, die Frau von Jobst, schreibt am 20.06.1963 in ihr Tagebuch:

> „Um 12.30 Uhr steht Jobst mit Justizbeamten bei uns zu Hause vor der Tür. Er ist verhaftet. Er durfte nur noch einige persönliche Sachen holen.“[1]

Wenig später kommt die Tochter Margit, meine Frau, damals 15 Jahre alt, aus der Schule. Sie erinnert sich:

> „Ich stapfe müde nach der Schule heimwärts durch die Senner Heide. Von weitem registriere ich, dass vor unserem Gartentor ein Auto parkt. Als ich näher komme, sehe ich, dass meine Mutter weint. Mein Vater steht schweigend neben einem Polizeibeamten. Unsere Hunde schleichen mit hängenden Köpfen um diese Gruppe herum. Ich erstarre innerlich und spüre, dass hier etwas Schlimmes passiert ist. Ich frage meinen Vater, was denn geschehen sei. Er sagt nur: ‚Ich gehe ein bisschen ins Gefängnis.’ Ich frage, was er denn getan habe? Die knappe Antwort lautet: ‚Es ist noch etwas aus dem Krieg.’ Nie zuvor wurde bei uns über den Krieg gesprochen. Ich bin völlig ahnungslos. Ich umarme meinen Vater kurz und hilflos. Dann steigt er in das wartende Auto und sie fahren davon.“[2]

Jobst nimmt zur Wahrnehmung seiner Interessen die Hilfe des Kollegen Wilhelm Wegner in Anspruch. Dieser schreibt am 28.06.1963 an den Bielefelder Anwaltsverein wegen der ungewöhnlichen Umstände der Verhaftung von Jobst. Der Anwaltsverein nimmt sich des Vorganges an und lädt zum 01.07.1963 zu einer außerordentlichen Mitgliederversammlung ein. Einziger Tagesordnungspunkt: „Verhaftung eines Anwalts im Amtsgericht.“ Das Ergebnis der Versammlung finden wir nicht in den Unterlagen. Offensichtlich erscheinen die Anschuldigungen

---

[1] Ingeborg Thiemann, Tagebucheintrag vom 20.06.1963 – Privatarchiv

[2] Margit Potthast, Erinnerungen

schwerer als die ungewöhnlichen Umstände der Verhaftung eines noch in Robe tätigen Rechtsanwalts im Amtsgericht, sodass der Anwaltsverein vornehme Zurückhaltung ausübt.
Die Presse berichtet über die Verhaftung von Jobst, allen voran die Bild-Zeitung. Auf Seite 2 ist zu lesen:

> „**Verhaftet** wurde der Rechtsanwalt Thiemann (52) aus Bielefeld. Er soll als SS-Führer 1942 an Massenerschießungen im Osten beteiligt gewesen sein.“[3]

Etwas ausführlicher berichtete die örtliche „Freie Presse“ am gleichen Tage:

> „Der angesehene Rechtsanwalt Jobst Thiemann aus Brackwede wurde, wie erst am Freitag verlautete, am Donnerstagvormittag im Bielefelder Amtsgericht von Beamten der politischen Polizei festgenommen. Er wurde sofort dem Bielefelder Haftrichter vorgeführt, der ihm einen Haftbefehl des Amtsgerichtes Ratingen verkündete. Man beschuldigt Thiemann, als SS-Führer im Jahre 1942 in der Gegend von Gorlowka (Russland) Beihilfe zur Tötung zahlreicher potentieller Gegner des NS-Regimes geleistet zu haben. Thiemann stammt aus Bielefeld. Vor einigen Jahren eröffnete er in Brackwede eine Anwaltspraxis. Vor den Bielefelder Gerichten trat er als Strafverteidiger und als Anwalt in Zivilprozessen auf.“[4]

Die „Westfälische Zeitung“ schreibt am 22.06.1963 unter dem Titel „Der Teilnahme an Erschießungen verdächtigt“:

> „Der 52 Jahre alte Rechtsanwalt Jobst Thiemann aus Brackwede ist aufgrund eines Haftbefehls des Amtsgerichts Ratingen festgenommen worden. Die Festnahme erfolgte auf dem Flur des Bielefelder Amtsgerichts.

---

[3] Bild-Zeitung, Bielefeld, 22.06.1963
[4] Freie-Presse, Bielefeld, 22.06.1963

> Thiemann hatte gerade einen wegen Trunkenheit am Steuer angeklagten Mann verteidigt. Man wirft dem Anwalt vor, im Jahre 1942 als Angehöriger der SS an Massenerschießungen in Gorlowka (Russland) beteiligt gewesen zu sein. Wie verlautet, ist Thiemann in dieser Sache schon früher einmal vernommen worden.“[5]

Die „Freie Presse“ verfolgt das Thema weiter und meldet am 04.07.1963:

> „…Nach Auskunft der Dortmunder Staatsanwaltschaft, in deren Händen das Ermittlungsverfahren liegt, habe Thiemann zu einem 90-köpfigen Einsatzkommando gehört. Nähere Angaben über dieses Kommando, dessen Führer als Hauptangeklagte vor Gericht gestellt werden sollen, lehnte die Staatsanwaltschaft ‚im Interesse der weiteren Aufklärung’ ab. Sie teilte lediglich mit, dass zu den Opfern potentielle Gegner des NS-Regimes – also Juden, kommunistische Kommissare und Funktionäre – gehört haben sollen.“[6]

Was ist der genaue Hintergrund dieser Verhaftung? Welche Vorwürfe werden im Einzelnen gegen Jobst erhoben? Welche Funktionen hat er von 1939-45 ausgeübt? War er ein einfacher Regierungsbeamter oder ein hoher SS-Offizier? War er etwa, wie sein Schwiegervater Gustav Adolf Kunzelmann (Major a.D.) 1964 vermutet, „einer der engsten Mitarbeiter des SS-Generals Heinrich Müller (Gestapo-Müller)?“[7]

Unsere Spurensuche beginnt.

---

[5] Westfälische Zeitung, Bielefeld, 22.06.1963
[6] Freie Presse, Bielefeld, 04.07.1963
[7] Gustav Adolf Kunzelmann, Die NS-Kriegsverbrecherprozesse und unser Jobst Thiemann, Notiz vom November 1964 – Privatarchiv

2. Die Umzugskiste

Als Margit und ich 1980 von Bielefeld nach München umziehen, schleppen wir einen der vielen Umzugskartons. Mein Vater, der uns hilft, fragt: „Was ist denn da drin?“ Margit: „Das sind die Unterlagen von meinem Vater.“ Mein Vater: „Das bleibt nun von einem ganzen Leben übrig – ein einziger Karton.“

In dem Karton finden wir viele belanglose Aktenordner, Anwaltskorrespondenz, Abrechnungen u.s.w. Bei einer ersten Durchsicht fällt die Haftakte auf mit den vielen Haftprüfungsterminen, es gibt aber keine Anklageschrift. Später finden wir nach sorgfältiger Lektüre unter harmlosen Aktendeckeln noch manche brisante und überraschende Dokumente. Sie scheinen gezielt verstreut und in den Akten versteckt. Dann ist da noch die verschlossene Stahlkassette. Wir öffnen sie und finden viele kleine Jahreskalender, eng in Sütterlin beschrieben, für uns kaum lesbar. Jobst hatte schon als Schüler mit seinen Aufzeichnungen begonnen. Die gefundenen Tagebücher belegen die Jahre 1926 bis zum Tode von Jobst 1966. Was fehlt, sind die Tagebücher von 1939-45. Wo sollen wir sie noch suchen? Gibt es noch andere Dokumente aus dieser Zeit? Wir gehen dieser Frage zunächst nicht weiter nach.

Fast 30 Jahre später beginnen Margit und ich, den Inhalt dieser Umzugskiste genauer zu sichten.

Wir stellen alle möglichen Überlegungen an und suchen überall – die Tagebücher von 1939-45 sind nicht mehr aufzufinden. Dass sie geschrieben wurden, beweisen die minutiösen Aufzeichnungen der übrigen Tagebücher. Wer so intensiv seinen Tagesablauf über Jahre festhält, ändert diese Gewohnheit wegen des Krieges nicht, selbst wenn das offiziell verboten war. Wer es dennoch tat, den traf allenfalls die schwarze Tinte des Zensors seiner Einheit. Mein Vater, ebenfalls ein eifriger Tagebuch-Schreiber, auch während des gesamten Krieges, übergab seine Aufzeichnungen vor seinem letzten Einsatz in der Normandie im Juli 1944 mit seinem Einmann-Torpedo dem Stabsarzt der Flottille. Mein Vater geriet bei dieser Aktion in englische Gefangenschaft. Kurz vor Weihnachten 1944 übergab ein Marineoffizier die Tagebücher der Familie meines Vaters, allerdings verdeckte ein dicker schwarzer Balken viele einzelne Worte in den Aufzeichnungen. Trotz allen Suchens sind die Aufzeichnungen von Jobst für die Kriegsjahre jedoch nicht mehr aufzufinden.

Also beginnen wir mit unserer Spurensuche in der Umzugskiste. Darin finden wir überwiegend Schnellhefter, die weder beschriftet noch strukturiert geordnet sind. Es ist eine Menge von Dokumenten, die wir sichten und nach und nach wie ein Puzzle versuchen zusammenzusetzen.

In der Umzugskiste finden wir zunächst einen Lebenslauf, den Jobst 1935 verfasst hat:

> „Am 12. Juni 1911 wurde ich als Sohn des Fabrikanten Heinrich Thiemann in Gütersloh geboren. Nachdem meine Eltern nach Bielefeld umgezogen waren, bestand ich 1930 die Reifeprüfung am Helmholtz-Gymnasium.“[8]

Sein Vater war Besitzer einer Fleischfabrik im westfälischen Rheda. Später zog er um nach Bielefeld und lebte dort als Privatier. Sein Vermögen hatte er im Wesentlichen in Immobilien angelegt, er war also ein wohlhabender Mensch, frei von dem Zwang, einer täglichen Arbeit nachgehen zu müssen. Seine Mutter Hanna ist eine geborene Faust. Jobst hat noch zwei jüngere Schwestern, Margret (Gretlein) und Marlies.

Nach dem Abitur, beginnend 1930, finden wir für jedes Jahr ein Notizbuch mit regelmäßigen Aufzeichnungen von Jobst – wie gesagt: mit Ausnahme der Kriegsjahre.

---

[8] Jobst Thiemann, Lebenslauf von 1935 – Privatarchiv

3. Die schlagende Verbindung

Am 23.04.1930 fährt der angehende Jura-Student Jobst nach Marburg, Ankunft 16.39 Uhr, er begibt sich sofort auf „Budensuche“ bis 19.00 Uhr, wie Jobst minutiös im Tagebuch notiert. Er übernachtet im Christlichen Hospiz. Am folgenden Tag mietet er eine Bude, holt den Koffer vom Hauptbahnhof und besucht die erste Vorlesung in Zivilrecht. Der Tag endet mit einer „Kneipe“ bei der Sängerschaft Hohenstaufen. Eine „Kneipe“ ist eine traditionelle studentische Feier unter der Leitung des amtierenden Vorsitzenden (Erstchargierten) der Verbindung. Es werden Reden geschwungen, Lieder aus dem studentischen Kommersbuch gesungen und es wird jede Menge Bier auf Kommando des Erstchargierten getrunken.
Die Tagebucheintragungen beginnen immer mit dem Wetter, hier am 30.04.1930:

> „Gut, nachmittags trübe, abends etwas Regen. Lange geschlafen. Mit Hohenstaufen zum Wandelkonzert der Reichswehr, mit Werner Mittagessen bei den Hohenstaufen, auf dem Paukboden der Hohenstaufen. Nachmittags geschlafen. Abends zur Maikneipe der Hohenstaufen. Um halb Zwölf mit Lampions zum Schloss. Um Mitternacht dort gesungen ‚Der Mai ist gekommen.‘ Fortsetzung der Kneipe auf dem Haus der Hohenstaufen.“[9]

Auf dem Paukboden wird bei den schlagenden Verbindungen mit scharfen Waffen gefochten. Und weiter am 01.05.1930:

> „Gut. Morgens, besser: nachts, 1 Uhr melde ich mich aktiv bei den Hohenstaufen. Um 3 Uhr zu Haus. Um 10 Uhr mit Moses Couleur [Anm.: Kleidung der Verbindungsstudenten] gekauft, spazieren, bei Kratz [Gaststätte]. Mittags in der Mensa. Zum Fechtmeister. Nachmittags 4-6 zum Schloss. Abends in der Sommervorlesung, ‚Weimarer Verfall‘. Bei Kratz.“[10]

---

[9] Jobst Thiemann, Tagebucheintrag vom 30.04.1930 – Privatarchiv
[10] Jobst Thiemann, Tagebucheintrag vom 01.05.1930 – Privatarchiv

Mit seiner „aktiv“-Meldung hat Jobst formell seine Aufnahme bei den Hohenstaufen beantragt. Er hat sich umgehend eingekleidet mit Jacke, Mütze und Bändern in den Farben seiner Sängerschaft (Couleur). Damit ist er auch in der Öffentlichkeit als Verbindungsstudent erkennbar.
Der Mai vergeht mit Fechtstunden auf dem Paukboden, mit Kneipen, Singstunden und „Budenzauber auf meiner Bude mit Grammophon.“
Am 21.05.1930 gelobt Jobst feierlich durch Handschlag, „den akademischen Gesetzen und Behörden Gehorsam zu leisten, den akademischen Lehrern die schuldige Achtung zu erweisen, einen seines Standes würdigen Lebenswandel zu führen und seinen Studien mit Eifer obzuliegen.“ Damit ist er als Student der juristischen Fakultät der Phillipps-Universität Marburg aufgenommen.

Am 02.06.1930 wird Jobst offiziell als Mitglied bei den Hohenstaufen aufgenommen.
Die Verbindungsstudenten sind auch politisch stets aktiv und in der Öffentlichkeit präsent. Am 29.06.30 marschiert die gesamte Marburger Studentenschaft zum Bismarckturm und feiert die Befreiung des Rheinlandes von der französischen Besatzung. Am nächsten Tag besucht Jobst den Zapfenstreich der Reichswehr zum gleichen Anlass.
Bei bestimmten Veranstaltungen, bei Bällen und Hauskonzerten, dürfen auch junge Damen teilnehmen. Jobst lernt in Marburg Eva kennen, tanzt mit ihr auf den Festen der Sängerschaft, flaniert mit ihr im Schlosspark und geht mit ihr zum Baden.
Tagebucheintrag zum Semesterschluss am 31.07.1930:

> „Ein funds Semester ex! Sing-sang und kling-klang, es zog ein Bursch hinaus!“[11]

---

[11] Jobst Thiemann, Tagebucheintrag vom 31.07.1930 – Privatarchiv

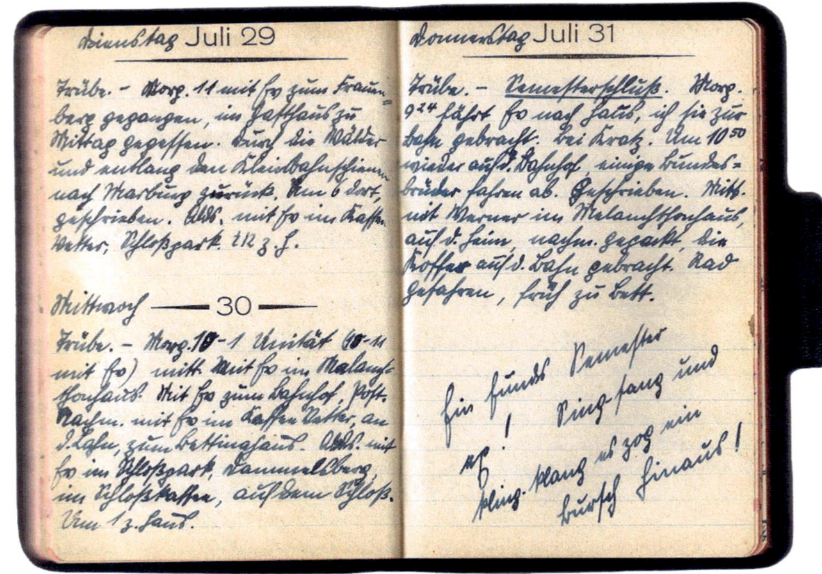

Abb. 1: *Tagebuchseite 31.07.1930*

Zurück in Bielefeld besucht Jobst mit seinem Vater verschiedene politische Veranstaltungen, er hört den Gauleiter von Westfalen, Joseph Wagner, und andere NSDAP-Redner, besucht aber auch Veranstaltungen der SPD. Am 14.09.1930 ist Reichstagswahl, die Ergebnisse werden im Tagebuch aber nicht festgehalten oder kommentiert. Sonntags geht Jobst mit dem Vater gemeinsam in die Kirche. Vater und Sohn leben offensichtlich in friedlicher Eintracht.

Der Oktober beginnt mit einem Kommers mit Damen in Hannover anlässlich des Niedersachsentages. Der Kommers ist im Gegensatz zur Kneipe ein wesentlich offizielleres und förmlicheres Fest der Studentenverbindungen. Jobst verbindet dies mit einem Verwandtenbesuch in Peine bei den Großeltern seiner Mutter, der Familie Faust.

Das nächste Semester beginnt. In Marburg geht das Studentenleben weiter mit dem Semesterantrittskommers. Es folgen Fechtstunden auf dem Paukboden, Singstunden und unzählige Kneipen. Im November fechten die Hohenstaufen gegen die Leopoldina mit anschließender Mensurkneipe.

Hier ein exemplarischer Tagebucheintrag vom 03.12.1930:

> „Gutes Wetter. Morgens 8-9 Paukboden, 9-1 Unität, Mittags Fronhof [Gaststätte], Fuxenstunde [Unterweisung der Füxe, der Fux ist noch Mitglied zur Probe]. Geschrieben. 4-5 zahnärztliche Klinik, gearbeitet, 6-8 Unität. Abends ½ 9 Vortrag von Driehaus ‚Sexualität und Akademikertum'. Lange Diskussion. Anschließend fast alle bei Kratz. 1 Uhr zu Hause."[12]

Im Dezember werden die Burschen geprüft mit anschließender „feierlicher Burschung" (der Fux wird damit als vollwertiges Mitglied, als Bursche, in die Verbindung aufgenommen). Neben den Stammgaststätten „Kratz" und „Fronhof" trifft sich Jobst auch öfter mit seinen Bundesbrüdern im Wartesaal des Marburger Bahnhofs auf ein Bier.
Am 18.01.31 ziehen alle Marburger Korporationen zum Marktplatz und legen nach diversen Ansprachen ihr Treuegelöbnis ab. Ende des Monats fährt Jobst zum Reichskommers nach Berlin und genießt die Veranstaltungen einschließlich Konzert und Ball. Auf der Rückfahrt trifft er am 21.01.1931 Eva in Halle. „Wir beide zu ihr, Abendessen, unterhalten."[13]
Am 07.02.31 werden wieder die Damen des Pensionates Bardox abgeholt zum großen Tanzfest in das Marburger Verbindungshaus. „Alles ist dekoriert mit Girlanden, Fahnen und Lampions."[14] In diesem Semester ist Fräulein Fischer die Auserwählte, seine Liebe gilt allerdings eindeutig dem Säbelfechten.

---

[12] Jobst Thiemann, Tagebucheintrag vom 03.12.1930 – Privatarchiv
[13] Jobst Thiemann, Tagebucheintrag vom 21.01.1931 – Privatarchiv
[14] Jobst Thiemann, Tagebucheintrag vom 07.02.1931 – Privatarchiv

Abb. 2: *Szenen aus dem Studentenleben 1931, Bild oben: Jobst sitzend rechts, Bild unten: obere Reihe, zweiter von rechts*

Nach dem Semesterschlusskommers heißt es am 28.02.1931: „2. Semester ex."[15] Jobst fährt wieder nach Bielefeld, hilft der Mutter im Haus, geht mit Vater und den beiden Schwestern in die Kirche und besucht mit Vater u.a. die Veranstaltungen in Bethel zu Pastor von Bodelschwinghs 100. Geburtstag.
Anfang April fährt Jobst wieder nach Marburg. Er „keilt" (wirbt) zwei neue Bundesbrüder und kann am 13.04.1931 vermelden: „Mielke als erster Fux der SS meldet sich aktiv."[16] Hier taucht im Tagebuch zum ersten Mal das Kürzel SS auf. Der neue Fux zeigt in der Verbindung seine politische Flagge. Jobst wird zum Fux-Major gewählt, das bedeutet, dass er sich um die bislang nur zur Probe aufgenommenen Bundesbrüder kümmern muss.

Abb. 3: *Der stolze Verbindungsstudent, Pfingsten 1931*

[15] Jobst Thiemann, Tagebucheintrag vom 28.02.1931 – Privatarchiv
[16] Jobst Thiemann, Tagebucheintrag vom 13.04.1931 – Privatarchiv

Nach einer offiziellen Säbelpartie wird wieder kräftig gefeiert. „Seit 39 Stunden nicht mehr geschlafen. Aber fundsmäßig!“[17]
Nach etlichen Fechtpartien, Kommersen und für den Außenstehenden schwer verständlichen Schiedsgerichten bei den Hohenstaufen begibt sich Jobst am 20.05.31 für eine Woche in die Klinik. Zur Diagnose erfahren wir nur, dass er in der Halsklinik untersucht wurde, ansonsten ist der Aufenthalt erholsam, man vergnügt sich bei Bowle mit Grammophonmusik. Anschließend ist er für kurze Zeit in Bielefeld bei der Familie.
In Marburg geht das kurzweilige Studentenleben weiter. Die Bundesbrüder holen sich wieder die Damen vom Pensionat zum Tanzkränzchen auf das Hohenstaufen-Haus: „Ein ganz fundiges Fest!“[18]
Der Juni ist voll von fidelen Feiern. Nach dem Pauktag in Würzburg am 20.06.1931 ist zu lesen: „Funds-Kneipe. Schwankender Nachhauseweg.“[19] Am folgenden Sonntag wird konsequent vom Früh- bis zum Dämmerschoppen weitergetrunken. „Schwankend zum Bahnhof zur Rückfahrt nach Marburg.“[20]
Anlässlich des Stiftungsfestes am 11.07.1931 führt der Chor von Stephani, in dem Jobst mitsingt, ein Konzert auf. „Glänzend gelungen!“[21] Fazit am 30.07.31: „Ein erlebnisreiches, herrliches Sommersemester ex! Sing sang und kling klang, es zog ein Bursch hinaus.“[22]
Seine Mutter schreibt ihm während dieser Zeit liebevolle, aber auch besorgte Briefe, die gewöhnlich mit den Worten beginnen: „Mein Herzensjunge!“ Sie warnt ihn vor heftigem Trinken in der schlagenden Verbindung, er solle ein Mann sein mit einem eigenen Willen, der auch einmal „nein“ sagen kann. Sie sorgt sich bei so viel Verbindungstrubel: „Bleibt Dir überhaupt noch Zeit zum Studium?“[23] Und heimlich verrät sie ihm: „Dein Vater

---

[17] Jobst Thiemann, Tagebucheintrag vom 02.05.1931 – Privatarchiv
[18] Jobst Thiemann, Tagebucheintrag vom 04.06.1931 – Privatarchiv
[19] Jobst Thiemann, Tagebucheintrag vom 20.06.1931 – Privatarchiv
[20] Jobst Thiemann, Tagebucheintrag vom 21.06.1931 – Privatarchiv
[21] Jobst Thiemann, Tagebucheintrag vom 11.07.1931 – Privatarchiv
[22] Jobst Thiemann, Tagebucheintrag vom 30.07.1931 – Privatarchiv
[23] Hanna Thiemann, Brief vom 03.05.1931 – Privatarchiv

erwartet, dass Du aus der Verbindung austrittst."[24] Auch ihn treibt die Sorge, dass die Hohenstaufen seinen Sohn vom zielstrebigen Lernen abhalten.
Zurück in Bielefeld besucht Jobst mit seinem Vater diverse Veranstaltungen der NSDAP. Er ist beim Reiterfest in Oldendorf bei Osnabrück und bei den Verwandten auf dem Bauernhof in Tittingdorf, einer kleinen Ortschaft im Kreis Melle nahe Osnabrück. In Melle endet eine „Naziversammlung mit schwerem Zechen im Hinterstübchen"[25]. In Bielefeld ist Jobst öfter Beobachter beim Gericht. Wenn ihm langweilig ist, schießt er daheim Spatzen, damit sie die Obstbäume in Ruhe lassen. Bei einer Versammlung prallen NSDAP und KPD aufeinander, „viel Krach, interessant."[26] Noch ist Jobst nur interessierter Beobachter der politischen Szene, das wird sich aber bald ändern.
Am 27.10.1931 fährt Jobst nach Berlin, begibt sich auf „Budensuche" und immatrikuliert sich. Nachdem er in Stenografie bereits geübt ist, besucht er einen Schreibmaschinenkurs. Jetzt beginnt er auch Klausuren zu schreiben, um die für das Examen notwendigen Nachweise in den verschiedenen Rechtsgebieten zu erwerben.
Das gesellschaftliche Leben in Berlin ist faszinierend für ihn. Im Januar kauft er einen Smoking und neue Schuhe, stürzt sich in das Studentenfest mit 5000 Personen und 7 Kapellen und ist begeistert. Den nächsten Ball in der Technischen Hochschule besuchen nur 400 Personen, er empfindet ihn als „steif, aber sonst nett."[27]
Jobst genießt Berlin in vollen Zügen. Er besichtigt Potsdam, hört Verdi in der Staatsoper, nimmt an einer „hochinteressanten Sitzung"[28] im Reichstag teil und freut sich, Hindenburg gesehen zu haben.

---

[24] Hanna Thiemann, Brief vom 17.06.1931 – Privatarchiv
[25] Jobst Thiemann, Tagebucheintrag vom 30.08.1931 – Privatarchiv
[26] Jobst Thiemann, Tagebucheintrag vom 10.09.1931 – Privatarchiv
[27] Jobst Thiemann, Tagebucheintrag vom 14.02.1932 – Privatarchiv
[28] Jobst Thiemann, Tagebucheintrag vom 24.02.1932 – Privatarchiv

Weihnachten ist er zurück in Bielefeld. Die Familie geht gemeinsam zum Abendmahl in die Kirche. Bei den Verwandten in Tittingdorf macht er sich nützlich und jagt Ratten. Mit dem Vater ist er an einem Sonntag Nachmittag (10.04.1932) bei Landgerichtsrat Gustav Hestermann, offensichtlich einem guten Bekannten der Familie angesichts des sonntäglichen Besuches. Hier werden Gespräche über den möglichen beruflichen Werdegang von Jobst als Jurist geführt.
Jobst möchte weiter in Berlin studieren, aber der Vater ist nicht bereit, ein weiteres Semester in der Hauptstadt zu finanzieren. Jobst unternimmt im Mai eine Radtour mit Freunden durch Holland. Er immatrikuliert sich am 26.05.1932 heimatnah in Münster, das ist für den Vater billiger, und er studiert dann auch recht fleißig.
Vom Studium erholt er sich in Bielefeld im August beim Schützenfest, das bis Mitternacht wenig amüsant war. „Dann ging es aber los, viel getanzt mit Agnes.“[29]
Im September berichtet er von einer schönen Radtour an der Weser mit Vater und Onkel Karl.
Münster bietet den ruhigen Rahmen, sich frei von Ablenkungen auf das Studium zu konzentrieren. Das Jahr 1932 endet mit dem Silvestergottesdienst, den er mit seinem Vater besucht, und zu Hause mit dem brennenden Tannenbaum, der Brand konnte aber schnell erstickt werden.
Im neuen Jahr beginnt Jobst in Münster – wie bei Juristen üblich – den Repetitor zu besuchen und nun zielgerichtet auf das erste Staatsexamen hinzuarbeiten.

[29] Jobst Thiemann, Tagebucheintrag vom 08.08.1932 – Privatarchiv

4. Aufbruchstimmung

In Bielefeld trifft Jobst sich wieder mit Agnes. Mit seinem Vater besucht er eine NSDAP-Veranstaltung mit Bildungsminister Rust. Er nimmt am Fackelzug der NSDAP teil zum „Tag der erwachenden Nation."

Am 30.01.1933 notiert er im Tagebuch: „Adolf Hitler wird Reichskanzler!"[30]

Und am 01.02.1933: „Hitler-Rede im Radio gehört."[31]

Beide Notizen werden weiter nicht kommentiert. Das Ausrufungszeichen hinter dem „Reichskanzler" lässt auf Begeisterung schließen.

Konsequent schreitet Jobst zur Tat. Zurück in Münster beantragt er am 07.03.1933 mit seinen Bundesbrüdern Dickel und Wolf die Mitgliedschaft in der NSDAP. Er begründet diesen Schritt im Tagebuch nicht weiter, es bleibt unklar, wer oder was letztlich den Anstoß gegeben hat, in die Partei einzutreten. Steckte sein Vater dahinter? Mit ihm besuchte er ja die vielen, wenn auch unterschiedlichen politischen Veranstaltungen. Der Entschluss zum Parteieintritt kommt aber auch – neben seiner eigenen offenkundigen Sympathie für diese Partei – aus der der schlagenden Verbindung heraus, weil er nach der Rückkehr in Münster mit seinen beiden Bundesbrüdern sozusagen im Schulterschluss der NSDAP beitritt.

Jobst schildert die kollektive Begeisterung:

> „Die Woche der nationalen Revolution! Überwältigender Sieg der NSDAP bei den Wahlen am 5. und 12.03.33. Überall schwarz-weiß-rote Fahnen und Hakenkreuzbanner auf Rathäusern und allen öffentlichen Gebäuden und in den Straßen."[32]

Auch Jobst hat sich jetzt der allgemeinen Hitler-Euphorie angeschlossen mit seinem Eintritt in die NSDAP.

---

[30] Jobst Thiemann, Tagebucheintrag vom 30.01.1933 – Privatarchiv
[31] Jobst Thiemann, Tagebucheintrag vom 01.02.1933 – Privatarchiv
[32] Jobst Thiemann, Tagebucheintrag vom 13.03.1933 – Privatarchiv

Jobst geht jetzt regelmäßig zum Repetitor – und zum Essen in die SA-Küche.
Im April fährt er zurück nach Bielefeld. Der Vater holt ihn an der Bahn ab und kauft mit ihm einen Sommeranzug. Abends ist die Familie zum Abendmahl in der Kirche, ebenso am Karfreitag. Eintrag am 20.04.1933:

> „Adolf Hitler Geburtstag, große Feiern überall. Mittags Spatzenjagd."[33]

Der 1. Mai beginnt mit zwei großen Festzügen in Münster, Fackelzügen, Illumination und einem „großartigen" Platzkonzert. Eintrag am 06.05.1933:

> „Mit Freunden geknobelt, 17 Korn pro Kopf."[34]

Eintrag am 10.05.1933:

> „Mittags Fischbratküche, abends große Kundgebung der Studenten, die Inaktivenvereinigung ist mit im Zug, auf dem Hindenburgplatz Verbrennung der Schund- und Schmutzliteratur. Ansprachen. Anschließend Semester-Eröffnungskneipe, sehr gemütlich."[35]

Die Wortwahl, wie Jobst über die Bücherverbrennung berichtet, lässt seine inhaltliche Zustimmung zu dieser Aktion erkennen. Eintrag am12.05.1933:

> „Nachmittags 16.00 h c.t. ich mit 4 Verbandsbrüdern beim Nationalsozialistischen Studentenbund eintragen lassen. Lesehalle."[36]

Auch hier treffen die Verbindungsbrüder wieder eine kollektive politische Entscheidung.

---

[33] Jobst Thiemann, Tagebucheintrag vom 20.04.1933 – Privatarchiv
[34] Jobst Thiemann, Tagebucheintrag vom 06.05.1933 – Privatarchiv
[35] Jobst Thiemann, Tagebucheintrag vom 10.05.1933 – Privatarchiv
[36] Jobst Thiemann, Tagebucheintrag vom 12.05.1933 – Privatarchiv

In den Tagebüchern wird nicht erwähnt, dass Jobst am 05.05.33 der SA beigetreten ist. Dies belegt aber sein SA-Ausweis.

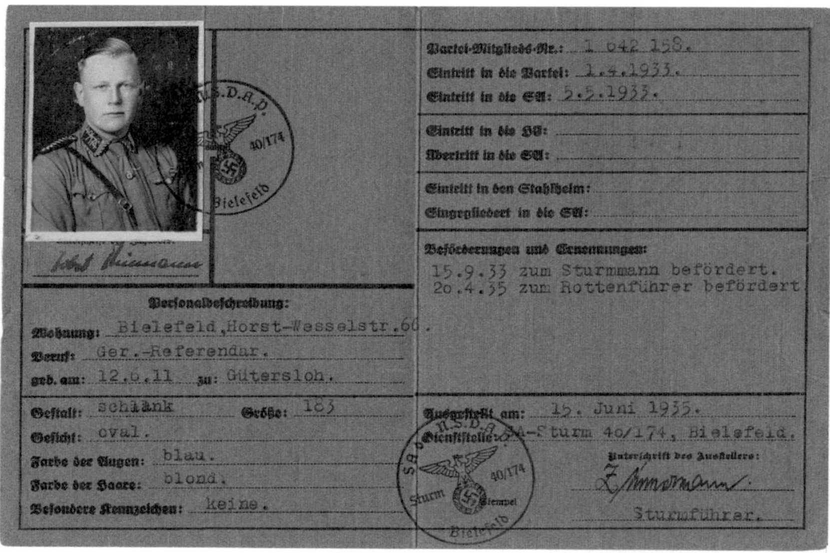

Partei-Mitglieds-Nr.: 1 642 158.
Eintritt in die Partei: 1.4.1933.
Eintritt in die SA: 5.5.1933.
Eintritt in die SS:
Übertritt in die SA:
Eintritt in den Stahlhelm:
Eingegliedert in die SA:

Beförderungen und Ernennungen:
15.9.33 zum Sturmmann befördert.
20.4.35 zum Rottenführer befördert

Personalbeschreibung:
Wohnung: Bielefeld, Horst-Wesselstr. 66.
Beruf: Ger.-Referendar.
geb. am: 12.6.11 zu: Gütersloh.
Gestalt: schlank Größe: 183
Gesicht: oval.
Farbe der Augen: blau.
Farbe der Haare: blond.
Besondere Kennzeichen: keine.

Ausgestellt am: 15. Juni 1935.
Dienststelle: SA-Sturm 40/174, Bielefeld.
Unterschrift des Ausstellers:
Sturmführer.

Abb. 4: *SA-Ausweis vom 15.06.1935*

Beglaubigungsvermerk

1935 Monat	Beglaubigt	1936 Monat	Beglaubigt
Januar		Januar	Beglaubigt S.A.-Sturm 40/174
Februar		Februar	Beglaubigt S.A.-Sturm 40/174
März		März	Beglaubigt S.A.-Sturm 40/174
April		April	Beglaubigt S.A.-Sturm 40/174
Mai		Mai	Begla. S.A.-Sturm 40
Juni		Juni	Beglaubigt S.A.-Sturm 40/174
Juli	[Unterschrift]	Juli	Beglaubigt S.A.-Sturm 40/174
August	[Unterschrift]	August	Beglaubigt S.A.-Sturm 40/174
September	Beglaubigt S.A.-Sturm 40/174	September	Beglaubigt S.A.-Sturm 40/174
Oktober	Beglaubigt S.A.-Sturm 40/174	Oktober	Beglaubigt S.A.-Sturm 40/174
November	Beglaubigt S.A.-Sturm 40/174	November	Beglaubigt S.A.-Sturm 40/174
Dezember	Beglaubigt S.A.-Sturm 40/174	Dezember	Beglaubigt S.A.-Sturm 40/174

Gruppe: Westfalen.
Brigade: 65 (Detmold)
Standarte: 174 (Bielefeld)

Nur gültig, wenn der Ausweis den monatlichen Beglaubigungsvermerk auf Seite 4 trägt.

SA-Ausweis Nr.

für Thiemann, Jobst.
Name Vorname
Dienstgrad: Rottenführer.
Dienststellung:

Inhaber dieses Ausweises ist Angehöriger der SA. Alle Partei- und SA-Dienststellen und sämtliche Behörden des Reiches, der Länder und der Gemeinden werden ersucht, ihm nötigenfalls Schutz und Hilfe zu gewähren.

Der Chef des Stabes:
Lutze.

Die Mutter schreibt zum SA-Eintritt in einem Brief an Jobst:

> „Vater war natürlich nicht sehr erbaut, dass Du SA-Mann geworden bist, hauptsächlich natürlich, weil das Studium und daher sein Geldbeutel Schaden nehmen könnte, wenn er sich heute Morgen auch zu dem Zugeständnis durchrang, dass er diese militärische Zucht, in die Du kämst, sehr begrüßte.“[37]

Die Mutter hat Bedenken, dass der SA-Dienst dem – wie sie meint – arbeitswütigen Studiosus in die Quere kommen könnte. Und weiter:

> „Marlies und Gretel freuen sich wie die Kinder darauf, mit dem Bruder in Uniform in der Stadt zu paradieren.“[38]

Jedenfalls hat er am 24.06.1933 mit seinen Kameraden die SA-Uniform und Stiefel gekauft. Diese Utensilien werden von ihm in der Folgezeit ausgiebig genutzt.
Die letzte Rate für die SA-Uniform von 5,35 RM zahlt Jobst fast ein Jahr später am 26.02.1934. Dies ist seinen Konto-Büchern zu entnehmen. In diesen kleinen Kladden notiert er monatlich peinlich genau Einnahmen und Ausgaben. Jobst führt diese Konto-Bücher bereits seit 1926, dem Zeitpunkt also, als er auch mit seinen Tagebuchaufzeichnungen begann. Hat ihm sein Vater, der Fabrikant, auferlegt, sorgsam Soll und Haben zu dokumentieren? Diese sorgfältige Bilanzierung hat allerdings negative Konsequenzen. Jobst ärgert sich mächtig über seinen Vater wegen des monatlichen Wechsels: Als er nämlich stolz seinem Vater berichtet, dass er nicht den ganzen Unterhaltsbetrag verbraucht hat, kürzt dieser sofort den monatlichen Wechsel auf den verbrauchten Betrag. Dies ist eine herbe Enttäuschung für den sparsamen Studenten.

---

[37] Hanna Thiemann, Brief vom 21.05.1933 – Privatarchiv
[38] Ebd.

Eintrag am 28.06.1933:

> „05.30 h Antreten. Teilnahme der SA bei der Übergabe der Polizei an Standartenführer Lorenz. Anschließend große Anti-Versailles-Kundgebung auf dem Hindenburgplatz, anschließend mit 8 SA-Kameraden in der Fliegerklause geknobelt, Witze erzählt, viel Spaß.“[39]

Eintrag am 09.07.1933:

> „Morgens 02.30 h auf, 04.00 h Abholen unserer SA-Sturmfahne. 05.45 h Abfahrt mit Sonderzug nach Dortmund. Dort Aufstellung der gesamten SA von Westfalen. Stabschef Rösen spricht. 12.30 h Abmarsch, durch Dortmund, am Stadttheater Vorbeimarsch an Adolf Hitler, 16.30 h Ankunft im Stadion ‚Rote Erde'. Zwei Schauer durchnässen uns. 17.30 h spricht Hitler zu seiner SA. Nach Schluss Abflug von tausenden von Brieftauben. Rückmarsch durch die Stadt. 22.30h Rückfahrt nach Münster. 24 Stunden auf den Beinen, aber ein herrlicher Tag.“[40]

Jobst ist begeistert von diesen Veranstaltungen. Ihn interessiert folgerichtig auch die Ideologie der NSDAP. Das zeigen die beiden folgenden Tagebucheintragungen:
19.07.1933:

> „Abends mit Robert in der Unität, erster Vortrag des Zyklus zum Thema Sterilisation und Euthanasie“[41].

Eintrag am 22.08.1933:

> „Morgens ‚Mein Kampf' gelesen.“[42].

---

[39] Jobst Thiemann, Tagebucheintrag vom 28.06.1933 – Privatarchiv
[40] Jobst Thiemann, Tagebucheintrag vom 09.07.1933 – Privatarchiv
[41] Jobst Thiemann, Tagebucheintrag vom 19.07.1933 – Privatarchiv
[42] Jobst Thiemann, Tagebucheintrag vom 22.08.1933 – Privatarchiv

Jetzt wissen wir, dass Jobst einer derjenigen ist, die dies Buch wirklich gelesen haben. Das unterscheidet ihn von seinem späteren Chef im Reichssicherheitshauptamt (RSHA), Reinhard Heydrich. Lina Heydrich fand es geradezu befremdlich, dass Reinhard nie Hitlers „Mein Kampf" gelesen hatte.[43]
Die Mutter zweigt für ihn ohne Wissen des Vaters Essensmarken ab, der Empfang wird von Jobst im nächsten Brief verschlüsselt bestätigt, damit der Vater das nicht merkt. Die Mutter versorgt ihn neben den guten Ratschlägen, sich warm anzuziehen, auch mit doppelter Unterwäsche und Pullover, zusätzlich mit Fresspaketen mit Speck und der ostwestfälischen Spezialität, dem Möpkenbrot. Zu seinem Geburtstag legt sie vom Opa Geld bei und Zigarren.

> „Opa hat aus seinem Vorrat die besten Zigarren ausgesucht, aber bitte genieße sie mit Maßen, tue lieber mal den Rest weg, wenn es Dir nicht bekommt."[44]

Der sehr herzliche Briefwechsel mit der Mutter enthält auch Ratschläge, wie er möglichst diplomatisch schriftlich und mündlich mit dem Vater kommunizieren soll, da dieser offensichtlich chronisch schlechter Stimmung ist.
Ende August hilft er wieder den Verwandten bei der Ernte in Tittingdorf. Ab jetzt nehmen aber die Aktivitäten bei der SA einen größeren Umfang ein mit hoher Präsenz im Sturmbüro und bei Sturmappellen. Doch auch das Studium geht weiter.
Am 27.09.33 ersucht Jobst um Zulassung zur ersten Juristischen Staatsprüfung. Das ist zum Schrecken seines Vaters auch mit Gebühren verbunden. Der Rechtskandidat Jobst erhält am 29.09.33 ein Schreiben vom Justizprüfungsamt in Hamm, dass er die Prüfungsgebühren von 115,- RM binnen 6 Wochen an die Justizhauptkasse zu überweisen habe. Diese Aufforderung legt er seinem Vater vor, der auf dies Dokument folgendes schreibt:

---

[43] Vgl. Robert Gerwarth, Reinhard Heydrich, S. 61
[44] Hanna Thiemann, Brief ohne Datum im Sommer 1933 – Privatarchiv

„16.10. abends.
L. Sohn! Nachdem Dein mir soeben zugegangenes Schreiben zur Kenntnis genommen, übersende ich Dir die Prüfungs-Liquidation mit der Erwiderung zurück, dass ich zunächst die 20,- RM Leihgebühr für die Bücher aus Berlin mobil zu machen und zu überweisen bemüht sein werde. Von den Prüfungsgebühren kann ich natürlich erst Anfang November einen **Teil** mit überweisen. Bis dahin erwarte ich noch Nachricht von Dir, ob hier keine Aussicht auf Ermäßigung dieser Gebühr besteht. … Da mein zu versteuerndes Einkommen nachweislich auf 1.200,- RM beschränkt ist und ich Ausbildungskosten für 3 Kinder zu tragen habe, dürfte doch Aussicht auf Ermäßigung sein. Falls Du den Ermäßigungsantrag stellen wirst, kannst Du Vorstehendes zur Rechtfertigung schon benutzen. … Natürlich habe ich das Vertrauen zu Dir, dass Du mich vor unnötigen Ausgaben schützt und habe andererseits auch die Einsicht, dass es Dir an Ausbildungsmöglichkeiten **jetzt** nicht fehlen darf. Gebe Gott, dass Deine Arbeiten mit ‚gut´ anerkannt werden. … Sei von Deinen Schwestern und mir herzlich gegrüßt, Vater.“[45]

Glaubt sein Vater wirklich, dass die Justiz sich von diesem Jammern erweichen lässt? Der Sohn muss es jedenfalls versuchen.
Aus den Kontobüchern ergibt sich, dass der Vater ihm schließlich doch das Geld gegeben hat. Jobst darf die Prüfungsgebühr in zwei Raten zahlen.
Der Rechtskandidat bekommt Anfang Oktober seine große Hausarbeit für das erste juristische Staatsexamen. Am 15.11.33 liefert er seine Arbeit beim Justizprüfungsamt ab.
Dann wendet er sich wieder mit vollem Eifer seiner SA-Tätigkeit zu.

[45] Heinrich Thiemann, Brief vom 16.10.1933 – Privatarchiv

Eintrag am 27.11.1933:

> „07.00 h im Sturmbannbüro. Ich führe eine Streife der Standarte 13, Patrouille durch alle Wirtschaften von Münster Nordwest, Mitte und Nord.“[46]

Sein SA-Sturm will Präsenz zeigen und Macht demonstrieren. Im Dezember 1933 ist „die gute Oma in Rinteln sanft entschlafen.“[47] Die Familie fährt zur Beerdigung nach Rinteln an der Weser.
Zu Beginn des Jahres 1934 tritt Ilse in Erscheinung.
Eintrag am 07.01.1934:

> „Morgens lange geschlafen, ich sammle für die Winterhilfe. Eintopf. Mittags kommt Ilse, nachmittags wir beide Spaziergang in die Mainburg, am Herdfeuer gesessen und Korn getrunken. Etwas beschwipst. Abendessen bei mir. Schöner Abend. 00.30 h ich sie mit Rad nach Hause gefahren.“[48]

Jobst bereitet sich auf die Referendarprüfung vor und beobachtet in Hamm die mündlichen Prüfungen anderer Kandidaten. Im Februar schreibt er die erste Examensklausur – und steigt aus. Dies ist eine bei den Juristen gängige Variante, wenn man das Gefühl hat, dass die Klausur wohl danebengeht. Das wird entsprechend gefeiert. „Ilse und ich getanzt, viel Spaß. Um 19.00 h ziemlich blau. Ich verrenke mir den Fuß. Um 21.00 h Ilse nach Hause gebracht. Weitergezecht mit den Freuden, ich bin voll.“[49] Am nächsten Tag renkt ihm der „Burschendoktor“ in seinem Verbindungshaus den Fuß wieder ein.
Am 13.03.34 wird ihm bei der Monatsversammlung der NSDAP im Nordstern die rote Mitgliedkarte ausgehändigt. Jobst nimmt offensichtlich regelmäßig und brav an den Versammlungen teil.

---

[46] Jobst Thiemann, Tagebucheintrag vom 27.11.1933 – Privatarchiv
[47] Jobst Thiemann, Tagebucheintrag vom 11.12.1933 – Privatarchiv
[48] Jobst Thiemann, Tagebucheintrag vom 07.01.1934 – Privatarchiv
[49] Jobst Thiemann, Tagebucheintrag vom 26.02.1934 – Privatarchiv

Mitte März startet Jobst seinen zweiten Anlauf für die Examensklausuren. Nach der letzten Klausur hat er starke Magenschmerzen. Er wird ins Krankenhaus Gilead in Bethel bei Bielefeld eingeliefert und am Blinddarm operiert. „Endlich bin ich meinen Blinddarm los.“[50]
Plötzlich taucht auch Agnes bei ihm in Gilead wieder auf. Jobst hält sich zwei Verehrerinnen gleichzeitig. Der Vater holt ihn aus dem Krankenhaus heim. Beide kaufen einen dunklen Anzug für Jobst. Das Examen wirft seine Schatten voraus.
Jobst geht in Münster noch einmal zum Repetitor und dann zum Friseur. Morgen ist schließlich die mündliche Prüfung in Hamm. Doch was ist da passiert, hat der Wecker in der Studentenbude in Münster den Dienst verweigert? Eintrag am 26.04.1934:

> „Morgens 08.10 h Zug verpasst. Taxe nach Hamm. 09.30 h Beginn der Prüfung. 13.00-14.00 h Pause. Spaziergang mit dem Chauffeur. 14.10-15.30 h Prüfung. Mein Referendarexamen bestanden! Mit der Taxe zurück. Mit dem Chauffeur gefeiert, bei Wittkowski, Ilse und Danz auch dabei. Zuletzt mit Danz in der Kneipe. Danz schläft bei mir, da total voll.“[51]

In seinem Kontobuch schlägt die Taxe mit 25,- RM nieder. Die kleine Examensfeier kostet dann noch 16,25 RM. Da hat sich sein Vater wohl spendabel gezeigt, indem er seinem Sohn am 29.04.1934 einen Betrag von 40,- RM überwiesen hat.
Wir wissen, wer Jobst in Hamm geprüft hat, aber das Ergebnis verschweigt er uns trotz seines evidenten Dokumentationseifers. Jobst teilt hier das Schicksal der Mehrheit der Rechtskandidaten, er hat kein Prädikatsexamen geschafft, seine Leistung wurde mit „ausreichend“ bewertet, das Zeugnis haben wir in der Umzugskiste zwischen irgendwelchen Briefen entdeckt.
Ein wichtiger Schritt ist getan. Jobst ist stolzer Rechtsreferendar. Wie geht es jetzt weiter? Was sind seine Pläne? Das Tagebuch

[50] Jobst Thiemann, Tagebucheintrag vom 24.03.1934 – Privatarchiv
[51] Jobst Thiemann, Tagebucheintrag vom 26.04.1934 – Privatarchiv

gibt hierzu keine Fingerzeige. Wir finden nur die Notiz, dass er sich am 19.05.1933 von der Universität Münster exmatrikuliert.

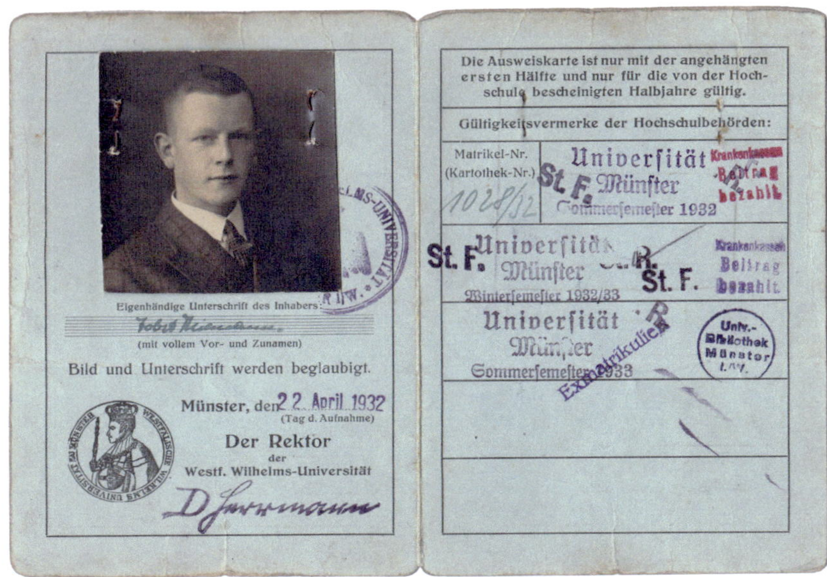
Eigenhändige Unterschrift des Inhabers:

(mit vollem Vor- und Zunamen)

Bild und Unterschrift werden beglaubigt.

Münster, den 22. April 1932
(Tag d. Aufnahme)

Der Rektor
der
Westf. Wilhelms-Universität

Die Ausweiskarte ist nur mit der angehängten ersten Hälfte und nur für die von der Hochschule bescheinigten Halbjahre gültig.

Gültigkeitsvermerke der Hochschulbehörden:

Matrikel-Nr.
(Kartothek-Nr.)
1028/32

Universität Münster Sommersemester 1932
St. F.
Krankenkassen Beitrag bezahlt

Universität Münster Wintersemester 1932/33
St. F.
Krankenkassen Beitrag bezahlt

Universität Münster Sommersemester 1933
Exmatrikuliert
Univ.-Bibliothek Münster i. W.

Abb. 5: *Studentenausweis der Universität Münster*

Gültigkeitsvermerke der Hochschulbehörden:

H. 781/31

Ausweiskarte

für

d stud.

(Vor- und Zuname)

aus
(Geburtsort)

Heimatsort: Bielefeld

Staatsangehörigkeit: Preußen

Die Ausweiskarte ist nur mit der angehängten zweiten Hälfte und nur für die von der Hochschule bescheinigten Halbjahre gültig.

Anfang Mai radelt er mit seinem Vater zum „Rütli“, einem Ausflugslokal im Teutoburger Wald nahe Bielefeld. Dort findet die Horst-Wessel-Feier statt zu Ehren des Bielefelder Pastorensohnes und SA-Sturmführers, der von den Nationalsozialisten zum „Märtyrer“ hochstilisiert wurde, weil er an den Folgen einer Straßenschlacht mit den Kommunisten starb. Wenige Tage später ist er mit dem Vater im Neustädter Gemeindehaus zum Plattdeutschen Abend. Im Juni ist er wieder in Münster zum SA-Sportfest und hört einen Vortrag zum Thema „Rasse und Recht.“
Eintrag am 30.06.1934:

> „Heute morgen Aufdeckung einer SA-Verschwörung, an der Spitze Stabschef Röhm. Verhaftungen in München und Berlin. Reichswehr und SS haben Röhm und andere hohe SA-Führer standrechtlich erschossen.“[52]

Dieses Ereignis kommentiert er nicht weiter, obwohl er ja als SA-Mitglied direkt betroffen ist und sich damit auseinandersetzen müsste. Sein SA-Sturm geht sofort wieder zur Tagesordnung über. Anfang Juli ist Sturmabend und der Sturm wird anschließend in die Ferien geschickt.
Interessant in diesem Zusammenhang ist ein Brief vom 1. Juli 1934, den Jobst von seiner Mutter erhält. Sie ist eine aufmerksame politische Beobachterin, durchaus nationalbewusst, aber keineswegs unkritisch, auch gegenüber der SA:

> „Ich muss Dir erzählen, dass Frau Goldschmidt [Nachbarin] mit einem Herzklaps im Krankenhaus liegt….. Da geht sie eines Abends mit ihrem Mann an einer Kolonne SA vorbei und ausgerechnet gerade in ihrer Höhe singen sie dieses abscheuliche Lied vom ‚Judenblut, das vom Messer spritzt’. Weißt Du, da kann mir heiß und kalt werden vor Empörung. Solche Lieder sind würdelos für eine Bewegung, die deutsch, d.h. groß, ehrlich, gut und

---

[52] Jobst Thiemann, Tagebucheintrag vom 30.06.1934 – Privatarchiv

> rein sein will. … Jetzt sollte doch Schluss damit gemacht werden und es genug sein, die Juden in sachlicher Weise zu bekämpfen und zu beschränken. Das Rüpelhafte muss doch immer noch in der Mehrzahl sein, dass es das Anständige immer wieder übertönt."[53]

Seine Mutter zeigt hier eine bemerkenswerte differenzierte Betrachtungsweise des politischen Geschehens, insbesondere gegenüber der SA, die ihrem Sohn zu denken hätte geben sollen. Jobst beabsichtigt, eine juristische Promotion in Angriff zu nehmen. Doch zunächst unternimmt er eine folgenschwere Radtour. Eintrag am 04.08.1934:

> „Morgens mit Vater in die Stadt. 18.30 h Vater und ich mit Rad nach Wehringdorf. 20.45 h ich in Tittingdorf an. Lange unterhalten. (Bei dieser Radtour habe ich mir durch den dauernden Zugwind an der linken Seite meine Rippenfellentzündung geholt)."[54]

Jobst bleibt eine Woche in Tittingdorf und hilft seinen Verwandten bei der Ernte. Er fährt die Mähmaschine, wäscht die Pferde in dem großen Teich hinter dem Wohnhaus und nimmt anschließend selbst ein Bad darin.
Am 17.08.34 erhält er sein Ernennungsschreiben zum Gerichtsreferendar und wird am folgenden Tag im Amtsgericht Gütersloh vereidigt. Anschließend fährt er nach Münster in die Klinik. Dort wird die Rippenfellentzündung festgestellt. Tags darauf geht er mit Ilse seiner Wahlpflicht nach. Hitler wird mit großer Mehrheit zum Reichspräsidenten gewählt. Und Jobst geht mit Ilse in die Klinik zur stationären Behandlung. Er liegt um 19.00 h in der Freiluftabteilung in einem schönen Einzelzimmer. Er notiert, dass er 38,5 Grad Fieber hat.
Jobst wiegt bei seiner Körpergröße von 183 cm jetzt knapp 71 kg. Er wird mehrfach punktiert. Nach mehr als 2 Wochen darf er zum ersten Mal die Klinik verlassen. Er geht zum Friseur. Ilse

---

[53] Hanna Thiemann, Brief vom 01.07.1934 – Privatarchiv
[54] Jobst Thiemann, Tagebucheintrag vom 04.08.1934 – Privatarchiv

besucht ihn des öfteren. Sein Gewicht nimmt wieder zu und steigt auf 83,5 kg. Am 18.11.34 – nach genau 3 Monaten – wird Jobst aus der Klinik entlassen. Die damals noch vierjährige Referendarzeit hat also mit einem totalen Fehlstart wegen der Krankheit begonnen.

Abb. 6: *In der Uni-Klinik, September 1934, mit Ilse*

Jobst begibt sich nach der Entlassung aus der Klinik umgehend zum Amtsgericht nach Gütersloh, um endlich seinen Referendardienst anzutreten. Er protokolliert fleißig bei den Verhandlungen und schreibt die ersten Urteile für seinen Richter. Am 03.12.1934 erinnert er sich: „Heute vor einem Jahr lernte ich Ilse kennen.“[55]

Weihnachten verbringt Jobst bei der Familie in Bielefeld. Er spielt viel auf seiner Ziehharmonika und singt, manchmal auch mit seiner Schwester Gretlein. Am Silvestermorgen ruft Ilse an und fragt, ob er nach Münster komme. Das Wetter ist jedoch zu schlecht, notiert Jobst. Aber was hat das Wetter mit der Liebe zu tun? Neujahr morgens geht die gesamte Familie Thiemann in die Kirche, und abends wird mit Freunden „Mensch ärgere dich nicht“ gespielt, alle haben viel Spaß dabei, notiert Jobst.

Das Jahr 1935 beginnt ungut mit einem gesundheitlichen Rückfall. Jobst hat wieder Rippenfellentzündung. Nachdem er zunächst in der Grundbuchabteilung gearbeitet hat, ist Jobst nun beim Amtsgericht in Strafsachen tätig. Er ist viel in den Erziehungsheimen unterwegs, um dort straffällig gewordene Jugendliche zu vernehmen. Er hört unverändert viel politische Radiosendungen oder deren Übertragungen am Marktplatz und geht weiterhin mit dem Vater zu Vorträgen, z.B. über die „Judenfrage.“ Am 17.04.1935 gibt das Tagebuch uns ein Rätsel auf:

> „Heute brach mein Glaube an Ilse zusammen. Bittere Enttäuschung und Erfahrung.“[56]

Mehr erfahren wir nicht. Hat sich Ilse gerächt, weil er dem Silvesterruf nicht gefolgt ist? Jobst fängt sich schnell wieder. Eintrag am 20.04.1935:

> „Morgens Konzert zum Geburtstag des Führers. Nachmittags auf der Bank gesessen. Ruhe, Friede und Osterschönheit ringsum.“[57]

---

[55] Jobst Thiemann, Tagebucheintrag vom 03.12.1934 – Privatarchiv

[56] Jobst Thiemann, Tagebucheintrag vom 17.04.1935 – Privatarchiv

[57] Jobst Thiemann, Tagebucheintrag vom 20.04.1935 – Privatarchiv

Turbulenter geht es beim Strafgericht zu mit politischen Prozessen unter Ausschluss der Öffentlichkeit. Ein Justizinspektor in Gütersloh vergiftet sich mit Gas. Immer häufiger steht der SA-Dienst auf der Tagesordnung, auch mit weltanschaulichen Prüfungen.
Ende Juli ist Jobst bei Regierungsrat Dr. Koch in Osnabrück zu einer „kleinen Prüfung“. Er möchte innerhalb der vierjährigen Referendarzeit die Ausbildung zum Regierungsassessor durchlaufen. Eine entsprechende Stelle ist beim Regierungspräsidenten in Osnabrück ausgeschrieben. Dies würde ihm – mit ziemlicher Sicherheit – nach dem Ende des Referendardienstes eine Übernahme in die öffentliche Verwaltung ermöglichen.
Anfang August verabschiedet sich Jobst beim Amtsgericht Gütersloh und beginnt seine Station beim Landgericht Bielefeld, zunächst in der Kammer für Zivilsachen.
Am 18.08.35 versammelt sich sein SA-Sturm auf dem Kesselbrink in Bielefeld und startet mit Lastautos nach Gütersloh zu einer Propagandaaktion, „wunderbare Fahrt durch die Stadt mit Sprechchören.“[58] Am nächsten Tag:

> „08.00 h Antreten, Marsch durch die Stadt zur Anbringung eines ‚Stürmer’-Kastens an der Bethel-Ecke. Wir verteilen in der Stadt Ohrfeigen an Leute, die die Fahne nicht grüßen.“[59]

Hier muss der Tagebuchleser Luft holen: Zunächst einmal ist es eine starke Provokation, an der Bethel-Ecke, dem zentralen Eingang zu den von Bodelschwinghschen Anstalten mit dem malerischen Pförtnerhaus, einen Schaukasten für das NS-Hetzblatt „Der Stürmer“ anzubringen. Die diakonische Arbeit von Bethel steht bekanntermaßen der NS-Ideologie diametral entgegen. Aber wer kommt denn hier auf die Idee, Passanten zu ohrfeigen, die es unterlassen, die Fahne der SA zu grüßen? Jobst jedenfalls ist mittendrin dabei und findet das nicht anstößig.

---

[58] Jobst Thiemann, Tagebucheintrag vom 18.08.1935 – Privatarchiv
[59] Jobst Thiemann, Tagebucheintrag vom 19.08.1935 – Privatarchiv

Aber diese Aktion ist selbst den höheren SA-Führern nicht recht willkommen. Einige Tage später notiert Jobst im Tagebuch:

> „Brigadeführer [Generalmajor] Faßbach, Standarten- und Sturmbannführer sind da und inspizieren uns im Saal wegen dieses Vorfalls.“[60]

Jobst berichtet nicht, wie die SA-Führung die Aktion bewertet hat, in der wir Jobst erstmals als übereifrigen Nationalsozialisten erkennen.

---

[60] Jobst Thiemann, Tagebucheintrag vom 03.09.1935 – Privatarchiv

5. Das Büchlein über den Vater

Eintrag am 28.08.1935:

> „Heute Nachricht, dass meine Bewerbung zum Regierungsreferendar beim Regierungspräsidenten in Osnabrück abgelehnt ist.“[61]

Wie niederschmetternd für Jobst diese Nachricht ist, zeigt uns ein zweites Tagebuch über die Ereignisse 1934-39, das er parallel zu den dienstplanartigen regelmäßigen Aufzeichnungen geführt hat. Hier finden wir erstmals eine Auseinandersetzung und Bewertung der familiären Ereignisse. Auf 33 eng beschriebenen Seiten eines kleinen Tagebuches rechnet Jobst in schärfster Form und sehr emotional mit seinem Vater ab. Hier nun die Auszüge aus dem „Büchlein über meinen Vater“, wie er es überschrieben hat:

> „Am 17.08.34 mittags erhielt ich meine Ernennung zum Referendar zugestellt. Es war die erste große Auseinandersetzung. .... Vater erklärte, am besten wäre, ich hätte nie studiert. Abitur, Referendarexamen und dergleichen wären nichts Besonderes. Vor allem aber Mutter und ich asten mit seinem Gelde. Er würde sich danach zu verhalten wissen.
> 02.03.35: Ich habe zwei Anzüge, einen schwarzen Gesellschaftsanzug und einen grauen Alltagsanzug. Letzterer ist so eng, dass ich die Hose vorn soeben und die Sakkoweste überhaupt nicht zuknöpfen kann. Unter den Ärmeln ist er infolge der Enge völlig durchgeschwitzt und zugefärbt. Einen neuen Anzug könne er nicht bezahlen. Kommt er heute mit der Zumutung, ich soll nach Hettlage [Textilkaufhaus] gehen, dann solle der Schneider mal sehen, ob er nicht ein Stück hereinsetzen könne. Ich habe glatt abgelehnt.“[62]

---

[61] Jobst Thiemann, Tagebucheintrag vom 28.08.1935 – Privatarchiv
[62] Jobst Thiemann, Büchlein über meinen Vater – Privatarchiv

Wo ist denn der schwarze Anzug geblieben, den der Vater ihm vor dem Examen gekauft hat? Treffen hier zwei ostwestfälische Dickschädel aufeinander?

> „06.03.35: Ilses Bild sollte von der Wand in meinem Zimmer herunter. Frage nach dem Grund: nichts. Ich habe nachgegeben, weil es Vaters Geburtstag war.
> 22.03.35: Er hat sich für hunderte von RM ein Gebiss machen lassen, Mutter und Gretel laufen mit ihren kaputten Zähnen herum, mit Mutters Zähnen ist es geradezu ein Skandal!
> 27.03.35: Gretel wird ein neuer Strumpfhaltergürtel abgeschlagen, obwohl sie noch sagte, sie trüge schon einen von Hildegard zur Aushilfe. Für die notwendigsten Sachen ist kein Geld da. Nichts wird angeschafft.
> 04.04.35: Heute fand ich zwei teure Lose für die Klassenlotterie. Dafür ist Geld da. Gretel hat ihren Strumpfhaltergürtel immer noch nicht.
> 08.04.35: Mutter und Gretel sind jetzt endlich in Zahnbehandlung. Ich habe heute einen neuen Mantel bekommen. Zum Anzug reicht es noch nicht. Ich fahre jeden Tag mit meinem einzigen guten Anzug, dem schwarzen Gesellschaftsanzug, auf das Gericht. Er redet immer von Verständnislosigkeit ihm gegenüber. Er verlangt das pharisäisch und denkt dabei gar nicht daran, dass er durch seine Verständnislosigkeit alles in uns, besonders in Mutter, getötet hat. Ein Buch könnte ich darüber schreiben. Wir werden bis an unser Lebensende die Nachwirkungen nicht loswerden. Und Mutter, ich werde es nie ganz ermessen, wie sie leiden muss. Ich habe nur einen Wunsch, dass ich es ihr noch einmal schön und sorglos machen kann.
> 28.05.35: Ich möchte mich um eine beim Regierungspräsidenten in Osnabrück ausgeschriebene Stelle als Regierungsassessor bewerben. Erst Schwierigkeiten. Als Vater aber hört, dass der Regierungsassessor einen Zuschuss bekommen könne, ist er mit Feuer bei der Sache. Gestern waren wir zwecks Fürsprache beim Bürgermei-

ster und Kreisleiter [von Bielefeld] Budde. Diese wichtige Begegnung hat er wohl restlos verpatzt. Warum? Letzten Endes immer wieder das Geld. Anstatt klar und deutlich zu sagen, dass er beim Regierungspräsidenten in Osnabrück ein gutes Wort einlegen möchte, reitet er immer darauf herum, Budde möchte beim Regierungspräsidenten von Minden ein gutes Wort einlegen, damit ich hier im Regierungsbezirk bleiben und damit einige Zeit beim hiesigen Landratsamt beschäftigt werden könnte. Aus wirtschaftlichen Gründen sei es ihm nicht möglich, dass ich länger außerhalb Bielefelds arbeite.
Erstens: Nicht klar gewünscht, worauf es ankommt, nämlich Regierungsbezirk Osnabrück.
Zweitens: Von wirtschaftlicher Notlage ausgerechnet bei der Anstellung als Regierungsreferendar zu reden.
Glaubt er vielleicht, die stellen jemanden an, der von vorne herein von wirtschaftlichen Schwierigkeiten redet bei den Ansprüchen gesellschaftlich u.s.w. , die an einen Regierungsreferenten gestellt werden? Und dann hat er wohl die Berechtigung von wirtschaftlichen Schwierigkeiten zu reden? Es ist zum Verzweifeln! Immer dieses Reinpfuschen, dies alles selbst machen zu müssen, diese unaussprechliche Pfennigfuchserei! Was das wohl noch mal werden soll? Was wird er mir wohl alles noch verpatzen?
15.07.35: Gestern mit Gretel zur ‚Berglust'. Sie sollte um 23.00 h zu Hause sein. Wurde erst 23.30 h von einem ‚Kerl' gebracht. Er [Der Vater] schlägt dem 19-jährigen Mädchen 5 mal ins Gesicht. Der ‚Kerl' war Gerichtsreferendar Fritz K. Dass er sich nicht schämt. … Je älter man wird, umso mehr erkennt man die Tragik unseres häuslichen Lebens.
01.08.35: Gestern war ich in Osnabrück, um mich beim Regierungspräsidenten vorzustellen. Das Erste, was der Ausbildungsleiter mit mir bespricht, ist mein Gesundheitszustand. Aus den Personalakten gehe hervor, dass ich im vorigen Herbst eine Rippenfellentzündung gehabt

habe. Das sei ein großes Manko. Alles andere ist in Ordnung, ja sie haben sogar bis jetzt nur die Referendare mit Prädikat genommen, trotzdem bin ich in die engere Wahl bestellt. Der Vizepräsident empfing mich mit der Frage, wie es mir gesundheitlich gehe und erkundigte sich, ob ein Rückfall zu erwarten wäre. Auch der Regierungspräsident erkundigte sich nach dem Gesundheitszustand. Beide berührten Fachfragen überhaupt nicht. Von der Regierung würde ich dem Minister vorgeschlagen, dieser hat die Entscheidung. Wenn ich nicht ernannt werde, liegt es daran, dass ich krank war und dass die Gefahr des Rückfalls besteht.

Und wie bin ich daran gekommen? Weil ich im August 1934 unterernährt war, ich wog 30 Pfund unter meinem Normalgewicht. Und wie kam die Unterernährung? Weil ich im Sommersemester 1934 gehungert habe. Vater schickte mir nicht genügend Geld, sondern nur 85,- RM im Monat. Ich war durch dies Hungern in schlechtester körperlicher Verfassung. … Und dann fuhren wir in der Abendkühle mit dem Rad nach Wehringdorf. … So bin ich an meine Rippenfellentzündung gekommen. Weil gegeizt und gespart wurde am unrechten Ort, an meinem Wechsel, sodass ich mich nicht satt essen konnte. Und die Folgen dieser Krankheit werde ich mein Leben lang an meinem Körper und an meinem beruflichen Fortkommen spüren. Auch dies ist eine einzige große Anklage.

28.08.35: Heute bekam ich meine Papiere von der Regierung zurück. Abgelehnt!

‚Osnabrück, 26.08.35

Der Herr Reichs- und Preußische Minister des Inneren hat mich mit Erlass vom 21.08.35 (II 5029) ersucht, Sie dahin zu bescheiden, dass Ihrem Gesuch um Ernennung zum Regierungsreferendar nicht entsprochen werden könne.

Gez. Dr. Koch'[63]

[63] Jobst Thiemann, Büchlein über meinen Vater – Privatarchiv

Der Regierungspräsident. Osnabrück,den 26.August 1935

I 5/Pr.

Der Herr Reichs-und Preuss.Minister des Innern hat mich mit Erlass vom 21.8.1935 (II 5029) ersucht,Sie dahin zu be= scheiden,dass Ihrem Gesuch um Ernennung zum Regierungsreferendar nicht entsprochen werden könne.

Die Anlagen Ihres Gesuches folgen anbei zurück.

Ihre Personal-und Prüfungsakten habe ich dem Herrn Oberlandes= gerichtspräsidenten in Hamm wieder zugehen lassen mit der Bitte, über Ihre weitere Verwendung möglichst umgehend entscheiden zu wollen,damit Sie keine weitere Zeit verlieren.Ich empfehle,auch selbst ein entsprechendes Gesuch vorzulegnen.

Im Auftrage.
gez.Dr.Koch.

An

den Herrn
Gerichtsreferendar
Jobst Thiemann

in Bielefeld

Horst Wesselstr.66

Abb. 7: *Schreiben des Regierungspräsidenten vom 26.08.1935*

> „Es ist aus mit meiner Verwaltungslaufbahn, aus mit allen meinen Hoffnungen! Da stehe ich nun, einer, der in die engere Wahl gestellt wurde, der brauchbar ist, aber krank war. Solche Leute sind heute nicht erwünscht. … Ich habe noch ein Empfehlungsschreiben vom Landrat nachgereicht, sie haben es aber nicht abgewartet, sondern vorher entschieden."[64]

In der zurückgesandten Bewerbung zum Regierungsassessor sehen wir, dass außer dem Eintrittsdatum in die Partei nur ein Satz unterstrichen ist, nämlich im abschließenden Zeugnis des Amtsgerichts Gütersloh, und der lautet: „Vom 18.08. - 13.09.34 und vom 01.01. - 27.01.35 war er krank und dienstunfähig."[65] Jobst schreibt weiter:

> „Das Niederdrückendste dabei ist, dass die Krankheit hätte vermieden werden können. Das ist ein schwerer, schwerer Schlag für mich, in seinen Auswirkungen noch gar nicht zu erfassen."[66]

Zu dieser Zeit ist die Ehe seiner Eltern am Ende. Die Mutter schreibt an Jobst schon 1932: „Ich habe mir viel zu viel von Vater gefallen lassen."[67] Zu Beginn des Jahres 1936 ist seine Mutter für längere Zeit bei ihren Eltern in Rinteln an der Weser. Dies ist offensichtlich der Anfang der Trennung. Die Ehe wird später geschieden, weil der Vater der Mutter eine Ohrfeige gegeben hat im Streit um ein offenes Fenster.

---

[64] Jobst Thiemann, Büchlein über meinen Vater – Privatarchiv
[65] Zeugnis des Amtsgerichts Gütersloh – Privatarchiv
[66] Jobst Thiemann, Büchlein über meinen Vater – Privatarchiv
[67] Hanna Thiemann, Brief ohne Datum von 1932 – Privatarchiv

6. Die Entscheidung für die Staatspolizei

Im Oktober 1935 findet der große Aufmarsch des „Führers“ am Bückeberg in Ostwestfalen statt. Jobst sperrt mit seinem SA-Sturm die Straße von Hameln an der Weser zum Bückeberg ab. Die Menschenmassen wandern zum Festplatz. Um 11.30 Uhr fährt der „Führer“ an Jobst und seinen SA-Kameraden vorbei. Weiter lesen wir im Tagebuch am 17.10.1936:

> „Gestern Abend beging Landgerichtsrat Hestermann im Landgericht Selbstmord durch Erhängen.“[68]

Was war hier passiert? Noch vor drei Jahren hatte Jobst mit seinem Vater diesen Juristen am Sonntag Nachmittag aufgesucht. Wieder schweigt das Tagebuch über die möglichen Hintergründe. Dass und wo Gustav Hestermann Selbstmord begangen hat, ist nur denen bekannt, die im Landgericht Bielefeld ein- und ausgehen. Der amtliche Sterbeeintrag bestätigt nur, dass er tot im Landgericht aufgefunden wurde. Hestermann ist ein dekorierter Offizier des Ersten Weltkrieges, er wurde auch im Ruhrkampf ausgezeichnet. Die Todesanzeige der Familie spricht von einer „langen Krankheit“. Der Präsident des Landgerichts ist „erschüttert, dass der Landgerichtsrat Hestermann unerwartet aus unserer Mitte gerissen wurde.“[69] Ist er an der Politik der neuen Machthaber verzweifelt? Der Selbstmord im Landgericht hat jedenfalls demonstrativen Charakter, und auch Jobst müsste sich darüber Gedanken gemacht haben.

Die SA probt auf dem Kesselbrink den Parademarsch für die Begrüßung der Bielefelder Garnison. Auf dem „Rütli“ findet der Kameradschaftsabend des SA-Sturms 40/174 statt. Kreisleiter Budde spricht. Vater und Mutter sind auch dabei. Mit SA-Dienst und weltanschaulichen Prüfungen geht das Jahr zu Ende. Jobst beginnt seine Referendarstation bei der Staatsanwaltschaft.

Im Januar 1936 ist er dabei, als der „Führer“ vor großem Publikum eine Rede in Detmold hält. Im Februar tagt der National-

---

[68] Jobst Thiemann, Tagebucheintrag vom 17.10.1936 – Privatarchiv

[69] Stadtarchiv Bielefeld, Sterberegister und Zeitungsanzeigen v. Oktober 1935

sozialistische Deutsche Juristenbund in Bielefeld. Roland Freisler, Mitarbeiter des Justizministeriums, hält eine Wahlkampfrede über Außenpolitik und Justiz in Bielefeld. Wenig später hält SA-Stabschef Lutze eine Rede in der „rappelvollen" Ausstellungshalle in Bielefeld. Anschließend grüßt er vom Rathausbalkon, als die SA in einem Fackelzug vorbeimarschiert. Jobst versieht in dieser Zeit eifrig seinen SA-Dienst, macht Wahlkampfpropaganda für die NSDAP und verteilt Flugblätter.

Bei Gericht ist er jetzt in einer Strafkammer eingesetzt, er protokolliert die Sitzungen und schreibt Urteile für die Strafkammer. Auch bei Gericht hält der Wahlkampf Einzug: Am 27.03.1936 wird im Schwurgerichtssaal eine Rede des „Führers" aus den Krupp-Werken übertragen, alle Mitarbeiter des Gerichtes können der Radioübertragung zuhören.

Bei der Reichstagswahl am 29.03.1936 hat Jobst Dienst im Wahllokal. Er sammelt später auch für das Winterhilfswerk. Der Wahlsieg der NSDAP ist so selbstverständlich, dass er im Tagebuch nicht erwähnt wird.

Ende März 1936 wird erstmals wieder die Promotion erwähnt. Doktorvater ist Professor Neuwiem in Münster. Das Thema lautet: „Schadensersatzansprüche aus Anlass polizeilicher Verfügungen." Dies ist sicherlich kein dankbares Thema in jener Zeit. Neuwiem bescheinigt ihm, dass er sich innerhalb seiner Referendarausbildung für die Promotion etwa drei Monate ausschließlich mit diesem Thema befassen müsse, und zwar an einem Ort, wo entsprechende Literatur zur Verfügung stehe. In dem Anschreiben, mit der Neuwiem ihm diese Bescheinigung für seinen Arbeitgeber übersendet, erklärt er Jobst, dass er wenig Verständnis dafür habe, dass Jobst in dieser Zeit Urlaub nehmen wolle. Er setzt den handschriftlichen kollegialen Rat hinzu:

> „Ich verweise Sie außerdem auf den Ministerialerlass vom 11.09.35, der der Fakultät noch die Möglichkeit gibt, solche Herren zu promovieren, die in einem engen kameradschaftlichen Arbeitsverhältnis zu den betreffenden Referenten stehen."[70]

[70] Prof. Neuwiem, Schreiben vom 25.03.1936 – Privatarchiv

Einerseits setzt Neuwiem voraus, dass Doktoranden ihren Urlaub für die Promotion verwenden, zum anderen lässt er durchblicken, dass es einen Parteigenossen-Bonus (kameradschaftliches Arbeitsverhältnis) gibt. Jobst geht auf diese strengen, aber gut gemeinten Ratschläge nicht ein. Nach dieser Korrespondenz finden wir zunächst keine weiteren Hinweise mehr über die Doktorarbeit in den laufenden Tagebüchern.

Im Mai fährt Jobst mit seinen Referendarkollegen zum Deutschen Juristentag nach Leipzig. Sie übernachten in der Messehalle auf Stroh, besuchen das Völkerschlachtsdenkmal und marschieren zu einer großen Kundgebung vor das Reichsgericht. Der Reichsrechtsführer Hans Frank nimmt einen Fackelzug der Jungjuristen ab. Das Reichsgericht wird besucht, ebenso ein „herrliches“ Konzert des Thomaner-Chores. Auf der Abschlusskundgebung sprechen Reichspropagandaminister Goebbels und Frank. Auf der Rückfahrt schläft Jobst im Gepäcknetz des Sonderzuges.

Abb. 8: *Referendar Jobst spielt Ziehharmonika*

Im Juni 1936 treffen sich die Referendare zu einer Wochenendschulung in der Senne bei Bielefeld. Es wird nicht nur gelernt und Sport getrieben, Jobst und seine Kollegen haben auch viel Spaß. Sie singen in der Freizeit Schnadahüpferl-Verse, Jobst spielt dazu auf der Ziehharmonika und erntet großen Applaus.
Im Juli 1936 radeln die Referendare zu einem weiteren Schulungslager in Polle an der Weser. Sie übernachten in Jugendherbergen.
Im August beginnen die Olympischen Spiele in Berlin. Im September ist Jobst 14 Tage krank und wird in der Poliklinik in Münster untersucht. Zur Diagnose macht er keine Angaben.
Im Oktober besorgt er sich einen Freiwilligenschein für die Wehrmacht und meldet sich auf dem Wehrbezirkskommando. Jobst besucht mit seinem Vater eine Rede von Julius Streicher in der brechend vollen Ausstellungshalle in Bielefeld.
Mit seinen Referendaren fährt er im November nach Hannover und Hildesheim. In Hannover besichtigen sie das Kriminalmuseum im Polizeipräsidium. Dies ist der Abschluss der strafrechtlichen Ausbildung. Im Dezember nimmt Jobst seine Tätigkeit beim Arbeitsgericht Bielefeld auf. Den Jahresabschluss bildet die Sonnenwendfeier der SA.
Am 04.01.37 beginnt Jobst die achtwöchige Militärische Grundausbildung in Detmold. Er dient dort als Schütze im Infanterieregiment 18. Ähnlich militärisch streng wird Jobst von der SA in Bielefeld gefordert. Mit Schreiben vom 23.03.1937 wird er der SA-Standarte 174 in Bielefeld unter Leitung des SA-Standartenführers Vollkammer zugeordnet.

> „Der nächste Dienst findet am 1.4.37 um 20.30 Uhr im Hermann-Göring-Haus statt, wozu Sie unter allen Umständen zu erscheinen haben. Nur in dringendsten Fällen ist eine schriftliche Entschuldigung zulässig, die an den obigen SA-Führer zu richten ist.“[71]

[71] Schreiben der SA-Standarte 174 vom 23.03.1937 – Privatarchiv

Jobst hat sich in den strengen Dienstbetrieb der SA einzugliedern – wir haben bereits anlässlich der Ohrfeigen-Aktion erfahren, dass ihm dies nicht schwergefallen ist.
Ab Juni ist er in Düsseldorf und leistet dort seine Referendarstation bei der Industrie- und Handelskammer ab. Gleichzeitig geht er zum Repetitor, um sich auf das zweite Staatsexamen vorzubereiten. Im Oktober wechselt er im Rahmen der Ausbildung zum Oberlandesgericht Düsseldorf.
Ein Tag in Düsseldorf: „Morgens unterhalten, verschiedene Zimmer angesehen“ [Jobst ist wieder auf Budensuche], „mittags geschlafen, nachmitttags und abends gearbeitet, Abendessen in der Fischbratküche.“[72]
Zum Jahreswechsel ist er wieder in Bielefeld, schaut sich die Oper „Wiener Blut“ an und trinkt anschließend mit Mutter, Marlies und Gretel eine Flasche „Söhnlein Rheingold“ im Bahnhofshotel.
Zu Beginn des Jahres 1938 bereitet er sich in Düsseldorf auf das Examen vor, er schaut sich den Rosenmontagszug an und verfolgt intensiv den „Anschluss“ Österreichs an das Deutsche Reich.
Am 10.04.1938 trinkt er je eine Flasche Wein und Sekt auf das Ergebnis der Reichstagswahl Großdeutschlands, sozusagen dem Anlass entsprechend Wein für Deutschland und Sekt für das eingegliederte Österreich.
Im Mai schreibt Jobst die Klausuren für das zweite Staatsexamen. Am 08.06.1938 fährt er zurück nach Bielefeld:

> „Nachmittags mit Rad zum Freibad mit Gretlein. Ich einen jungen Mann vorm Ertrinken gerettet.“[73]

Mehr erfahren wir leider nicht. Er schreibt seine große Hausarbeit für das zweite juristische Staatsexamen und bereitet sich auf die mündliche Prüfung vor. Am 09.08.38 stellt er sich beim Senatspräsidenten Hafner vor, dem Vorsitzenden der Prüfungskommission am Landgericht Düsseldorf.

---

[72] Jobst Thiemann, Tagebucheintrag vom 24.10.1937 – Privatarchiv
[73] Jobst Thiemann, Tagebucheintrag vom 08.06.1938 – Privatarchiv

Eintrag am 11.08.1938:

> „Trübe, nachmittags schweres Gewitter und Hagel. Morgens Bücher zurück zur Bibliothek. 10.15 h mit Pause bis 16.15 h **meine große Staatsprüfung. Ich bestehe und bin Assessor!** Telegrafiert, müde und Kopfschmerzen.“[74]

Auch die zweite juristische Staatsprüfung wird mit „ausreichend“ bewertet. Zum großen Feiern bleibt diesmal keine Zeit. Jobst wird wieder zu den Waffen gerufen, um den zweiten Teil seiner Wehrdienstzeit abzuleisten. Ein Reservisten-Sonderzug bringt ihn am 18.08.1938 zur Jägerkaserne nach Arnsberg im Sauerland.
Die 5. Kompanie des Übungs-Infanterie-Regimentes 2, der er jetzt angehört, wird per Bahn nach Schlesien zum Truppenübungsplatz Neuhammer verlagert. Jobst schreibt von anstrengendem Dienst, langen Märschen, scharfem Schießen, Eintopf und Regenwetter mit Hochwassergefahr. Es geht ins Manöver. Nach vier Wochen fährt die Kompanie zurück nach Düsseldorf. Der Major hält eine Abschiedsansprache und dann wird schwer gebechert.
Wie geht es nun weiter nach dem bestandenen Examen? Jobst nimmt am 14.09.1938 erstmals Kontakt zur Staatspolizei auf:

> „Morgens abgemeldet bei Polizei u.s.w.. Besuch beim Stapo-Leiter in Düsseldorf.“[75]

Jobst kehrt zurück nach Bielefeld. Er verfolgt dort die aufziehende Kriegsgefahr am Radio, die durch das Ultimatum Hitlers vom 26.09.38 an die Tschechoslowakei entstanden ist.

---

[74] Jobst Thiemann, Tagebucheintrag vom 11.08.1938 – Privatarchiv
[75] Jobst Thiemann, Tagebucheintrag vom 14.09.1938 – Privatarchiv

Eintrag vom 28.09.1938:

> „Den ganzen Tag Radio gehört. Krieg scheint abwendbar. Gedrückte Stimmung. Abends hören wir die Nachricht von der Münchner Zusammenkunft. Wie ein Freudenblick durchzuckt diese Nachricht uns.“[76]

Am 30.09.1938 wird das Münchner Abkommen unterzeichnet. Jobst trinkt mit den Verwandten in Wehringdorf eine Flasche Wein auf den Frieden. Nach dem Einmarsch der deutschen Truppen in das Sudetenland wird nochmals auf den Frieden „und mein Examen gebechert.“
Am 10.10.1938 verhandelt Jobst wieder mit Prof. Neuwiem über seine Doktorarbeit und beginnt, sich in das Thema einzuarbeiten. Er besucht auch den Präsidenten des Oberlandesgerichts Hamm, vermutlich um über die Möglichkeiten des Einstiegs in die Gerichtslaufbahn zu sprechen, aber er hat ja kein Prädikatsexamen aufzuweisen. Jobst geht in Münster auf Zimmersuche, um dort seine Promotionsarbeit zu schreiben.
Darüber hinaus bewirbt er sich am 20.10.1938 als Jurist für den höheren Verwaltungsdienst beim Heer. Doch er bekommt recht schnell eine kurze und knappe Absage vom Oberkommando des Heeres:

> „Da für die Übernahme in den höheren Verwaltungsdienst des Heeres nur Assessoren in Betracht kommen, die mindestens Gefreiter der Reserve und Reserveoffiziersanwärter sind, wird Ihnen anheimgestellt, Ihre Bewerbung zu wiederholen, sobald diese Bedingung bei Ihnen erfüllt ist.“[77]

Jobst versucht noch einmal nachzulegen und fragt beim Infanterieregiment 18 in Detmold an, ob er nachträglich zum Unterführeranwärter ernannt werden kann. Doch das wird ihm abschlägig beschieden, er müsse allenfalls noch durch eine vier-

[76] Jobst Thiemann, Tagebucheintrag vom 28.09.1938 – Privatarchiv
[77] Schreiben des Oberkommandos des Heeres vom 25.10.1938 – Privatarchiv

wöchige Übung bei einem aktiven Truppenteil die Eignung zum Unterführeranwärter nachweisen. Darauf verzichtet er.

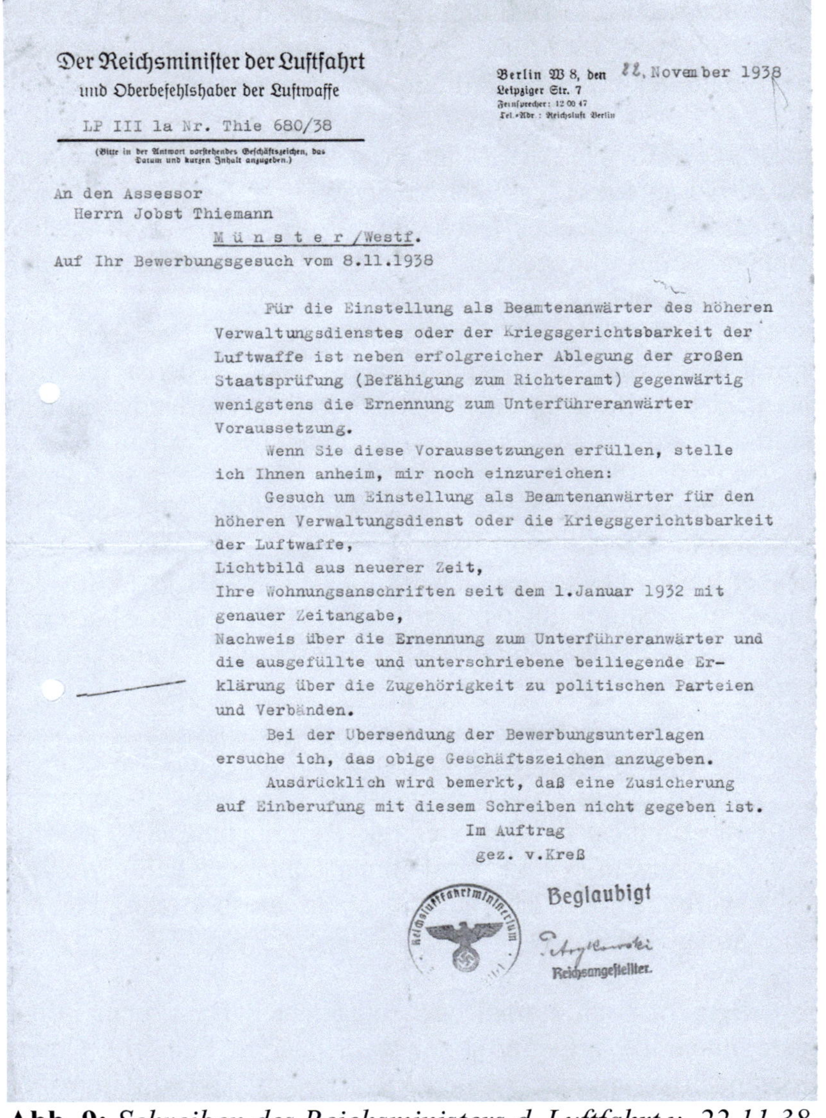

Der Reichsminister der Luftfahrt
und Oberbefehlshaber der Luftwaffe

LP III 1a Nr. Thie 680/38

(Bitte in der Antwort vorstehendes Geschäftszeichen, das Datum und kurzen Inhalt angeben.)

Berlin W 8, den 22. November 1938
Leipziger Str. 7
Fernsprecher: 12 00 47
Tel.-Adr.: Reichsluft Berlin

An den Assessor
Herrn Jobst Thiemann
Münster/Westf.

Auf Ihr Bewerbungsgesuch vom 8.11.1938

Für die Einstellung als Beamtenanwärter des höheren Verwaltungsdienstes oder der Kriegsgerichtsbarkeit der Luftwaffe ist neben erfolgreicher Ablegung der großen Staatsprüfung (Befähigung zum Richteramt) gegenwärtig wenigstens die Ernennung zum Unterführeranwärter Voraussetzung.

Wenn Sie diese Voraussetzungen erfüllen, stelle ich Ihnen anheim, mir noch einzureichen:

Gesuch um Einstellung als Beamtenanwärter für den höheren Verwaltungsdienst oder die Kriegsgerichtsbarkeit der Luftwaffe,
Lichtbild aus neuerer Zeit,
Ihre Wohnungsanschriften seit dem 1.Januar 1932 mit genauer Zeitangabe,
Nachweis über die Ernennung zum Unterführeranwärter und die ausgefüllte und unterschriebene beiliegende Erklärung über die Zugehörigkeit zu politischen Parteien und Verbänden.

Bei der Übersendung der Bewerbungsunterlagen ersuche ich, das obige Geschäftszeichen anzugeben.

Ausdrücklich wird bemerkt, daß eine Zusicherung auf Einberufung mit diesem Schreiben nicht gegeben ist.

Im Auftrag
gez. v.Kreß

Reichsluftfahrtministerium

Beglaubigt
Petrykowski
Reichsangestellter.

Abb. 9: *Schreiben des Reichsministers d. Luftfahrt v. 22.11.38*

Auch seine Bewerbung für den höheren Verwaltungsdienst der Luftwaffe wird mit Schreiben vom 22.11.1938 abgelehnt, weil auch die Luftwaffe verlangt, dass er zumindest Unterführeranwärter der Wehrmacht sein muss. Die Absage der Luftwaffe ist etwas wortreicher, indem zusätzlich aufgezählt wird, welche Unterlagen er beizubringen habe, wenn er die jetzt noch fehlende Voraussetzung erfüllt.
Warum hat sich Jobst ausgerechnet als Jurist bei der Wehrmacht beworben? Welche Funktion strebte er dort als Berufsziel an? Wollte er Verträge mit der Rüstungsindustrie machen? Wollte er ein Kreiswehrersatzamt leiten? Sein ursprüngliches Berufsziel – über den Weg des Regierungsreferendars in die öffentliche Verwaltung – erscheint verständlich. Hier bieten sich hinreichend interessante Positionen als Jurist auf kommunaler, Kreis- oder Bezirksebene an, die Aufgaben sind exekutiv, juristisch gestaltend und höchst politisch. Aber welche attraktiven Aufgaben bietet die Verwaltung der Wehrmacht? Denkbar wäre eine Aufgabe bei den Truppendienstgerichten, einen Hinweis von Jobst finden wir aber nicht. Und jetzt scheitert diese sozusagen zweitrangige Berufswahl daran, dass Jobst nur den Wehrdienst abgeleistet und nicht einmal den Unteroffiziersanwärter oder den Reserveoffiziersanwärter angestrebt und realisiert hat. Es bleibt ein Rätsel, warum Jobst als NSDAP-Mitglied, aktiver SA-Mann und Akademiker nicht den Reserveoffizier als flankierende Maßnahme für seine Juristenkarriere angestrebt hat – wie viele seiner akademischen Altersgenossen.
In diese Zeit fallen weitere wichtige politische Ereignisse wie die Novemberpogrome, die Jobst in seinem Tagebuch erwähnt. Eintrag vom 09.11.1938:

> „Der gestern in der Pariser deutschen Botschaft von Juden angeschossene Legationsrat von Rath gestorben. In der Nacht im ganzen Reich Vergeltungsmaßnahmen gegen die Juden. Läden und private Wohnungen verwüstet. Synagoge in Münster und auch in Bielefeld vollständig ausgebrannt.“[78]

[78] Jobst Thiemann, Tagebucheintrag vom 09.11.1938 – Privatarchiv

Ob auch sein Bielefelder SA-Sturm daran beteiligt war? Seine Mutter jedenfalls bezieht mutig Stellung hierzu und schreibt ihm am 10.11.1938 voller Empörung:

> „Gestern ist hier die Synagoge völlig ausgebrannt. Heute sind viele Juden verhaftet und auch von auswärts nach hier transportiert worden. Wie furchtbar, dass der Hass immer neue Schrecken zeitigt.“[79]

Am 15.12.1938 besucht Jobst seinen Schulkameraden Assessor Dr. Heinz Höner bei der Stapo in Münster. Nach den abgelehnten Bewerbungen als Jurist in der Wehrmacht wird jetzt ein konkreter Kontakt zum Polizeidienst hergestellt. Offensichtlich ist es Heinz Höner, der Jobst die Tür zur Stapo geöffnet hat und ihm den ersten tieferen Einblick in die Tätigkeit dieser Organisation verschafft hat. Auch nach dem Krieg besteht zwischen den beiden ein reger Informationsaustausch. Höner arbeitet als Rechtsanwalt in Hamburg und gibt Jobst wertvolle Ratschläge für seine eigene Zulassung als Rechtsanwalt.
Das Jahr 1938 endet mit der Verlobung seiner Schwester Marlies. Es wird eine gemütliche Feier und der Vater ist „leicht blau.“
Das neue Jahr 1939 beginnt unerfreulich. Die Einzelheiten hat er wieder in dem Büchlein über den Vater niedergeschrieben. Jobst hat eine Auseinandersetzung mit ihm über die Fortführung seiner Promotion. Es geht einmal mehr um das liebe Geld. Der Vater meint, er könne noch bis Februar den Aufenthalt in Münster bezahlen, dann müsse er mit der Doktorarbeit fertig sein. Jobst ist empört, weil er doch über eine ihm unbekannte, schwierige und wissenschaftlich kaum bearbeitete Materie promoviere. Als Jobst den Vater um Geld für ein verlorenes Koppelschloss bittet, wirft der Vater ihm Schlamperei vor.

> „Das schlug dem Fass den Boden aus und ich erklärte, es wäre höchste Zeit, dass ich in einen Beruf und ins Selbst-

[79] Hanna Thiemann, Brief vom 10.11.1938 – Privatarchiv

> verdienen überginge, ich pfiffe unter diesen Umständen auf meinen Doktor".[80]

Anfang April ist Jobst aus Münster wieder nach Bielefeld zurückgekehrt. Er schreibt trotz mangelnder finanzieller Unterstützung seitens des Vaters eifrig weiter an seiner Doktorarbeit. Über Ostern fährt er mit seiner Schwester Gretlein nach Hamburg, um „nach der vielen Arbeit" einmal auszuspannen. Der Vater verweigert die Bezahlung der Reise, weil er vorher nicht gefragt wurde. Der Streit um das Geld eskaliert. Jobst hätte gern einen neuen Anzug für eine bevorstehende Konfirmation in der Verwandtschaft. Auch das verweigert der Vater.
Eintrag vom 12.04.1939:

> „Ich erklärte, dass ich mich jetzt um einen Beruf kümmern würde und an der Konfirmation in Oldendorf mangels eines standesgemäßen Anzuges nicht teilnehmen könnte. **Am selben Tage sandte ich meine Bewerbung bei der Stapo ab.**"[81]

Diese Bewerbung bei der Geheimen Staatspolizei resultiert gleichermaßen aus Trotz und Verzweiflung, sie ist dennoch gewissermaßen konsequent: Jobst ist kurz nach der Machtergreifung in die NSDAP und die SA eingetreten, er hat sich 1934 dem NS-Studentenbund, der NS-Volkswohlfahrt (NVS) und dem NS-Rechtswahrerbund (NSRB) angeschlossen. Und sein Berufsziel war erklärtermaßen eine exekutive Tätigkeit in der öffentlichen Verwaltung, und dazu gehört auch die dem Innenministerium zugeordnete Geheime Staatspolizei.
Der Streit mit dem Vater geht unvermindert weiter. Dieser beschimpft ihn als Tagedieb, Bummler und Faulenzer. Er solle doch zum Arbeitsamt gehen, er wäre besser Handwerker geworden.

---

[80] Jobst Thiemann, Büchlein über meinen Vater – Privatarchiv
[81] Jobst Thiemann, Büchlein über meinen Vater – Privatarchiv

Im Mai 1939 fährt Jobst noch einmal zu Onkel Karl und Tante Martha nach Wehringdorf, um Geld zu erbitten. Er erklärt, dass „der Vater ihm die nötigsten Mittel für die Doktorarbeit verweigert.“[82] Jobst hat keinen Erfolg bei den Verwandten. Auch der Vater bleibt weiterhin stur.

> „Ich wartete auf sein Angebot. Das kam nach einiger Zeit so: Wenn er das Geld übrig hätte, würde er mir gerne etwas geben. Aber leider hätte er es nicht übrig. Nun, ich wusste Bescheid.“[83]

Damit enden die Tagebuchaufzeichnungen der Vorkriegszeit und wir stehen vor einer großen Lücke.
Aber zwei Dokumente finden wir noch in der Umzugskiste: Seine Bewerbung bei der Stapo in Berlin zeigt einen ersten Erfolg. Die Staatspolizeistelle Bielefeld fordert ihn mit Schreiben vom 16.05.1939 auf, weitere Unterlagen beizubringen und einen ärztlichen Untersuchungsbogen „vom SS-Arzt Dr. Kuckuck II (Städtisches Krankenhaus)“ ausfüllen zu lassen.
Das zweite Dokument datiert vom 07.06.39. Bezug nehmend auf seine Bewerbung fordert der Chef der Sicherheitspolizei ihn auf, sich zur persönlichen Vorstellung am 20.06.1939 im Geheimen Staatspolizeiamt in Berlin in der Prinz-Albrecht-Straße 8 einzufinden. Erstattet werden laut Einladungsschreiben allerdings nur die Fahrtkosten dritter Klasse der Reichsbahn.

---

[82] Jobst Thiemann, Büchlein über meinen Vater – Privatarchiv
[83] Jobst Thiemann, Büchlein über meinen Vater – Privatarchiv

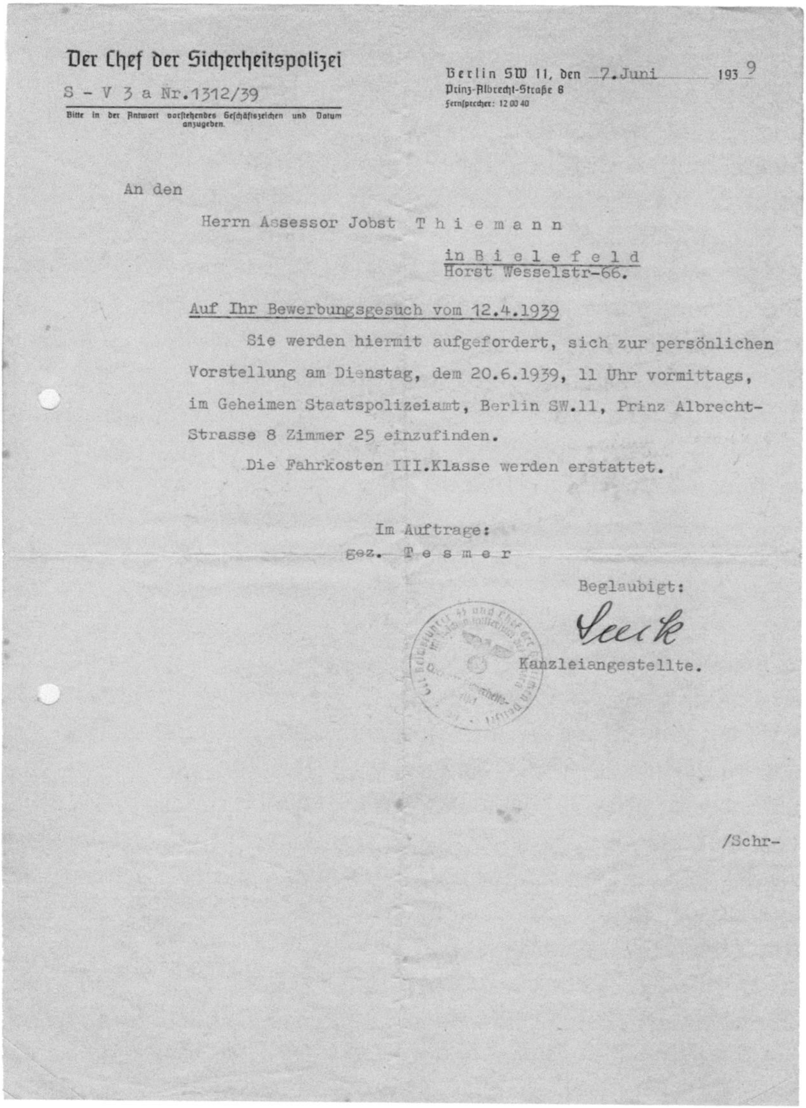

Der Chef der Sicherheitspolizei

S - V 3 a Nr.1312/39

Bitte in der Antwort vorstehendes Geschäftszeichen und Datum anzugeben.

Berlin SW 11, den 7. Juni 1939
Prinz-Albrecht-Straße 8
Fernsprecher: 12 00 40

An den

Herrn Assessor Jobst T h i e m a n n

in B i e l e f e l d
Horst Wesselstr-66.

Auf Ihr Bewerbungsgesuch vom 12.4.1939

Sie werden hiermit aufgefordert, sich zur persönlichen Vorstellung am Dienstag, dem 20.6.1939, 11 Uhr vormittags, im Geheimen Staatspolizeiamt, Berlin SW.11, Prinz Albrecht-Strasse 8 Zimmer 25 einzufinden.

Die Fahrkosten III.Klasse werden erstattet.

Im Auftrage:
gez. T e s m e r

Beglaubigt:
Seeck
Kanzleiangestellte.

/Schr-

Abb. 10: *Schreiben des Chefs der Sicherheitspolizei v. 07.06.39*

Nach dem Vorstellungsgespräch verbringt Jobst noch eine Woche Urlaub auf der Nordseeinsel Baltrum. Dann geht alles sehr schnell. Wir wissen nicht, wann er die Einstellungszusage bekommen hat. Jedenfalls war die Bewerbung bei der Stapo erfolgreich und Jobst beginnt am 15.07.1939 seinen Dienst als Assessor im Geheimen Staatspolizeiamt (abgekürzt: Gestapa) in Berlin. Tatsache ist, dass er eine Woche nach dem Vorstellungsgespräch, nämlich am 27.06.1939, schnell noch in die SS eingetreten ist und die Mitgliedsnummer 372 272 erhalten hat. Nunmehr ist er bestens gerüstet für seinen Dienstbeginn im Gestapa, das von Reinhard Heydrich geleitet wird.

Wir finden keinen Kommentar von Jobst zu seinem Berufsstart, wo er doch etwas unerwartet im Innenministerium in Berlin, im Zentrum der Macht des Deutschen Reiches, angekommen ist. Seine erste Wahl war ja eine Funktion in der kommunalen Verwaltung, sozusagen in der westfälischen Provinz. Jetzt nimmt er Tuchfühlung auf zu den wirklich mächtigen Männern des Reiches, zu Heydrich und Himmler. Das ist ein Katapultstart in die höchste Ebene der Exekutivgewalt. Was wäre demgegenüber ein Berufseinstieg als Assessor beim Regierungspräsidenten in Osnabrück oder in der Wehrmachtsverwaltung? Hier befindet er sich inmitten der „Avantgarde" der Juristen des inzwischen etablierten nationalsozialistischen Gewaltsystems. Eigentlich müsste er seinem Vater dankbar sein, dass er die Bewerbung zum Regierungsreferendar in der Provinz seiner Ansicht nach „vermasselt" hat.

Die Karrierechancen für junge Akademiker im Gestapa, dessen Machtfülle am 27.09.1939 erheblich erweitert wurde und in das „Reichssicherheitshauptamt" (RSHA) eingegliedert wurde, sind damals sehr gut, vielleicht besser, als Jobst es ahnt, der ja von einem Berufsweg in der öffentlichen Verwaltung träumt. Werner Best, einer der Gründungsväter des RSHA, dem wir später noch begegnen werden, griff bei der Rekrutierung des Führungsnachwuchses für die Öffentliche Verwaltung in erster Linie auf junge Juristen zurück. Neben der breiten juristischen Ausbildung der Assessoren achtete er auf eine Sozialisation in rechtsorientierten Akademikerorganisationen oder anderen nationalsozialistischen Gruppierungen, die damit die erwartete politische Ausrichtung mitbrachten und als junge, ehrgeizige Menschen noch weiter formbar erschienen. Best erklärte nach dem Kriege:

> „Mein teils bekämpfter, teils bespöttelter ‚Assessoren-Kindergarten' hat sich in der Folgezeit voll bewährt. Als Staatspolizeistellenleiter und als Inspekteure der Sicherheitspolizei sowie als Referenten der Zentralbehörden haben die jungen Juristen ihre schwere Aufgaben korrekt, pflichtgetreu und, soweit ihnen Ermessens- und Handlungsfreiheit gegeben wurden, vernünftig, gerecht und menschlich erfüllt."[84]

Diese Aussage ist laut Ulrich Herbert in ihrem Zynismus nicht mehr zu übertreffen.[85]

Best hatte im März 1939 eine Laufbahnrichtlinie entworfen, wonach für das „Sicherheitscorps" nur noch Volljuristen eingestellt werden sollten. Damit konnte er sich allerdings bei Heydrich und Himmler nicht durchsetzen.

Wie aber beurteilt der höchste SS-Führer die Juristen in seinem Machtapparat? Himmler stellte bereits frühzeitig auf der konstituierenden Sitzung des neugeschaffenen Ausschusses für Polizeirecht am 11.10.1935 klar:

> „Wir Nationalsozialisten haben uns dann - es mag absonderlich klingen, wenn ich das in der Akademie für deutsches Recht sage, aber Sie werden das verstehen - nicht ohne Recht, das wir in uns tragen, wohl aber ohne Gesetz an die Arbeit gemacht. Ich habe mich dabei von vornherein auf den Standpunkt gestellt, ob ein Paragraph unserem Handeln entgegensteht, ist mir völlig gleichgültig, ich tue zur Erfüllung meiner Aufgaben grundsätzlich das, was ich nach meinem Gewissen in meiner Arbeit für Führer und Volk verantworten kann und dem gesunden Menschenverstand entspricht."[86]

---

[84] Zitiert nach Ulrich Herbert, Best, Biographische Studien, S.195

[85] Vgl. ebd.

[86] Zitiert bei Michael Wildt, Generation des Unbedingten, S. 261

Damit liegt er auf der Linie seines „Führers." Hitler führte im November 1941 im Beisein Himmlers aus:

> „Der Jurist kann nur ein Berater sein, führen kann er nicht. Wie will ein Mensch, der sein ganzes Leben lang nur über Akten sitzt, von den Vorgängen des Lebens eine Vorstellung haben: Er weiß gar nichts! Was sollen juristische Bedenken, wenn etwas volkspolitisch notwendig ist? Nicht dank, sondern trotz der Juristen lebt das Volk"[87]

Und noch einmal ein Zitat von Himmler über seine SS-Juristen:

> „Zunächst haben wir hier einmal prinzipiell das Monopol der Juristen gebrochen und mit dem Aberglauben aufgeräumt, dass eine führende Stellung innerhalb der Verwaltung immer nur mit einem Juristen besetzt werden könne. Wenn ich da nicht aufgepasst hätte, hätten die Juristen in meinen Stäben und nicht ich geherrscht. Ich hätte bei jeder meiner Maßnahmen erst einmal bei meinem Herrn Juristen anfragen müssen, ob sie richtig seien und dem überkommenen Rechtsdenken entsprächen, das wir gerade auf das Bitterste bekämpften und das uns mit allen seinen Möglichkeiten den Weg zur Macht verlegt hatte. Wie grotesk dies im Anfang war, kann ich Ihnen gar nicht sagen. Überall stieß ich auf an und für sich nette, liebe, anständige Leute in SS-Uniform, die ihre Aufgabe darin sahen, mir zu allen meinen Befehlen eine Art Rechtsgutachten zu liefern und mir zu beweisen, in welchen Punkten meine Maßnahmen dem geltenden Recht widersprächen und daher nicht rechtsverbindlich seien. Sie taten das aus bester Absicht, um mich, wie sie sich ausdrückten, vor Schaden und Regressansprüchen zu bewahren und sahen gar nicht, dass sie selbst die Gefangenen eines Systems waren. Da galt es, eine ungeheure

[87] Zitiert bei Michael Wildt, Generation des Unbedingten, S. 260

> Erziehungsarbeit vorzunehmen. Die Unbelehrbaren habe ich hinausgesetzt, die anderen mit meinen Gedankengängen zu durchdringen versucht.“[88]

Interessanterweise ist genau diese Problematik von Regressansprüchen gegen die Exekutive das unvollendete Promotionsthema von Jobst gewesen.
Ungeachtet dieser Vorbehalte von Hitler und Himmler waren die jungen Juristen im RSHA im Jahre 1940 sehr gut positioniert. Von den etwa 100 Leitungsfunktionen war die Mehrzahl der Stelleninhaber 31-35 Jahre alt (45%), über 40 Jahre alt waren nur 15%, aber bis 30 Jahre alt waren sogar 15%. Der Anteil der Juristen an den Führungsfunktionen betrug beachtliche 40%, ein gutes Drittel davon hatte promoviert.
Im Laufe des Krieges ist die Behörde enorm gewachsen. Laut „Ist-Stärkennachweis“ des RSHA vom 01.01.1944 gehören der Sicherheitspolizei und dem Sicherheitsdienst (SD) 50.648 Mitarbeiter an, davon 31.374 bei der Gestapo, 12.792 bei der Kripo und 6.482 beim SD.[89] Es hatte sich ein riesiger Machtapparat entwickelt zur Realisierung der NS-Verfolgungspolitik. Dementsprechend boten sich, als Jobst seinen Dienst im RSHA angetreten hatte, auch gute berufliche Entwicklungsmöglichkeiten in dieser Behörde.

[88] Zitiert bei Michael Wildt, Generation des Unbedingten, S. 271
[89] Vgl. Jens Banach, Heydrichs Elite, S. 20

7. Die Heirat

Mit dem Eintritt in das RSHA am 15.07.1939 enden die Aufzeichnungen von Jobst. Wie können wir die Lücke der verschwundenen Tagebücher schließen?

Margit und ich beantragen Ende 1999 Akteneinsicht beim Bundesarchiv in Berlin. Wir fahren nach Lichterfelde in die ehemalige Kaserne der „SS-Leibstandarte Adolf Hitler“ und lassen uns die Personalakte von Jobst aushändigen. Als wir das Dokument in den Händen halten, sind wir überrascht, darin nur wenige Seiten vorzufinden. Die Akte ist nach allen Regeln der Kunst bereinigt. Außer dem Vorgang anlässlich der beantragten Eheschließung von Jobst finden wir nur einen Bogen mit Lichtbildern von ihm in Uniform als SS-Hauptsturmführer (Hauptmann).

Die Personalakte enthält praktisch nur Unterlagen zu seiner Heirat: Lichtbilder von Margits Mutter Ingeborg, einer in Göteborg geborenen Österreicherin, dazu ihren Lebenslauf und den von ihr ausgefüllten Fragebogen zur Person. Außerdem finden wir eine Art Bürgenformular: Amanda H. beantwortet die Frage: „Halten Sie die künftige Braut als Frau eines SS-Angehörigen geeignet?“ mit einem klaren „durchaus.“ Auf die Frage nach guten oder schlechten Eigenschaften der Braut: „Mir ist nur Gutes bekannt.“ Frau H. kennt Ingeborg als Jungmädel-Führerin und bezeichnet sie als „unbedingt zuverlässig.“ Sie trägt in den Fragebogen vom 14.05.44 an entsprechender Stelle auch ihre eigene Partei-Mitgliedsnummer ein.[90]

Zwei weitere unübersehbare Dokumente in dieser äußerst dünnen Personalakte bringen uns dann doch überraschende Neuigkeiten.

In einer undatierten Notiz wird die Beförderung von Jobst zum SS-Sturmbannführer (Major) vorgeschlagen:

> „Beurteilung durch das Reichssicherheitshauptamt: SS-Hauptsturmführer Thiemann, der sich stets mit seiner

[90] Vgl. BArch, Sammlung BDC (Berlin Document Center), RS (Rasse- und Siedlungshauptamt), Personalakte Jobst Thiemann

> ganzen Person für die Erfüllung seiner Aufgaben eingesetzt hat, hat sich im Reich und im Osteinsatz bestens bewährt. Der Chef des Reichssicherheitshauptamtes bittet daher, den SS-Hauptsturmführer Thiemann, entsprechend seinem Beamtendienstgrad, mit Wirkung vom 9.11.44 zum SS-Sturmbannführer zu befördern."[91]

Es folgt eine weitere undatierte Aktennotiz, ebenfalls ohne Unterschrift des Verfassers:

> „Die fachlichen Leistungen des T. sind gut. Er war vom 31.10.41 bis 25.8.42 zu einem Sicherheitspolizeilichen Einsatz beim Befehlshaber der SP [Sicherheitspolizei] und SD [Sicherheitsdienst] in Kiew abgeordnet. Die Bestimmungen des Erlasses vom 1.7.41 sind erfüllt. Da T. bisher noch nicht verheiratet, bereits jedoch 31 Jahre alt ist, wird vorgeschlagen, die Beförderung des T. von seiner Verheiratung abhängig zu machen."[92]

Was mag der Grund für dieses Junktim von Heirat und Beförderung sein? Will die SS die Zeugung neuer Helden fördern oder einfach sichergehen, dass der Verdacht der Homosexualität ausgeschlossen ist? Von den SS-Führern wird in besonderem Maße erwartet, dass sie „dem Führer Kinder schenken." Daher wird auch die Geburt jedes Kindes eines SS-Mannes in dem Kampf- und Propagandablatt der SS „Das schwarze Korps" veröffentlicht.
Nach Ziff. 5 des „Verlobungs- und Heiratsbefehls" des Reichsführers SS vom 31.12.31 muss der SS-Mann vor seiner Heirat die Genehmigung des Reichsführer SS (RFSS) einholen. Dabei sind natürlich eine „reinrassige" arische Abstammung sowie die „erbgesundheitliche Unbedenklichkeit" der Braut nachzuweisen. Die Bearbeitung der Heiratsgesuche erfolgt entsprechend dem „Heiratsbefehl" durch das Rasse- und Siedlungshauptamt SS, das auch das sogenannte Sippenbuch der SS führt.

[91] BArch, Sammlung BDC, SSO, Personalakte Jobst Thiemann
[92] Ebd.

Offensichtlich hat die Ehe eines SS-Mannes eine zentrale ordnungspolitische Bedeutung im System der „SS-Elite". Den SS-Dolch ziert die Inschrift „Meine Ehre heißt Treue." Gilt dies auch für die Ehe eines SS-Mannes? Wie treu behandelte der RFSS selbst seine Ehefrau?

> „Ab 1940 hatte sich der SS-Chef Himmler von seiner übernervös-zänkischen Ehefrau Marga innerlich gelöst und seiner Sekretärin Hedwig („Häschen") Potthast zugewandt, einer attraktiven Kölnerin, die er seit 1937 kannte."[93]

Das einzige Kind dieser Ehe, die Tochter Gudrun, bleibt lebenslang eine unverbesserliche Nationalsozialistin. Die Affäre des „getreuen Heinrich", wie Hitler den SS-Chef zu nennen pflegte, mit seiner Sekretärin stellt ein bis heute gängiges Phänomen der Beziehungen zwischen mächtigen Männern und ihren Chefsekretärinnen dar. Himmler hatte zwei Kinder mit „Häschen" und versorgte sie mit einem Haus in Berlin und dem stattlichen Bauernhof „Haus Schneewinkellehen" in Berchtesgaden-Schönen nahe dem Obersalzberg. Kein Wunder, dass sich Marga Himmler beklagte, dass ihr Mann keine Zeit für sie habe, er sei ja pausenlos unterwegs im Dienste für „das Reich und den Führer".
Der Familienname Potthast ist relativ selten in Deutschland, daher muss betont werden, dass meine Familie aus Ostwestfalen, wo der Name am häufigsten verbreitet ist, weder verwandt noch verschwägert ist mit der Familie von Hedwig Potthast aus Köln.
Zurück zu Jobst: Wie kann er diese vom RSHA aufgebaute Hürde für seine Karriere Anfang des Jahres 1944 möglichst schnell überwinden? Viel Zeit bleibt ihm nicht. Die Wende des Krieges zeichnet sich bereits ab. Er als Mitarbeiter des Geheimdienstes muss wissen, wie es militärisch um das Deutsche Reich steht. Die Amerikaner haben schon in Europa Fuß gefasst, Italien hat im Oktober 1943 kapituliert und die Rote Arme hat an der Ostfront die Initiative übernommen. Oder glaubt auch Jobst

[93] Heinz Höhne, Der Orden unter dem Totenkopf, S. 388

noch an den „Endsieg“? Wie auch immer – er verfolgt zielstrebig seine Beförderung zum SS-Sturmbannführer.
Wie kommt Jobst jetzt am schnellsten an eine „erbgesundheitlich unbedenkliche“ Braut, die mit einem sofort zu präsentierenden sauberen Arier-Nachweis ausgestattet ist?
Wie Jobst sein Ziel erreicht, das weiß natürlich seine Ehefrau Ingeborg am besten, die ihre Erinnerungen für uns auf Tonband gesprochen hat. Zur Heirat hat sie folgendes erzählt:

> „Es war 1942, als mein Vater mir sagte, dass für einen Artikel oder ein Buch ‚Ahnen und Enkel' Fotos gemacht werden sollten von kinderreichen Familien. Dazu hatte mein Vater eine Anfrage vom Rasse- und Siedlungshauptamt der SS bekommen, ob wir das machen würden. Sie würden zu uns kommen, um uns zu fotografieren. Mein Vater hat zugesagt. Ich habe mich geweigert, ich wollte das nicht. Da habe ich mir die erste und letzte Ohrfeige meines Lebens von Papa eingefangen.“[94]

Und dann kommen die Fotografen des SS-Amtes unter Führung des Kriegsberichters Dürr zur zehnköpfigen Familie des Hauptmannes Kunzelmann in Berlin. Es wird die gesamte Familie mit den Kindern positioniert, ausgeleuchtet und mehrfach fotografiert. Zusätzlich werden die einzelnen Mitglieder der Familie portraitiert. Die Fotos von Inges Schwester Martha sind noch erhalten. Sie sind nummeriert und auf der Rückseite befindet sich jeweils ein Stempelaufdruck „Veröffentlichung nur unter SS-Kriegsberichter Dürr.“
Im Fotoalbum von Jobst sehen wir, dass er auch in Berlin Freundinnen hatte. Für ihn war es jetzt wichtig, möglichst schnell die Genehmigung der SS zur Heirat entsprechend dem „Verlobungs- und Heiratsbefehl“ zu erhalten.

[94] Ingeborg Thiemann, Tonbandaufnahmen von 1996 – Privatarchiv

Inge fährt fort:

> „Meine Aufnahme, die im Dirndl, ist dann auch Jobst in die Hände gefallen, im Amt in Berlin. Das Foto hat ihm so gefallen, dass er sagte, die muss ich kennenlernen.“[95]

Wie ist Jobst „im Amt“ auf die Fotos der Familie Kunzelmann gestoßen? Er kennt ja die Aufgaben der einzelnen SS-Hauptämter und weiß, wo er ansetzen muss. „Auf dem kleinen Dienstweg“ kann er seine Kollegen vom Rasse- und Siedlungshauptamt um eine persönliche „Amtshilfe“ bitten, damit er in deren erlesenen Fundus möglichst schnell eine dem Heiratsbefehl der SS entsprechende Braut findet. So ist er auf die Bilder des Kriegsberichters Dürr gestoßen.
Weiter berichtet Inge:

> „Jobst fuhr im April 1944 kurz entschlossen von Berlin in die Ramsau [Ramsau am Dachstein, bei Schladming, Österreich, wo Inges Großvater seinerzeit evangelischer Pfarrer gewesen war], wo unsere Familie evakuiert war. Ich war aber in Düsseldorf im Arbeitseinsatz. Da ist er ergebnislos zum Dienst nach Berlin zurückgekehrt.
> In Berlin hat er sich dann zunächst mit meiner Schwester Rita getroffen und ist mit ihr zum Essen ausgegangen. Als ich das erfuhr, war ich eifersüchtig. Dabei kannte ich den Mann überhaupt noch nicht.
> Am 14.04.44 bekam ich in den Krankenanstalten in Düsseldorf einen Anruf aus Berlin. Jobst Thiemann, stellte sich der Anrufer vor, ob ich ihm ein Begriff sei? Er käme sofort nach Düsseldorf, ob wir uns treffen könnten? Ich sagte zu, er könne mich ja auf meiner Station abholen.
> Jobst kam am 17.04.44 zu unserem ersten Treffen in das Krankenhaus. Ich hatte Herzklopfen. Als ich in den Flur unserer Klinik kam, wo wir uns verabredet hatten, da stand da in der Ecke ein blasser übernächtigter Mann im

[95] Ingeborg Thiemann, Tonbandaufnahmen von 1996 – Privatarchiv

hellen Trenchcoat. Eine Kollegin sagte später dazu: Dieser blasse Zivilist soll ein SS-Mann sein?
Wir gingen zusammen in die Stadt in das Lokal ‚Rauchfang'. Ich bestellte Muscheln, die waren fürchterlich. Jobst hatte sich ein Käsebrot bestellt. Er schob mir das Brot und den Käse hin, ich habe die Rinde abgeschnitten, er hat das Käsebrot dann mit mir geteilt. Und da fiel mir ein, dass der Papa von jemandem erzählt hatte, wenn der eine Frau testen wollte, hat er ihr Brot und Käse hingestellt um es herzurichten. Je nachdem ob sie die Rinde großzügig abschnitt oder geizig den Rand herunterfieselte, das waren dann die Kriterien, ob er sich für eine Frau interessierte oder nicht.
Anschließend sind wir noch in ein anderes Lokal gegangen, das hieß ‚Vatti', mit Flaschenkerzen auf dem Tisch. Dort saßen wir sehr lange, bis die Stühle hochgestellt wurden und wir allein waren. Nur der Klavierspieler in der Ecke spielte noch ein Stück nach dem anderen. Jobst hatte seinen Arm auf der Lehne hinter mir liegen, dann rutschte der Arm auf meine Schulter, er tippte mich an und zeigte in die Ecke. Da turnte auf den hochgestellten Stühlen eine Ratte herum. Ich sagte nur ganz leise: ‚Eine Ratte'. Er stellte befriedigt fest, dass mir das nichts ausmacht: ‚Ich habe doch gewusst, dass Sie nicht schreien'.
Am nächsten Tag kehrte er nach Berlin zurück. Er wollte bald wiederkommen. Von meinem Vater habe ich dann erfahren, dass er auf dem Rückweg bei ihm in Arnsberg im Sauerland war und um meine Hand angehalten hat."[96]

Dazu schreibt Jobst am 02.05.1944 an Inge aus Berlin:

„Ich bin doch noch in Arnsberg ausgestiegen und habe den Dienst in Berlin Dienst sein lassen, denn ich möchte unsere Pläne doch mit Deinem Vater mündlich besprechen, weil sie zu entscheidend sind, als dass nicht ein

[96] Ingeborg Thiemann, Tonbandaufnahmen von 1996 – Privatarchiv

> Tag Dienst dahinter zurückstehen müsste. Wir konnten uns nur kurz unterhalten. Er war überrascht, als ich ihm sagte, dass wir uns einig seien. Das Tempo schien ihm aber doch etwas unheimlich zu sein. Hier in Berlin erwartete mich wieder ein Batzen Arbeit und leider auch die traurige Nachricht, dass am Sonnabend mittags ein Volltreffer in den Keller eines Gebäudes in meiner Nähe gegangen ist und eine Reihe Kameraden von mir gefallen sind. Es ist nicht ausgeschlossen, dass unsere Evakuierung nun beschleunigt wird.“[97]

Und dann kommt er zur Sache:

> „Da vor der Heirat hier eine Menge Angelegenheiten gemeinsam erledigt werden müssen (ärztliche Untersuchung, langen Fragebogen ausfüllen, Fotos in bestimmter Kopfhaltung u.s.w.), das aber noch mehr erschwert wird, wenn ich außerhalb Berlins sitze, bitte ich Dich, Deine Beurlaubung aus Krankheits- und Heiratsgründen wie besprochen so schnell wie möglich durchzuführen und sofort nach Berlin zu kommen. Die Erledigung dieser für uns in der SS vorgeschriebenen Beibringung von Unterlagen würde auf dem Schriftwege bei den heutigen langen Postbeförderungszeiten und sonstigen Kriegsschwierigkeiten Monate dauern.“[98]

Sozusagen als flankierende Maßnahme zum Besuch bei Inges Vater schreibt Jobst am 09.05.44 an ihre Mutter in der Ramsau:

> „Inge und ich haben beschlossen, unser Leben gemeinsam zu gestalten. Wir kennen uns zwar erst kurze Zeit, aber die genügte mir, um zu erkennen, welch liebenswerter, offener, sauberer Mensch Inge ist, und eine tiefe Zuneigung und Achtung für sie zu empfinden.“[99]

---

[97] Jobst Thiemann, Brief an Inge vom 02.05.1944 – Privatarchiv
[98] Ebd.
[99] Jobst Thiemann, Brief an Inges Mutter vom 09.05.1944 – Privatarchiv

Inge erzählt weiter:

„Wenig später haben wir ein zweites Treffen in Düsseldorf vereinbart. Ich wartete am Bahnhof auf ihn, aber der Zug kam nicht. Es wurde durchgesagt, dass die Strecke bombardiert sei und der Zug umgeleitet werden müsse. Bis 02.00 Uhr nachts wartete ich am Bahnhof. Dann ging ich durch die von Fliegerangriffen zerstörten Straßen heim. Ich fiel todmüde ins Bett. Am nächsten Morgen hatte ich schon wieder Dienst. In der Mittagspause wollte ich mich schlafen legen, da kam eine Kollegin zu mir in unseren Schlafsaal und sagte, ich hätte Besuch. Da stand Jobst vor der Tür, käsebleich, und zog aus seiner Aktentasche einen Strauß Tulpen. Wir gingen in eine Eisdiele. Das Eis war damals grauenvoll.
Am nächsten Tag habe ich mir frei genommen. Wir sind nach Grafenberg hinausgefahren und haben uns die Pferderennbahn angesehen. Anschließend setzten wir uns auf eine Bank, Jobst legte sich lang, den Kopf auf meinen Schoss, und bevor wir etwas gesprochen hatten, war er schon fest eingeschlafen.
Wir trafen uns wieder am nächsten Tag. Da sagte er fast beiläufig, ob ich mir vorstellen könnte, dass wir heiraten würden. Ich antwortete, wenn ich ‚ja' sage, bin ich schuld, wenn es nachher nicht klappt.
Inzwischen gingen die Luftangriffe der Alliierten weiter. Unsere Kinderklinik in Düsseldorf wurde schwer getroffen, aber die Kinder waren ja sicher im Bunker untergebracht.
Und dann bekam ich Heiratsurlaub. Unsere Hochzeit sollte in Ramsau am Dachstein stattfinden. Mein Vater und meine Schwester Martha bekamen Urlaub. Aus Bielefeld reiste die Mutter von Jobst an mit seiner Schwester Gretlein."[100]

---

[100] Ingeborg Thiemann, Tonbandaufnahmen von 1996 – Privatarchiv

Soweit der Bericht von Inge. Jobst lässt seinen Vater nicht an seiner Hochzeit teilhaben.
Der Polterabend findet im Lodenwalker-Wirtshaus in Ramsau-Kulm statt. Da geht es lustig her. Es wird Ziehharmonika gespielt. Wir wissen, dass Jobst dies Instrument liebt und gerne spielt. Inges Geschwister verfassen lustige Verse und Jodler über das Brautpaar, leider sind uns diese nicht überliefert.
Die Trauung von Jobst und Inge findet am 28.05.1944 im sogenannten Bethaus im hinteren Teil des Pfarrhauses statt. Eine kirchliche Trauung ist bei einem Mitarbeiter des RSHA natürlich nicht angesagt. Die Trauung vollzieht der Bürgermeister Brandl, und der gestaltet das – wie Inge sagt – viel schöner als jeder Pfarrer das hätte machen können. Trauzeugen sind Onkel Theo Appel und Tante Hertha aus Braunau, sowie der Ortner, ein Erbhofbauer aus der Ramsau; einer seiner Söhne ist als hochdekorierter Offizier der Waffen-SS an der Ostfront gefallen.

Abb. 11: *Hochzeit in der Ramsau*

Das Essen beim Kirchenwirt „Pehab" ist den Zeiten angemessen karg, aber schmackhaft. Zum Nachtisch gibt es eine Bohnentorte. Es folgen für das Brautpaar noch einige ruhige und entspannte Tage, soweit das in dieser Zeit möglich ist. Das junge Paar unternimmt eine gemeinsame Wanderung mit den Familienmitgliedern und den Hochzeitsgästen. Onkel Theo überrascht alle, indem er bei einer Rast Apfelsinen aus seinem Rucksack hervorzaubert, eine Köstlichkeit in jenen Tagen. Inges Schwester Rita fällt auf dem Rückweg der Länge nach in eine Pfütze und will vor Scham nicht mehr aufstehen, klar, sie hatte Jobst als erste kennengelernt in Berlin, aber er wollte unbedingt Inge.
Nach ihrer Hochzeit fahren beide gemeinsam bis München und dann getrennt zu ihren Dienststellen.
Jobst mahnt mit Schreiben vom 07.06.44 bei Inge noch einmal zur Sicherstellung seiner Beförderung den Ariernachweis an:

> „Für den Abstammungsnachweis meiner Ehefrau, der an meine Behörde einzureichen ist, brauche ich die Namen, Geburts- und Sterbedatum und Orte sowie Angaben der Religion und des Berufs Deiner Eltern und beiderseitiger Großeltern noch."[101]

Später lässt sich Inge nach Berlin versetzen und arbeitet in der Nähe des Botanischen Gartens in einer Dienststelle, die Blut abnimmt und Blutkonserven herstellt. Zunächst wohnen sie beide in dem möblierten Zimmer von Jobst bei seinem Vermieter in Lichterfelde. Aber dort müssen sie immer durch die Hauptwohnung laufen, um in ihr Zimmer zu kommen. Daher wechseln sie in die Wohnung der Familie Kunzelmann am Hindenburgdamm in Lichterfelde, denn Inges Vater ist an der Front und die Mutter ist mit den Kindern wegen der Bombenangriffe auf Berlin bereits vor etlichen Monaten in die Ramsau ausgewichen.
Welche Tätigkeiten Jobst zu jener Zeit beim RSHA ausgeübt hat, das hat er Inge nicht verraten. Er erzählt ihr nur von unpolitischen Ereignissen im RSHA:

---

[101] Jobst Thiemann, Schreiben an Inge Thiemann vom 07.06.1944 – Privatarchiv

„Vorgestern hatten wir unseren Kameradschaftsabend mit Vorführungen einer ukrainischen Künstlergruppe und vielen, aber wenig guten Bräuchen. Der Erfolg war ein ziemliches Besäufnis, und da ausgerechnet in dieser Nacht seit langer Zeit wieder einmal Fliegeralarm war, verpasste ich den Zug nach Lichterfelde. Mit anderen habe ich dann in den Luftschutzbetten auf der Dienststelle geschlafen. Erst abends war ich wieder in der Lage, etwas Hafersuppe zu mir zu nehmen, ohne dass mir schon beim Anblick des Essens wieder übel wurde. Übel!“[102]

Die Mitarbeiter des RSHA sind also nicht immer besonders dienstbeflissen. Tatsache ist, dass die SS vom Umsturzversuch des 20. Juli 1944 völlig überrascht wird.
Inge erzählt uns hierzu folgendes:

„Da war der 20. Juli. Ein Soldat hielt mich an der Pforte auf mit der Nachricht von Jobst, dass er heute später heimkommen würde. Er kam sehr spät in unsere Wohnung, war völlig bleich und fix und fertig. Er sagte, die SS-Führer wurden abkommandiert in die Bendlerstraße [Dort hatte Stauffenberg den Aufstand gegen Hitler nach dem Attentat geleitet], um dort Exekutionen durchzuführen. Zum Glück hatte Jobst an dem Tag nicht die richtige Uniform an und keine Waffe bei sich.“[103]

Diese Darstellung von Inge erscheint ein wenig nebulös. Tatsache ist, dass die Gestapo von dem Aufstand völlig überrascht wurde und die Exekutionen in der Bendlerstraße von der Wehrmacht, vom Befehlshaber des Ersatzheeres, General Fromm, eigenmächtig durchgeführt wurden. Stauffenberg war Stabschef bei Fromm und hatte diesen in die Attentatspläne eingeweiht. Als der Fehlschlag des Anschlages auf Hitler bekannt wurde, entschloss Fromm sich zur standrechtlichen Erschießung der

[102] Jobst Thiemann, Brief an Inge Thiemann vom 11.06.1944 – Privatarchiv
[103] Inge Thiemann, Tonbandaufnahme von 1996 – Privatarchiv

Widerständler, um seine eigene Mitwisserschaft zu verschleiern. Die Gestapo hat später blutige Rache geübt an den Mitverschwörern und deren Familien. Es wurde ein „Sonderkommando 20. Juli" gebildet, zu dessen führenden Ermittlern der SS-Standartenführer (Oberst) Walter Huppenkothen gehörte, von dem noch die Rede sein wird.

Die Vernehmungen von Huppenkothen ergeben folgendes Bild: Huppenkothen erfuhr am 20. Juli 1944 um 16.00 Uhr über den Rundfunk von dem Attentat auf Hitler. Danach wurde er telefonisch beauftragt, die Beamten zu veranlassen, in die Dienststelle des RSHA zu kommen. Um 17.00 Uhr schickte Heinrich Müller den SS-Oberführer Pfirader in den Bendlerblock, nachdem bekannt war, dass Stauffenberg dort den Aufstand vorantrieb. Pfirader sollte Stauffenberg festnehmen und zu Müller bringen. Aber Pfirader blieb verschollen, er wurde im Bendlerblock von Stauffenberg und seinen Helfern festgesetzt. Der SS-Fahndungstrupp Scheffler erhielt den Auftrag, den Bendlerblock zu observieren. Im RSHA erhielt Naumann den Auftrag, die Dienststelle in Verteidigungsbereitschaft zu versetzen, weil Müller befürchtete, dass sein Amt IV ein erstes Ziel der Opposition gegen Hitler sein würde. Um 22.00 Uhr rief Pfirader bei Müller an und berichtete, dass er jetzt befreit worden sei. Er hatte sogleich Empfehlungen bereit, wer als Sympathisant des Aufstandes festzunehmen sei.[104] Also hatte sich auch Jobst an diesem Tag entsprechend der allgemeinen Verfügung im RSHA einzufinden, um das Amt eventuell zu verteidigen. Erst zu später Stunde kann er dann heimgehen zu Inge, wie sie uns berichtet.

Damals, im Sommer 1944, hat Inge allerdings nur einen Gedanken: „Ich will schwanger werden!"

Das ist dann auch bald der Fall. Ihr Chef in der Dienststelle drängt sie daraufhin, Berlin zu verlassen. Sie folgt diesem Rat. Ende 1944 ist sie zur Silberhochzeit ihrer Eltern schon in der Ramsau. Zu Weihnachten bekommt Jobst Urlaub und besucht

[104] Vgl. Institut für Zeitgeschichte, IfZ, ZS 249, Bd I, Bl. 152-155

sie dort. Danach bricht der Kontakt zwischen den beiden vorübergehend ab.

An dieser Stelle muss rückblickend festgehalten werden, dass Jobst hiermit seine „Operation Heirat“ erfolgreich beendet hat. Nach dieser Blitz-Brautschau und Blitz-Hochzeit wird Jobst mit Wirkung vom 09.11.1944 zum SS-Sturmbannführer (Major) befördert. Der in der Aktennotiz vorgeschlagene Termin wird damit eingehalten.

Jeder, der Ziele hat, arbeitet an seiner Karriere und baut Netzwerke auf. So rückblickend sicher auch Jobst. Seine Schritte sind folgerichtig und zielstrebig: Zunächst einmal tritt er – was für einen Jurastudenten damals fast selbstverständlich ist – in eine schlagende Verbindung ein, die Sängerschaft Hohenstaufen. Wichtiger erscheint demgegenüber der frühe Eintritt in die NSDAP am 01.04.1933, kurze Zeit nach der Machtergreifung, in noch jungem Alter von 21 Jahren. Einen Monat später, am 05.05.1933 reiht er sich in die SA ein. Im folgenden Jahr wird er Mitglied des NS-Studentenbundes und der NSV, der nationalsozialistischen Volkswohlfahrt, dem Sozialverband der NSDAP. Ebenfalls 1934 tritt er in den NS-Rechtswahrerbund (NSRB) ein, die Nachfolgeorganisation des Bundes nationalsozialistischer Deutscher Juristen. Wie berichtet ist er kurz vor seinem Berufseinstieg beim RSHA am 20.06.1939 der SS beigetreten. Er gehört fast allen maßgeblichen NS-Organisationen an. Um SS-Sturmbannführer zu werden, benötigt er zusätzlich die Genehmigung Himmlers und eine Frau mit einwandfreiem Ariernachweis. Es gibt sicherlich einige junge Damen, mit denen er sich in seiner Berliner Zeit angefreundet hat. Wir finden Fotos eines fröhlichen Mädchengesichtes mit vom Winde verwehten Haaren am Wannsee. Für die Blitzehe war aber schnellstens eine im Sinne der SS makellose Braut zu finden. Er meistert diese ihm gestellte Aufgabe einer rassisch sauberen Eheschließung zielorientiert, entscheidungsfreudig und in Rekordzeit, alles Eigenschaften, die eine erfolgreiche Karriere kennzeichnen und ermöglichen.

8. Verhaftung und Flucht

Bei Kriegsende, genau am 08.05.45, klopft nachts ein Soldat am Ehrhardter-Häusl in der Ramsau am Dachstein, wo Inge mit der Familie Kunzelmann wohnt. „Kann mal jemand rauskommen?" Inges Mutter geht tapfer hinaus in die Nacht. Schon wenig später kommt sie zurück: „Ach, das war ein Irrtum." Und zu Inge zischt sie leise: „Jobst ist da, er kommt gleich über den Balkon".

Und er bringt gute Nachrichten mit. „Ihr braucht keine Angst zu haben, die Russen kommen nicht bis hierher, die bleiben in Liezen" (ca. 30 km weiter östlich). Wie es sich für einen Geheimdienst-Mann gehört, ist er gut informiert. Das liegt natürlich auch daran, dass sich zu diesem Zeitpunkt eine beträchtliche Anzahl höherer RSHA-Offiziere in die sogenannte, aber nicht existente Alpenfestung rund um Bad Aussee geflüchtet hat.

Jobst erklärt der Familie Kunzelmann, dass er Angehöriger des Verbindungsstabes der SS zur Russischen Befreiungsarmee (ROA, Russkaja Oswoboditelnaja Armija) des Generals Wlassow ist. Von Inge wissen wir, dass er Teile dieser Einheit von Prag in die Alpen geführt hat. Am Gerlos-Pass im Zillertal hat er den Konvoi aufgelöst. Die mitgeführten Gelder seiner Kriegskasse hat er entsprechend den jeweiligen Dienstgraden an die russischen Soldaten verteilt, nicht ohne einen Teil für sich zu beanspruchen. Einen Koffer mit wichtigen Dokumenten versteckt er in Tirol bei einem Bauern – soweit die Informationen von Inge.[105]

Hierzu schreibt Jobst 1954:

> „Ich war übrigens nach Jahren wieder einmal bei dem Bauern in Lermoos, bei dem wir in den letzten Apriltagen zahlreiche Koffer der Einheit in der Scheune zur Aufbewahrung hinterließen. Die Bauersleute waren recht verlegen und behaupteten, alle Koffer seien von Auslän-

[105] Vgl. Inge Thiemann, Tonbandaufnahmen von 1996 – Privatarchiv

dern geplündert worden und sie hätten rein gar nichts retten können."[106]

Teile der Wlassow-Armee werden später nahe Judenburg interniert und trotz gegenteiliger Zusagen von den Engländern an die Russen ausgeliefert. Als dies bekannt wird, kommt es zu einer Selbstmordwelle unter den russischen Soldaten und ihren Angehörigen, viele stürzen sich in die Drau und ertrinken.
Jobst hat sich bei Kriegsende mit dem Notwendigsten versorgt. Mit einem Opel Olympia, Fahrer, Waffen und Geld ist er nun in der Ramsau aufgetaucht. Sein Fahrer schläft im Ehrhardter-Häusl bei den Kunzelmanns auf der Küchenbank. Jobst als SS-Führer kann dort mitten im Ort nicht bleiben, er findet auf einem etwas einsam gelegenen Bauernhof in der Ramsau Unterschlupf. Irgendwo soll er dort auch laut Inge seine Waffen unter einem Stadl vergraben haben – vielleicht liegen dort auch die verschollenen Tagebücher. Der Bauer ist sehr entgegenkommend, Jobst bleibt dort einige Zeit. Dann scheint es ihm aber doch zu riskant zu sein, sich in der Nähe der Familie aufzuhalten. Er muss damit rechnen, dass man ihn dort mit Sicherheit suchen wird. Die Alliierten haben ja gehört, dass sich nördlich des Dachstein im Salzkammergut das imaginäre Zentrum der „Alpenfestung" befinden soll, und sie sind auf der Suche nach der SS-Prominenz.
Es befinden sich außer Jobst auch noch andere SS-Führer am Dachstein. Zum Beispiel Otto Skorzenny, SS-Obersturmbannführer und Leiter der SS-Jagdverbände, einer berüchtigten Spezialeinheit der SS für verdeckte Operationen. Dieser hatte sich bei der Mussolini-Befreiung durch die Fallschirmjäger mit eingemischt und den Ruhm für sich kassiert. Er weilt mit seinen Getreuen jetzt in der Schladminger Region und lässt sich dort von den Amerikanern festnehmen. Er wird intensiv von diesen verhört, entwischt ihnen aber später aus einem Gefängnis in Darmstadt und verbringt einen ruhigen Lebensabend in Spanien unter General Francos Schutz.

[106] Jobst Thiemann, Brief an Buchardt, den SS-Betreuer der Wlassow-Armee, vom 10.03.1954 – Privatarchiv

Ein weiterer interessanter Offizier der Wehrmacht sucht in der Ramsau Zuflucht: Der für die Feindaufklärung zuständige Nachrichtenoffizier der Armeegruppe Löhr (Balkan), Oberleutnant Kurt Waldheim, später UN-Generalsekretär und österreichischer Staatspräsident, kommt Ende März 1945 mit seiner schwangeren Frau von Wien, um sie aus dem Gefahrenbereich der Bombenangriffe zu evakuieren. Auch er lässt sich im Mai 1945 von den Alliierten festnehmen und wird in Bad Tölz von den Amerikanern interniert. Er ist aber bereits im Juni wieder auf freiem Fuß, weil er für unbelastet gehalten wird.[107]
„Ich will euch nicht gefährden, ich muss verschwinden", sagt Jobst der hochschwangeren Inge. Er macht sich mit seinem Fahrer im Opel auf den Weg ins Ungewisse.
Zuvor aber hat Jobst der Familie noch etwas Geld aus seiner Kriegskasse gegeben. Inges Schwester Martha erzählt hierzu:

> „Als ich noch beim Rössing-Bauern arbeitete, rief Jobst uns zu sich. Er hatte einen Koffer bei sich, voll mit Schokolade und Geld. Er gab unserer Mutter 2.500 Reichsmark und sagte, dass sie es für die Familie noch gebrauchen werde."[108]

Später sucht Inge mit ihrer Mutter einen Platz für ein kleines Haus, wo sich die Familie niederlassen kann. Der Timmelbauer überlässt ihnen Ende 1946 ein kleines sonniges Plätzchen auf der Oberen Leiten für 20 Schilling Pacht pro Monat. Die Familie kauft ein Standard-Holzhaus, das von der Firma Bachler in Schladming seit Jahren massenweise produziert wird. Verwandte und Freunde helfen mit, ein Fundament zu errichten. Das Holzhaus wird mit einem Spitzdach ausgebaut. Laut Inge ist es ein Teil des Geldes aus der Kriegskasse von Jobst, der es ermöglicht hat, das kleine Häusl mit der Nummer Ramsau 123 und dem Namen Miramont auf dem Timmelbauer-Grund zu bauen.

---

[107] Vgl. Alan Levy, Die Akte Wiesenthal, Wien, 1995, S. 348
[108] Inge Thiemann, Tonbandaufnahme von 1996 – Privatarchiv

Am 24.05.1945 wird das erste Kind von Jobst und Inge in der Ramsau geboren. Es ist eine Tochter. Die Amerikaner haben inzwischen die Ramsau besetzt, wie Jobst es vorausgesagt hat. Er selbst bleibt verschwunden. Der Sommer vergeht und es wird Herbst, und Inge hat immer noch kein Lebenszeichen von Jobst erhalten. Wie es ihm ergangen ist, das hat Inge später von ihm selbst erfahren:

> „Jobst war von der Ramsau aus mit seinem Fahrer nach Oberösterreich aufgebrochen. Bei einem Bauern tauschte er den Opel unter anderem auch gegen eine Lederhose und war von nun an ein Österreicher namens Eduard Steininger. Bei eben diesem Bauern fand er Unterschlupf und Arbeit. Dort lernte er auch Christel R. kennen, die ihm den Ausweis für seine neue Identität beschafft hat.“[109]

Jobst arbeitet fleißig beim Bauern, bis jemandem auffällt, dass Eduard Steininger eigentlich wie ein „Piefke“ spricht, und den Amerikanern einen entsprechenden Tipp gibt.
Eines Tages kommt Jobst vom Feld zum Bauernhof zurück um etwas zu holen, da erwartet ihn bereits die amerikanische Militärpolizei. Die Soldaten verlangen seine Papiere. Jobst geht mit ihnen die Treppe hinauf in seine Unterkunft und überreicht die neuen Dokumente, und tatsächlich hält der Ausweis von Eduard Steininger der polizeilichen Überprüfung stand. Die Militärpolizisten gehen bereits die Treppe wieder hinunter, als einer der beiden sich noch einmal umdreht und sagt: „Ach, machen Sie doch mal den linken Arm hoch!“ Da ist es passiert, die verräterische Blutgruppentätowierung der SS hat ihn enttarnt.
Er wird festgenommen und im Gefängnis in eine Massenzelle gesteckt. Dort fragen ihn neugierig die Mithäftlinge, was er denn angestellt habe. Eine wahre Antwort ist hier nicht zu empfehlen. Jobst sagt: „Die Amis haben mich beim Schwarzhandel erwischt.“

[109] Inge Thiemann, Tonbandaufnahme von 1996 – Privatarchiv

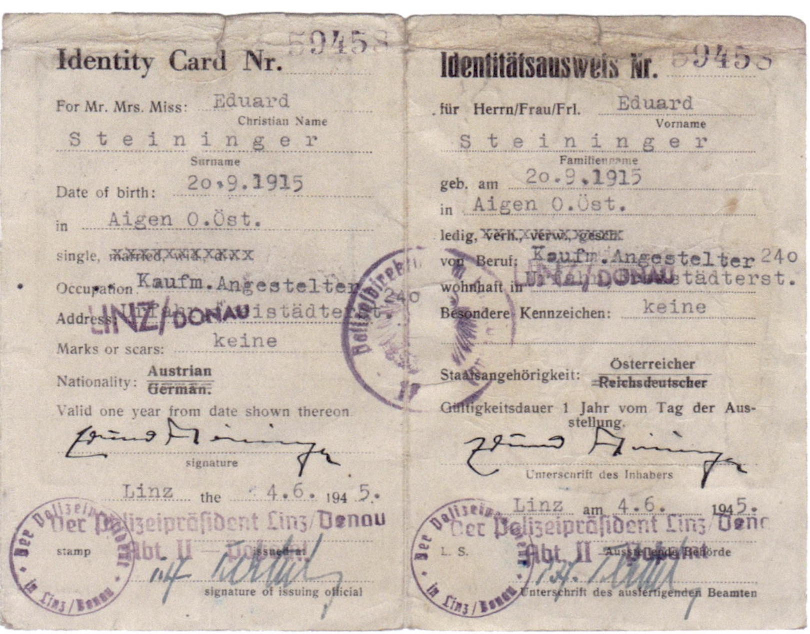

Identity Card Nr. 59458

For Mr. Mrs. Miss: Eduard
Christian Name
Steininger
Surname
Date of birth: 20.9.1915
in Aigen O.Öst.
single, ~~married, wid., div.~~
Occupation Kaufm.Angestelter
Address: Urfahr Neustädterst. 240
Marks or scars: keine
Nationality: Austrian ~~German.~~
Valid one year from date shown thereon.
signature
Linz the 4.6. 1945.
stamp
Der Polizeipräsident Linz/Donau Abt. II
issued at
signature of issuing official

Identitätsausweis Nr. 59458

für Herrn/Frau/Frl. Eduard
Vorname
Steininger
Familienname
geb. am 20.9.1915
in Aigen O.Öst.
ledig, ~~verh., verw., gesch.~~
von Beruf: Kaufm.Angestelter
wohnhaft in Urfahr Neustädterst. 240
Besondere Kennzeichen: keine
Staatsangehörigkeit: Österreicher ~~Reichsdeutscher~~
Gültigkeitsdauer 1 Jahr vom Tag der Ausstellung.
Unterschrift des Inhabers
Linz am 4.6. 1945.
Der Polizeipräsident Linz/Donau Abt. II
L. S.
Ausstellende Behörde
Unterschrift des ausfertigenden Beamten

Abb. 12: *Ausweis Eduard Steininger*

Meldekarte ausgestellt
Arbeitsamt Gmunden
15. Okt. 1945

Am nächsten Morgen öffnet der Posten die Zelle und ruft: „Wo ist der SS-Mann? Raustreten!“ Jobst beeilt sich aus dem Raum herauszukommen. Er wird mit anderen Gefangenen auf einen Lastwagen befohlen. Dieser soll sie in das Lager Ebensee bringen, wie er von den anderen Verhafteten erfährt.
Ebensee ist keine gute Adresse, das weiß Jobst. Er kann ahnen, was ihn in dem Internierungslager erwartet. Dort am südlichen Ende des Traunsees ist 1943 ein Nebenlager des KZ Mauthausen errichtet worden. Die Raketenversuchsanstalt Peenemünde ist permanenten Bombenangriffen ausgesetzt, daher wird die Produktion der sogenannten Vergeltungswaffen nach Ebensee verlagert. Zuletzt sind im dortigen KZ fast 20.000 Häftlinge in Zwangsarbeit eingesetzt. Nach der Befreiung durch die Amerikaner wird in dem ehemaligen KZ ein Lager für Displaced Persons errichtet. Jobst muss mit Verhören und schlimmstenfalls seiner Auslieferung an die Russen rechnen. Die haben ihn gleich nach Kriegsende in Berlin mehrfach in seiner Wohnung in Lichterfelde gesucht, wie ihm später sein Vermieter im Brief von 16.09.1953 berichtet. Erst nach dem Eintreffen der Amerikaner in Berlin, so sein Vermieter, hören die Nachfragen nach dem „SS-Führer“ auf.
Der Weg nach Ebensee führt von Norden kommend am Ufer des Traunsees entlang, eine schmale, sich windende Straße mit einigen Tunneln. Der Lastwagen mit den Gefangenen befindet sich jetzt auf der Seestraße kurz vor Traunkirchen. Ein Foto dieses Teils der eindrucksvollen Uferstraße aus einer alten Zeitung finden wir in der Umzugskiste. Jobst überlegt verzweifelt, wie er der zu erwartenden Lagerhaft entrinnen kann. Diese Uferstraße mit den Tunneln bietet ihm die letzte Chance, vom Lastwagen abzuspringen und zu entkommen.
Er sitzt in seiner bäuerlichen Kleidung als Landarbeiter mit der alten Lederhose samt Hosenträgern mit dem Rücken zum Fahrerhaus, neben ihm zwei amerikanische Soldaten. Rechts und links in Fahrtrichtung hocken auf den Bänken die übrigen Verhafteten, am Ende der Ladefläche wachen noch zwei Soldaten. Er muss die Flucht wagen.

Als der Lastwagen in den nächsten Tunnel einfährt, sprintet Jobst über die Ladefläche. Die neben ihm sitzenden Soldaten hat er überrascht, aber einer der Posten am Ende der Ladefläche reagiert geistesgegenwärtig und ergreift Jobst. Er erwischt ihn aber nur am Hosenträger. Das morsche, altersschwache Modell reißt entzwei und Jobst landet schmerzhaft auf der Straße. Er rollt sich sofort ab und läuft zurück zum Eingang des Tunnels. In Windeseile und Todesangst stürmt er den Berghang hinauf, um einen möglichst großen Vorsprung vor den Verfolgern zu gewinnen. Der Lastwagen kommt im Tunnel zum Stehen, die Posten rennen zum Tunneleingang zurück, aber Jobst ist schon in den Büschen verschwunden. Die Amerikaner schießen wild in seine Richtung den Berghang hinauf, aber er ist schon nicht mehr zu sehen. Er mobilisiert seine letzten Kräfte und klettert so schnell er kann den bewaldeten Hang hinauf, bis das Gelände weniger steil wird. Einige Zeit geht er in einem Bachlauf weiter, um seine Spuren zu verwischen, falls man mit Hunden hinter ihm her jagen sollte. Die Schüsse sind bereits lange verhallt, als Jobst hoch über dem Traunsee erschöpft liegen bleibt. Der Tausch des alten Opel gegen die Lederhose mit den morschen Trägern hat sich jetzt als ein glückbringendes Geschäft erwiesen. Nach kurzer Zeit rafft sich Jobst wieder auf und steigt weiter empor auf die Almen. Es beginnt zu dunkeln, er legt sich völlig entkräftet zum Schlafen unter einen Föhrenbusch.

Jobst hat Inge erzählt, dass es in der Nacht überall geraschelt und geknackt habe. Es sind in der Tat noch einige Kollegen von ihm aus dem Amt IV des RSHA hier in der vermeintlichen Alpenfestung unterwegs, so auch Ernst Kaltenbrunner, der Chef des RSHA. Er hat sein provisorisches Hauptquartier in Salzburg aufgegeben und hält sich in Altaussee auf zusammen mit etlichen Getreuen und seiner Geliebten Gisela von Westarp, die ihm im März 1945 noch Zwillinge geboren hat. Dort sucht ihn auch Paul Blobel auf, der Organisator des Massakers von Babi Jar bei Kiew, bei dem über 30.000 Juden erschossen wurden. Auch Adolf Eichmann vom Amt IVB stellt sich bei Kaltenbrunner ein. Später wird Eichmann von einer amerikanischen Streife erwischt. Er gibt sich als SS-Untersturmführer Otto Eck-

mann aus und wird nicht erkannt. Erst 1946 wird er festgenommen, ihm gelingt die Flucht aus dem Internierungslager und er taucht in Norddeutschland unter. 1950 kann er über die „Rattenlinie“ – wie der von vielen NS-Tätern genutzte Fluchtweg genannt wird – von Salzburg nach Italien und letztlich nach Argentinien entkommen.
Da Kaltenbrunner eigentlich selbst nicht weiß, was er hier in Altaussee jetzt noch tun soll, weist er den beiden „Blutsbrüdern“ Blobel und Eichmann die Tür[110], da sie nicht die beste Gesellschaft sind für die unvermeidlich bevorstehende Gefangennahme durch die Amerikaner. Kaltenbrunner wird am 12.05.1945 in einer Berghütte am Wildensee nordöstlich von Altaussee im Toten Gebirge mit drei weiteren SS-Führern verhaftet. Sein Versteck hat man den Amerikanern verraten. Kaltenbrunner wird im Nürnberger Hauptprozess zum Tode verurteilt. Zu der SS-Prominenz im Salzkammergut zählt auch der SS-Sturmbannführer Wilhelm Höttl vom SS-Auslandsgeheimdienst (Amt VI des RSHA). Er hatte Kaltenbrunner vorgeschlagen, einen österreichischen Separatfrieden mit den Alliierten zu schließen. Höttl bleibt bis an sein Lebensende unbehelligt in seiner persönlichen „Alpenfestung“ in Altaussee und schreibt seine Memoiren mit dem stolzen Titel: „Einsatz für das Reich“.

Tagsüber versteckt sich Jobst in den Wäldern oberhalb des Traunsees, nachts wandert er weiter. Er orientiert sich immer am Gipfel des Traunstein bei seiner weiteren Flucht.
Nach zwei Tagen findet er ein Heustadl, in dem er erstmals wieder bequem übernachten kann. Der Stadl gehört zu einem einsam gelegenen Bauernhof, den ein altes Ehepaar bewirtschaftet. Jobst beobachtet sie einige Zeit, dann spricht er sie an. Sie nehmen ihn auf und verstecken ihn bei sich. Wenn sie aufs Feld gehen, sperren sie ihn im Haus ein. Er verrichtet dort für die Bauern nützliche Arbeiten.
Eines Tages, es ist jetzt Spätsommer, sieht er durchs Fenster schon von weitem eine Militärstreife kommen. Sie klopfen an

---

[110] Vgl. Paul/Mallmann, Die Gestapo im Zweiten Weltkrieg, S. 579

der Haustüre und schauen zum Fenster hinein. Aber Jobst hat sich unter das Fenster direkt an die Wand gequetscht, sodass er nicht zu sehen ist. Die Soldaten ziehen wieder ab.
Jobst kann und will dort nicht ewig bleiben. Er hat Sehnsucht nach Inge und dem hoffentlich gesunden Kind. Er muss wieder zu ihnen in die Ramsau. Auf den Straßen wimmelt es noch von Soldaten, die jeden und alles kontrollieren. Jobst überlegt, dass es möglich sein muss, sich über die Berge von Norden kommend zum Dachstein durchzuschlagen und dann in die Ramsau abzusteigen. Die Überquerung des Stein-Gebirges von Hallstatt aus muss aber noch vor Wintereinbruch erfolgen. Jobst verabschiedet sich voller Dank von dem liebgewonnenen Bauernpaar und macht sich auf den Weg nach Süden übers Gebirge. Er folgt einfach seinem Gefühl.

9. Abgetaucht in Österreich

Es ist Mitte Oktober 1945, als Inge abends am Balkon des Erhardter-Häusels ein leises Klopfen hört. Und da steht Jobst. Er hat lange im Dunkeln am Haus gewartet und gelauscht, er weiß nicht, ob Inge noch dort ist. Da hört er ein Kind weinen und nun ist klar, das sind seine Frau und ihr Kind. Inge schließt ihn nach Monaten der Sehnsucht in die Arme. „Was für ein Kind haben wir?“ – „Ein Mädchen!“ Er umarmt sie noch fester. Jobst ist glücklich und zufrieden, erstmals bei seiner Familie zu sein.
Er bleibt in dieser Nacht bei Inge und erzählt von seiner abenteuerlichen Wanderung vom Traunsee über die Berge in die Ramsau: Er wagt es, von Hallstadt aus zum Krippenstein aufzusteigen und über das karstige Gebirge in Richtung Dachstein zu marschieren. Die Berge sind schon verschneit, das ist im Oktober normal. Stundenlang marschiert er im Schnee nach Süden in Richtung Dachstein. Die Schneestangen, die den Weg zur Ramsau markieren, weisen ihm den Weg. Als er in die höheren Lagen kommt, bricht er oft im Harsch ein. Aber die Stangen leiten ihn sicher zur Feistererscharte, dem Abstieg in die Ramsau. Diese Tour ist schon für einen erfahrenen Bergwanderer im Winter eine Herausforderung, aber für ihn als alpinunerfahrenen Ostwestfalen ist es höchst risikoreich. Von der Feistererscharte leiten ihn Wegmarkierungen zum Guttenberghaus, einer Berghütte in 2.150 Meter Höhe, die jetzt natürlich geschlossen ist. Der anschließende Abstieg in die Ramsau bereitet ihm dann kein Problem mehr. Am Kalten Brünnl, kurz vorm Feisterer-Hof, bereitet er sich auf seinem Esbit-Kocher noch einen Tee zur Stärkung nach all den Strapazen. Der restliche Weg im Dunkeln zum Erhardter-Häusl ist der leichteste Teil der langen Wanderung über das verschneite Gebirge. Er nähert sich vorsichtig dem Haus, er möchte nicht erkannt werden.
Jobst bleibt nur kurz in der Ramsau, es erscheint ihm noch zu gefährlich hier, er taucht wieder unter. Er hat ja seit seiner Festnahme keine Ausweispapiere mehr.
Erneut sucht er den Kontakt zu Christel R., die ihm schon den ersten Ausweis in Oberösterreich verschafft hat. Sie arbeitet

jetzt im Lungau, südlich der Schladminger Tauern, als Fürsorgerin. Sie stellt ihm erneut Papiere aus für sein alter ego Eduard Steininger. Inge glaubt, dass Christel in Jobst „verknallt“ ist. Das darf in diesen Zeiten aber zweitrangig sein, sofern die Dame zur Existenzsicherung wertvoll ist. Jobst ist jetzt wieder „Eduard Steininger“.

Mit dem neuen Ausweis findet er eine Anstellung in Schladming bei der Holzbau-Firma Bachler, die gehört dem Bruder seines Trauzeugen. Auch einige seiner Arbeitskollegen, teilweise mit akademischer Bildung, aber ebenfalls mit SS-Vergangenheit, arbeiten dort unter falschem Namen und wollen wie er nicht unbedingt ihre wahre Identität preisgeben. Sie fertigen Holzhäuser, die dann in Bausätzen zusammengestellt und am Bahnhof in Schladming auf Waggons verladen werden. Jetzt ist Jobst zumindest in Inges Nähe, darf sich jedoch nicht als ihr Ehemann zu erkennen geben.

Auch hier in Schladming muss sich jedermann der von den Siegermächten verordneten Entnazifizierung stellen. Dafür ist Rudolf K. zuständig, den die Kollegen in der Firma gut kennen. Er ist derjenige, der die notwendigen Stempel in die Entnazifizierungspapiere drückt. Bei der politischen Überprüfung wird bei allen auch der linke Oberarm von einem Arzt untersucht im Hinblick auf das Kainsmal der SS. Einen entsprechenden in diesem Punkt bereits vom Arzt ausgefüllten Laufzettel erhält Jobst auf der Toilette von einem „sauberen“ Kollegen, der sich dann mit dem Laufzettel von Jobst nochmals prüfen lässt. Der Trick funktioniert. Damit hat Jobst die kritische ärztliche Prüfung überstanden und er ist in der Lage, die Hürde der Entnazifizierung zu überspringen.

Als Rudolf K. im September 1953 in Wien stirbt, kondoliert Jobst der „lieben Mutter K.“ mit folgenden Worten:

> „Von unserer ersten Begegnung an war ich beeindruckt von seiner Persönlichkeit. Ich sehe ihn noch vor mir, an diesem Abend in Ihrem Hause, als er ohne Fragen vorbehaltlos bereit war, zu helfen. Ich sah ihm in die Augen

und wusste, dass ich ihm restlos vertrauen konnte. Was bedeutete das damals!“[111]

Jobst und Inge leben getrennt und unerkannt, und doch vereint. Dabei kommt es zu merkwürdigen Begebenheiten: Inge geht in Schladming am Bahnhof vorbei mit ihrem Töchterchen. Sie sieht Jobst mit seinen Kollegen auf einem Stapel Bretter sitzen, darf sich aber nicht zu erkennen geben. Die Männer schauen zu Inge herüber. Jobst erzählt ihr später, dass einer der Kollegen sagt: „Schade, dass sie so mager ist, die hat auch schon bessere Zeiten erlebt.“ Das machte Jobst stolz, berichtet Inge.
Der Weg von Schladming zu Inge auf das Hochplateau der Ramsau ist steil und beschwerlich. Der Aufstieg zur Ramsau dauert gut eine Stunde. Inge und Jobst können sich immer nur heimlich und an wechselnden Orten treffen. Jobst schleicht vorsichtig, stets bei Dunkelheit, zu Inge, dass ihn nur nicht der Erhardter-Bauer entdeckt und ihn verpfeift. Der hat ihn natürlich gesehen, und steckt das dem örtlichen Gendarmen: „Der Thiemann ist da!“ Doch der winkt nur ab. Schließlich ist er doch Pate von Björn, dem ersten Kind von Inges Schwester Martha.
Wenn Jobst bei Inge und der Familie ist, wissen alle, dass jetzt höchste Achtung geboten ist. Auch die jüngeren Geschwister von Inge verstehen das Spiel. Wenn andere Personen bei Ihnen zu Besuch sind und Jobst von Schladming kommend an die Tür klopft, geht ein Familienmitglied an die Tür und sagt laut: „Nein, der wohnt hier nicht, den kennen wir nicht.“ Damit ist Jobst gewarnt und kann wieder verschwinden.
Bei ihren heimlichen Treffen in der Ramsau lassen Jobst und Inge äußerste Vorsicht walten. Niemand soll ihnen „auf die Spur kommen“: Im Schnee gehen sie rückwärts zum Heustadl, um vor unangenehmen Störungen sicher zu sein. Es ist, wie Inge sagt, eine aufregende und spannende Zeit.
Eines Abends wartet Inge am Treffpunkt Adlerhorst eingangs des Ramsau-Plateaus auf Jobst, doch der kommt nicht. Sie

---

[111] Jobst Thiemann, Kondolenzschreiben an Frau K. vom 29.09.1953 – Privatarchiv

wartet bis Mitternacht und macht sich Sorgen, was wohl geschehen sei.
Am nächsten Morgen geht sie nach Schladming zur Zimmerei Bachler in die Unterkunft der Arbeiter und fragt nach ihm unter einem Vorwand. „Ja, der Steiniger, der liegt im Bett. Kommen Sie mal mit."
In der Baracke liegt Jobst auf seiner Pritsche auf dem Bauch. Ein großer Drahtbogen überspannt seinen Rücken, darüber ist eine Decke gelegt. „Herr Steininger, ich wollte Ihnen nur sagen, dass die Wäsche fertig ist." Inge ist erleichtert, dass er nicht festgenommen worden ist. Aber was ist geschehen?
Inge hat morgens schon gehört: Beim Bachler in der Baracke haben sie gesoffen, und einer ist mit dem Rücken an den Ofen geflogen. Die Arbeiter haben am Vorabend in der Baracke gefeiert. Dort steht ein großer Ofen mit einem Wasserkessel oben drauf. Als Jobst sich zu später Stunde erhebt, stolpert er in seinem Rausch und knallt mit dem Rücken an den Ofen. Der Kessel kippt um und das kochende Wasser läuft ihm über den Rücken. Jobst ist so betrunken, dass er keinen Schmerz mehr empfindet. Erst am nächsten Morgen stellen sich die Schmerzen ein, da klebt nämlich sein Hemd fest in einer riesengroßen Wunde am Rücken.
Jobst muss einen Arzt aufsuchen. Der seziert ihm die Hemdfetzen aus der Wunde und legt auf dem gesamten Rücken einen großen Verband an. Bei dieser Gelegenheit saniert er auch den linken Oberarm und legt dort eine Verbrennungsnarbe an, sodass sein SS-Kainsmal für immer verdeckt ist. Besonders am Rücken und am Gürtel, wo sich das heiße Wasser gestaut hatte, bleiben tiefe Verbrennungsnarben zurück.
Im Juli 1945 stellt Inge den Kontakt zur Familie Thiemann in Bielefeld her. Es entwickelt sich ein intensiver Briefwechsel mit der Mutter und den Schwestern von Jobst. Sein Vater steht weiterhin im Abseits. Seine Mutter klagt nach der Scheidung einen höheren Unterhalt vor Gericht ein, der Prozess wird im Juli 1949 durch ein Urteil zugunsten der Mutter beendet.

Das spannend-strapaziöse Leben, unerkannt aber nicht getrennt, geht weiter. Im Sommer 1946 verabreden sich Jobst und Inge zu einer zweiwöchigen Bergtour am Dachstein. Der Rucksack ist vollgepackt mit Proviant. Sie wandern vom Guttenberghaus durch das Landfriedtal zum Koppenkarstein. Sie wollen über die Austriascharte zum Dachsteingletscher klettern. Kurz vor dem Grat am Koppenkarstein, wo es 1000 Meter senkrecht nach Süden abfällt, rutscht Jobst im Harsch ab, ein Schneebrett löst sich und er rutscht vor Inges Augen über die Felskante. Sie tastet sich zum Abgrund vor und sieht plötzlich seine Hand. „Zum Fels rüber", ruft sie. Er ist in eine Randkluft am Felsen gefallen. Mit letzter Kraft macht er den Rucksack am Fels fest, langsam und vorsichtig arbeitet er sich hoch, sie reicht ihm die Hand, er ist gerettet. Beide sind total erschöpft und brechen entnervt die Tour ab. Sie gehen zurück in Richtung Guttenberghaus. Vor der Berghütte trennen sie sich, Inge geht allein hinein, damit man sie dort nicht zusammen sieht.
Jobst will zur Stornalm weiterwandern. Die Wirtin am Guttenberghaus sagt Inge, die Stornalm sei verfallen. Sie macht sich Sorgen. Am nächsten Morgen bricht sie vom Guttenberghaus auf und folgt Jobst. Seine markanten Nagelstiefel sind im Boden gut erkennbar. Sie geht zum Riegel zwischen der Silberkarklamm und der Luseralm. Dort sieht sie ihn unten auf der Luseralm und winkt ihm zu. Sie steigt hinab zu ihm. Auf der Luseralm verbringen sie in der Einsamkeit noch einige glückliche Tage bei schönstem Wetter.
Ende 1946 beginnt die Familie, die Fundamente für das Haus in Ramsau-Leiten vorzubereiten. 1947 wird das Häusl errichtet. Ein großes Problem stellt die Beschaffung von Fensterscheiben dar, denn Glasscheiben sind zu der Zeit Mangelware.
1947 kommt Inges Vater sehr krank und erschöpft aus russischer Kriegsgefangenschaft zurück. Er wird zunächst im Krankenhaus in Graz behandelt. Der Major Gustav Adolf Kunzelmann war zuletzt an der Ostfront im Oderbruch eingesetzt und wurde dort gefangengenommen.

Abb. 13: *Inge und Jobst am Dachstein*

Mit den Bielefelder Verwandten wird ein erstes gemeinsames Treffen im deutsch-österreichischen Grenzgebiet vereinbart. Am Fuße des Hohen Göll zwischen Berchtesgaden und Salzburg treffen sich im Juni 1947 Jobst, Inge und Tochter mit seiner Mutter und ihrer Schwester, Tante Martha. Hierzu schreibt Inge an ihren Vater in Graz im Krankenhaus:

> „Unsere Tochter benimmt sich recht gesittet und lieb. Sie gefällt der Omi aus Bielefeld ausnehmend gut, aber den Gipfel der Gefühle bildet immer noch der „Onki" [Jobst ist für seine Tochter der Onkel - der Vater ist ja offiziell noch nicht aus dem Krieg heimgekehrt]."[112]

Das heimliche und unerkannte Familienleben von Jobst und Inge bleibt nicht ohne Folgen. Inge ist wieder schwanger. Das stellt natürlich ein Problem dar, weil ihr Mann offiziell als vermisst gilt.

---

[112] Inge Thiemann, Brief an ihren Vater vom 26.06.1947 – Privatarchiv

Um den naheliegenden Vermutungen und Schmähungen der Ramsauer Mitbürger auszuweichen, verlässt Inge einige Wochen vor der Geburt die Ramsau. Als Enkelin des früheren Gemeindepfarrers muss sie sich einige abfällige Bemerkungen anhören. Sie geht zur Familie D. nach Böckstein bei Bad Gastein, um dort das zweite Kind zur Welt zu bringen. Sie bezieht ein enges, schräges Dachbodenzimmer bei den Freunden.
Jobst kennt D. noch aus den Kriegszeiten. Die Familie D. fertigt jetzt Puppenfiguren aus Pappmaché an und bemalt sie. Inge hilft ihnen dabei. Jobst, der die Firma Bachler in Schladming verlassen hat, kümmert sich jetzt um den Vertrieb der Puppenfiguren. Er wohnt in Salzburg bei Inges Tante Elsa in der Gabelsberger Straße. Von dort aus bereist er ganz Österreich und verkauft die Puppen, hauptsächlich an Kindergärten.
Anfang Mai 1948 hat Jobst einen Auftritt vor 80 katholischen Kindergärtnerinnen in Linz. Er kann hier die Bestellung weiterer Kasperlköpfe platzieren. Aber ansonsten läuft das Geschäft sehr zäh. Eine Hexe, ein Krokodil und ein Kasperl für den Caritas-Kindergarten in Hallein stellen den gesamten Umsatz in diesem Monat dar.
Am 14.06.1948 kommt die zweite Tochter Margit in Böckstein zur Welt. Inges Schwester Evi steht ihr bei der Geburt helfend zur Seite. Wenige Stunden nach der Geburt kommt Jobst nach Böckstein. Er sieht seine Tochter und sagt: „Oh, mein Pomuchelsköpfchen!“ Die kräftigen aufgewölbten Lippen erinnern ihn an den Fisch Pomuchelskopf, eine Anlehnung an Fritz Reuters „Ut mine Stromtid“. Und er fügt noch typisch männlich hinzu: „Schade, dass ein kleines Stückchen fehlt.“
Die Tochter Margit gilt als außerehelich geboren, weil das Schicksal von Jobst nach wie vor offiziell ungeklärt ist. Inge macht sich zwei Monate nach der Geburt wieder auf den Weg in die Ramsau. In Schladming holt sie sich bei dem befreundeten Arzt Rudi Fritsch einen Handwagen und zieht mit den beiden Kindern hinauf in die Ramsau zu ihrer Familie. Ihre Mutter begrüßt das Kind in der ihr eigenen Art: „Bäh, ist die schiach [hässlich].“ Aber der Opa Gustav Adolf nimmt sie zärtlich in den Arm und heißt sie willkommen.

Da Jobst immer noch als verschollen gilt, nimmt sich das Amtsgericht Liezen des Falles an. Inge wird vorgeladen, um den Vater des Kindes anzugeben. „Wann haben Sie Ihren Ehemann zum letzten Mal gesehen?“ fragt der Familienrichter. „Ich verweigere die Aussage zu dieser Frage“, antwortet Inge. „Dann müssen Sie auch ein Recht zur Aussageverweigerung haben.“ „Ja, was gibt es denn da?“ Der freundliche Richter gibt ihr einige Stichworte und meint, dass einer der Gründe wohl zutreffen würde. Man ist sich schnell einig und schon ist die in Wahrheit ehelich geborene Margit offiziell ein außereheliches Kind.
Jobst kann weiterhin nur heimlich zur Familie kommen. Margit wächst auf und lernt die Situation zu verstehen. Später verplappert sie sich einmal beim Nachbarn, dem Kieler-Bauern: „Heute ist der Onki [Onkel Jobst] gekommen, wir Kinder müssen wieder oben im Häusl schlafen und nicht unten bei Mama.“ Die Nachbarn haben den Hintergrund sicher verstanden. Aber für die Mädchen ist Jobst eben nur der nette Onkel.
Jobst arbeitet ab September 1948 als Angestellter für eine Firma in Schwarzach und zuletzt bis 1952 für eine Holzfirma in Salzburg. In einer Bewerbung vom 24.11.1952 beschreibt er seine berufliche Tätigkeit in Österreich wie folgt:

> „Seit dem Zusammenbruch bis zum Sommer dieses Jahres habe ich in Österreich in Einfuhr-, Ausfuhr- und Großhandel für Holz, Eisen und Lebensmittel gearbeitet. Ich war mehrere Jahre Reisender in diesen Handelssparten und habe damals trotz meines dort unbeliebten reichsdeutschen Dialektes so erfolgreich gearbeitet, dass ich leitender Geschäftsführer einer von mir vertretenen Firma von 1949-52 wurde. Meine Erfolge auf dem mir bis 1945 ziemlich fremden Gebiet des Handels verdanke ich meiner Energie, Anpassungsfähigkeit und Gewandtheit, aber auch meinem Organisationstalent und repräsentativen Auftreten, geschult durch meine rechtspflegerische und ministerielle Praxis.“[113]

[113] Jobst Thiemann, Bewerbungsschreiben vom 24.11.1952 – Privatarchiv

Sein Motto dieser Jahre ist ein Türspruch in der Rossfeldhütte im Grenzgebiet bei Salzburg; wir wissen, dass er in diesem Gebiet des Öfteren heimlich die Grenze in Richtung Deutschland überschritten hat. Diesen Spruch hat Jobst den Tagebüchern der Jahre 1949-51 vorangestellt:

Ernsthaft streben / Heiter leben
Vieles schaun / Wenig traun
Deutsch im Herzen / Tapfer und still
Da mag kommen / Was da will.

Leider haben die Aufzeichnungen der Nachkriegsjahre in den Taschenkalendern der Nachkriegsjahre nur den Charakter von Geschäfts- und Haushaltsbüchern. Sie sind vollgeschrieben mit Terminen und Umsatzdaten.
Das Leben ist für Jobst immer noch ein einziges Versteckspiel. Wenn er von Salzburg, wo er wohnt, an Inge schreibt, macht er das immer unter wechselnden Namen und Anschriften. Manchmal richtet er Nachrichten für Inge auch an seinen Schwiegervater.
Seine Mutter möchte jetzt auch das zweite Enkelkind kennenlernen. Daher fährt sie im Oktober 1949 von Bielefeld in die Ramsau, mietet sich in einer Pension ein und verbringt dort einige Tage mit der Schwiegertochter, den beiden Enkelkindern, der Familie Kunzelmann – und sicher auch mit ihrem Sohn.
Aufgrund einer Postkarte erfahren wir, dass Jobst und Inge im August 1950 einen kurzen Urlaub am Ankogel in der Nähe von Bad Gastein verbringen. Die Mädchen bleiben daheim in der Ramsau bei Oma und Opa.
Im Juli 1951 überquert Jobst wieder die Grenze nach Deutschland und fährt nach München, um erste Gespräche mit den vertrauten alten Kameraden zu führen, zu denen er zwischenzeitlich Kontakt aufgenommen hat.
Von August bis November 1951 ist Jobst ohne Arbeit und erhält Arbeitslosengeld. Danach arbeitet er für eine Holzfirma in Salzburg. Im August 1952 erwähnt er die „üblichen Auseinander-

setzungen mit dem Chef."[114] Dieser kündigt ihm zum 30.09.52. Jobst verabschiedet sich von den Arbeitern der Säge, zu denen er offensichtlich ein gutes Verhältnis hatte.
Bereits seit einiger Zeit erkundet Jobst die Möglichkeiten einer Rückkehr nach Deutschland. Im Mai 1950 überquert er heimlich die Grenze und fährt nach Bielefeld zu seiner Familie. Er trifft sich mit früheren Kollegen, um die Situation bei einer Rückkehr richtig einschätzen zu können. Im Anschluss an diesen Besuch nimmt seine Schwester Gretlein Kontakt auf zu einem Bekannten in Wuppertal. Der schreibt im Juli 1951 an sie, dass er mit einem einflussreichen Verwaltungsbeamten (Dr. K.) gesprochen und ihm den Fall von Jobst geschildert habe. Dr. K. sehe keine Schwierigkeiten, ihn als Regierungsrat in der öffentlichen Verwaltung unterzubringen. Wegen der Einzelheiten soll ein persönliches Gespräch mit Jobst stattfinden. Aber drei Monate später ist die Enttäuschung groß. Dr. K. lässt das Treffen absagen wegen großer Arbeitsüberlastung und zusätzlicher Schwierigkeiten, die er nach seiner Rückkehr aus dem Urlaub vorgefunden habe. Es sieht so aus, als habe Dr. K. kalte Füße bekommen.
Aber der Bekannte aus Wuppertal hat jetzt herausgefunden, wie die Rückkehr technisch am besten abgewickelt werden kann.[115] Dazu hat er Herrn B. (vermutlich Werner Best) aufgesucht. Dieser hatte zwar keine Zeit für ein Treffen mit Jobst in Bielefeld, gab aber die folgenden nützlichen Ratschläge:

> „Das Entnazifizierungsverfahren ist restlos eingestellt, sodass Ihr Herr Bruder keinerlei Befürchtung betreffs Verfolgung zu haben braucht. Er soll mit seinem richtigen Namen zunächst versuchen, bei Ihnen Aufnahme zu finden und sich dann schriftlich beim Ministerium für Vertriebene in Bonn melden und um eine geeignete Beamtenstellung (Verwaltung oder Justiz) nachsuchen unter Angabe seines beruflichen Werdeganges und mit-

---

[114] Jobst Thiemann, Brief an Inge Thiemann vom 26.08.1952 – Privatarchiv
[115] Vgl. Herr W. aus Wuppertal, Brief an Gretlein vom 04.09.1951 – Privatarchiv

> teilen, dass ihm seinerzeit in Polen seine Papiere abgenommen wurden und er, um nicht in polnische Hände zu gelangen, unter falschem Namen und mit falschen Papieren nach Österreich geflüchtet sei. Mit der Antwort des Ministeriums, welche ja automatisch erfolgt, soll er sich in Bielefeld bei der Meldestelle melden – ohne den gesamten Inhalt des Schreibens vorzuzeigen – und um eine ordnungsgemäße Anmeldung nachsuchen (Meldeformular dreifach ausfertigen). Herr B. sieht bei diesem Verfahren keinerlei Schwierigkeiten, dass auf diese Weise die Verhältnisse Ihres Herrn Bruders wieder in Ordnung gebracht werden können."[116]

Am 30.08.1952 fährt Jobst nach München. Er besucht seine ehemaligen Kollegen des Amtes IV des RSHA, Dr. Günter Knobloch, in Baldham, und einen anderen Kollegen, mit dem er sich im Hofbräuhaus trifft.
Ende September 1952 fährt Jobst wieder nach Deutschland. In München ist er mit einem guten Bekannten verabredet, der in der Nähe des Hauptbahnhofs wohnt. Jobst muss ihn allerdings in seiner Wohnung wecken, weil dieser am Vorabend das Oktoberfest besucht hat. Die nächste Station ist Mühlheim an der Ruhr. In einer kleinen Gaststätte trifft er „einen alten Bekannten", nämlich Dr. Werner Best. Von ihm erhält er eine wichtige Behördenadresse und erfährt viel Neues über zahlreiche frühere Bekannte. In seinem Brief an Inge schreibt er:

> „Der Doktor [Joachim Deumling, ein Kollege von Jobst im RSHA] hatte nicht übertrieben, als er behauptete, dieser Mülheimer halte viele Fäden und sei sehr aktiv."[117]

Jobst führt ein langes Gespräch mit Werner Best. Erst weit nach Mitternacht kommt Jobst in Bielefeld an. Sein Schwager Alf wartet brav auf ihn am Hauptbahnhof.

---

[116] Ebd.
[117] Jobst Thiemann, Brief an Inge Thiemann vom 02.10.1952 - Privatarchiv

Am folgenden Tag hat Jobst in Bielefeld eine Besprechung mit dem „von Mülheim empfohlenen Mann.“ Dieser erklärt ohne große Fragerei, das Anliegen von Jobst sei kein Problem, er solle am nächsten Tag die Unterlagen bei ihm einreichen, dann erhalte er in wenigen Tagen die Papiere.
Am 27.09.52 erhält Jobst wie vereinbart seinen neuen deutschen Personalausweis. Das Netzwerk der SS funktioniert reibungslos. Anschließend fährt Jobst nach Hamburg zu Heinz Höner, seinem alten Klassenkameraden und Kollegen aus dem RSHA. Auf dem Rückweg macht er Station bei den Verwandten seiner Mutter in Rinteln an der Weser und besucht das Grab seiner Großeltern. Über Detmold, wo er noch einen weiteren Kameraden besucht, fährt er zurück nach Bielefeld. Am 02.10.1952 sieht Jobst nach mehr als 12 Jahren seinen Vater wieder. Sie unterhalten sich vor der Haustür, es ist ein noch etwas frostiges und kurzes Treffen, an dessen Ende der Sohn 100 DM von seinem Vater erhält. Jobst lässt sich in Bielefeld vorsorglich als arbeitssuchend bei den Behörden registrieren. Dann tritt er den Rückweg nach Salzburg an. Er hält nochmals in Mülheim, um Werner Best zu treffen, und sieht seinen Freund Fumy am Hauptbahnhof in München.
Das Ergebnis seiner Reise formuliert er für Inge im Brief vom 08.10.1952:

> „Ich habe mit vielen Leuten gesprochen, alle wollen sich bemühen, aber keiner hat eine Stellung sofort greifbar, außer natürlich Hilfsarbeiter. Die Unterbringungsfrage ist die allerschwierigste.“[118]

[118] Jobst Thiemann, Brief an Inge Thiemann vom 08.10.1952 – Privatarchiv

10. Das Ehrengerichtsverfahren

Die politische Lage hat sich aus Sicht der noch unter falscher Identität lebenden NS-Täter inzwischen entspannt. Die Bundesrepublik Deutschland ist in der neuen westeuropäischen Staatengemeinschaft fest etabliert. Die Nürnberger Prozesse einschließlich des sogenannten Einsatzgruppenprozesses (Fall 9 des internationalen Tribunals) sind 1948 beendet. Das könnte bedeuten, dass nach Abschluss der Entnazifizierungsverfahren und der sogenannten Kriegsverbrecherprozesse die Aufarbeitung von NS-Taten beendet ist. Jobst wagt Anfang 1952 einen Ausflug in seine Heimat nach Bielefeld und zu seinen alten Kameraden in ganz Deutschland, um mit ihnen zu prüfen, ob die Luft jetzt rein ist, ob er dort wieder arbeiten kann. Die Recherchen vor Ort fallen positiv aus. Daher fasst Jobst den Entschluss, die Heimkehr nach Ostwestfalen zu wagen und wieder als Jurist tätig zu werden. Er bespricht mit Inge den Plan für einen Neuanfang in Deutschland. Die nächsten Schritte werden eingeleitet.

Am 14.11.1952 meldet er sich beim Arbeitsamt und bei der Polizei in Salzburg ab und nimmt Abschied von seinem SS-Kameraden Sepp S. (mit dem er in der Tischlerei Bachler in Schladming zusammen gearbeitet hat) und dessen Frau Kathrin. Beide haben ihn in Salzburg gut unterstützt bei dem gemeinsamen Vertrieb der Kasperlpuppen. Jetzt wartet er, dass Inge mit den Kindern wie verabredet die Ramsau verlässt zur Ausreise nach Deutschland.

Am 15.11.52 besteigt Inge in Schladming den Zug mit den beiden ahnungslosen Mädchen. Diese glauben, eine Urlaubsfahrt anzutreten. In Salzburg kommt Jobst wie verabredet zu ihnen ins Abteil. Margit und ihre Schwester liegen gemütlich hoch oben im Gepäcknetz. Während der Fahrt wird den Kindern offenbart, wer Jobst wirklich ist. Diese Botschaft können die beiden Kleinen aufgrund ihres Alters nur schwer verstehen. Der nette Onkel Jobst, so hören sie jetzt, sei in Wirklichkeit ihr Vater. Margit zeigt aus dem Gepäcknetz auf Jobst und ruft immer wieder: „Vati, Vati, Vati…“ Ihre Schwester meint: „Ich sage weiter Onki, das gefällt mir besser.“

Kurz vor der Ankunft des Zuges in Bielefeld eröffnen Jobst und Inge den Kindern, dass sie jetzt für immer in Deutschland bleiben werden. Die Kinder sind enttäuscht, nicht mehr in der gewohnten Umgebung in der Ramsau im Familienkreise, insbesondere bei dem geliebten Opa Gustav Adolf Kunzelmann, zu leben, können aber wohl kaum die volle Tragweite dieser Entscheidung erfassen.

In Bielefeld schlagen Inge, Jobst und die Kinder bei seiner Mutter ihr Quartier auf, die Ehe der Eltern war ja längst geschieden. Schwester Gretlein, die auch bei der Mutter im Ehlentrupper Weg wohnt, zieht zu einer Tante, um in der Wohnung Platz zu machen. Die junge Familie bekommt das Schlafzimmer der Mutter zugeteilt.

Am 30.11.1952 stellt Jobst seinem Vater zum ersten Mal seine Frau und die beiden Kinder vor. Das Treffen findet sozusagen auf neutralem Boden in Bethel statt.

Jobsts Schwager Alf ist Textilingenieur bei der Spinnerei „Vorwärts“ in Bielefeld. Dort kann er Inge einen Arbeitsplatz verschaffen. Margit wird in den Kindergarten geschickt, ihre Schwester geht zur Schule. Wegen ihres steirischen Dialektes werden die beiden von den anderen Kindern ständig gehänselt. Das führt dazu, dass sie in kürzester Zeit die Bielefelder Mundart übernehmen. Margit erinnert sich:

> „Ich wurde aus der großen Freiheit in der Ramsau mit dem geliebten Großvater [Gustav Adolf] und den Freunden der Kindheit wie dem Kieler Heli in eine enge Drei-Zimmer-Wohnung nach Bielefeld verpflanzt. In Kindergarten und Schule wurde ich bisher nicht bekannten Zwängen unterworfen, ich musste mich an den westfälischen Dialekt gewöhnen. Darüber hinaus hatte ich plötzlich einen Vater, der streng und unnahbar war. An meiner Seite hatte ich meine geliebte, aber im neuen Umfeld unglückliche Mutter und eine freundliche Großmutter. Das alles führte bei mir zum Daumenlutschen, bis dieser vereitert war und der Nagel gezogen werden musste. Ich wurde immer dünner, blasser und nervöser. Meine große

> Schwester wurde immer stiller und ‚unsichtbarer' – sie litt nach innen hinein. Später mutierte ich in der Schule zum lustigen Clown, zum ‚Dwarsbraken' – zum Quertreiber. Heimlich habe ich ein Büchlein geschrieben und mich mit Heidi, dem Kind aus den Schweizer Bergen identifiziert, das man – wie mich – aus den geliebten Alpen in eine deutsche Großstadt brachte. Wie habe ich meinen Opa vermisst! Ich habe ihm später oft meinen Kummer in Briefen übermittelt. Erst nach fünf langen Jahren durfte ich wieder heimfahren in die Ramsau."[119]

Wie ging es damals weiter in Bielefeld? Trotz der sorgfältigen Vorbereitungen ist für Jobst die berufliche Integration in der ostwestfälischen Heimat schwerer als erwartet. Er schreibt seinem Schwiegervater nach Österreich:

> „Die Stimmung ist nicht so gut wie die Gesundheit. Trotz vieler Bemühungen bin ich bei der Wohnungs- und Arbeitsbeschaffung noch nicht weit gekommen. Wie Du weißt, fingen Inge und ich nach unserer Ankunft gleich an zu arbeiten, ich als Schreibmaschinenvertreter für die Firma Olympia. Meine Aufgabe: Von Haus zu Haus bei der Privatkundschaft Schreibmaschinen zum Preis von 400,00 DM zu verkaufen. Das Ergebnis kannst Du Dir denken: Aufträge wenig, Spesen viel. Letztere hat selbstverständlich der Vertreter zu tragen. Mit einem Wort, ich habe für die Firma kostenlose Reklame in allen Gassen gemacht und der Verdienst aus meinen Aufträgen hat grade meine Spesen gedeckt. Ich habe aufgehört und Arbeitslosenfürsorgeunterstützung bezogen (33,00 DM wöchentlich). Sie ist nach kurzer Zeit eingestellt worden, da mein Vater Vermögen besitzt. Auch meine Flüchtlingseigenschaft konnte ich nicht erreichen (trotz bester Fürsprache [alter Kameraden]), da ich nicht nachweisen konnte, dass ich ausgewiesen worden war. Als aner-

[119] Margit Potthast, Erinnerungen

> kannter Flüchtling hätte ich viele Vorteile gehabt, besonders in der Wohnungszuweisung."[120]

Das wäre in der Tat ein Geniestreich gewesen, wenn er für die Zeit seines „Abtauchens" den Flüchtlingsstatus erlangt hätte.
Jobst trifft sich jetzt öfter mit seinem Vater und speist mit ihm im Christlichen Hospiz in Bielefeld. Schließlich ist der Reichtum seines Vaters der Grund dafür, dass er kein Arbeitslosengeld erhält. Diese Begegnungen bleiben allerdings nicht frei von Auseinandersetzungen. Dennoch hat sein Vater ihn in den Jahren 1952/53 mit insgesamt 5.191,00 DM unterstützt, was der Sohn ihm entsprechend bescheinigt.
Jobst schreibt weiterhin fleißig Bewerbungen. Aber eine qualifizierte Stelle, beispielsweise als Jurist in der Wirtschaft, kann er so schnell nicht finden, da hilft derzeit das Netzwerk der ehemaligen SS-Kameraden noch nicht weiter. Auch die Besuche in Mühlheim bei Werner Best und Gustav Adolf Nosske bringen kein greifbares Ergebnis bei der Stellensuche. Am besten wäre es gewesen, so Jobst, einen Arbeitgeber zu finden, dem die Frage nach der Tätigkeit im Krieg gleichgültig ist.
Unmittelbar bei seiner Rückkehr nach Bielefeld hat Jobst Kontakt aufgenommen zur H.I.A.G. Bielefeld, der „Hilfsgemeinschaft ehemaliger Angehöriger der Waffen-SS". Wir finden in der Umzugskiste einige Mitteilungsblätter der H.I.A.G. Bielefeld von 1953. Die Gruppe versucht, ihren arbeitslosen Mitgliedern systematisch neue Stellen zu vermitteln und diejenigen zu unterstützen, die wieder im Geschäftsleben stehen: „Kamerad, kaufe beim Kameraden!" Die qualifizierte Stelle, die Jobst sucht, kann ihm diese Gruppe, in der Offiziere eine Minderheit darstellen, wohl kaum vermitteln. Daher beendet Jobst die Kontakte. Das letzte Schriftstück der H.I.A.G. datiert vom 06.12.53. Darin stellt der 1. Vorsitzende fest, dass der „Kamerad Thiemann" seit Monaten nicht mehr an den Zusammenkünften teilgenommen hat. Das Schreiben ist ein Vordruck, eingefügt sind nur das Datum und der Name – die Gruppe leidet offenbar unter „Kameradenschwund".

---

[120] Jobst Thiemann, Brief an G. A. Kunzelmann v. 29.04.1953 – Privatarchiv

Konkreter ist die Arbeit des Netzwerkes der ehemaligen RSHA-Mitarbeiter. Wer von einer offenen Position weiß, stellt eine direkte Verbindung des Suchenden zum Arbeitgeber her, so auch der „Kamerad" Walter Huppenkothen mit seinem Brief an Jobst im Oktober 1953.

Vorübergehend findet Jobst eine juristische Beschäftigung. Von Juni 1953 bis März 1954 arbeitet Jobst laut Zeugnis als „Hilfsarbeiter" in einer Anwaltskanzlei in Herford – für einen Hungerlohn, wie Inge sagt.[121]

Daher entschließt sich Jobst, den nicht ganz ungefährlichen Weg zu gehen, der zu einer Zulassung als Rechtsanwalt führt. Vor dem Krieg hatte er keine Anwaltszulassung, da er ja direkt nach dem Examen bei der Gestapo eingetreten ist. Also muss er jetzt das Zulassungsverfahren zur Rechtsanwaltschaft betreiben.

Für die Zulassung benötigt Jobst als erstes die Zusage eines Rechtsanwaltes, der seine Beschäftigung als Anwaltsassessor für ein Jahr garantiert. Dies ist eine Pflichtstation für die Zulassung zur Rechtsanwaltschaft. Die entsprechende Zusage bekommt Jobst am 06.03.53 von dem Bielefelder Rechtsanwalt Dr. Walter Jagusch. Dieser ist ein alter Bekannter aus dem Amt IV des RSHA. Jagusch leitete ab August 1942 die Gestapo in Riga und war ab Mai 1943 beim SS- und Polizeigericht in Metz tätig. Ermittlungsverfahren gegen ihn verliefen ergebnislos.

Die Erklärung von Jagusch, Jobst als Anwaltsassessor zu beschäftigen, sowie Nachweise über seine Examina und einen handschriftlichen Lebenslauf fügt Jobst seinem Schreiben vom 10.03.1953 bei, mit dem er beim Präsidenten des Oberlandesgerichts (OLG) in Hamm seine Zulassung als Anwaltsassessor beantragt. In seinem Lebenslauf schreibt Jobst kurz und knapp:

> „Nach Wehrdienst und Studium wurde ich im Juli 1939 in das Reichsministerium des Inneren in Berlin berufen. 1940 wurde ich zum Regierungsassessor, 1942 zum Regierungsrat ernannt. Bei Kriegsende schied ich aus dem Dienste aus."[122]

---

[121] Zeugnis Rechtsanwalt C. vom 27.04.1954 – Privatarchiv

[122] Jobst Thiemann, Zulassungsantrag vom 10.03.1953 – Privatarchiv

Diese Erklärung erscheint dem Bearbeiter Wolff beim OLG doch etwas dürftig. Da er bereits ein wenig über Jobst nachgeforscht hat, schreibt er am 17.03.1953 zurück:

> „Nach dem hier geführten Retent Ihrer Personalakten sind Sie am 15.07.39 in den Probedienst der Geheimen Staatspolizei eingestellt worden und mit Wirkung vom 01.07.1940 unter Ernennung zum Regierungsassessor endgültig dahin übernommen worden. Zu dem von Ihnen vorgelegten Lebenslauf bitte ich ergänzend über Ihren Werdegang und Ihre Tätigkeit im Dienste der Geheimen Staatspolizei zu berichten. War nach Kriegsende ein Spruchgerichtsverfahren anhängig? Wie ist das Aktenzeichen des Entnazifizierungsverfahrens?“[123]

Jetzt ist Vorsicht geboten. Es haben doch schon jede Menge Kollegen vom RSHA diese Prozeduren hinter sich gebracht und eine neue Existenz als Rechtsanwalt aufgebaut. Wer kann hier helfen? Jobst sucht den Kontakt zu Heinz Höner, den er schon lange kennt. Jobst hatte mit Höner zusammen in Bielefeld die Oberrealschule besucht. Er war es auch, der als Mitarbeiter der Gestapo in Münster seinem ehemaligen Schulkameraden empfohlen hatte, sich bei dieser Organisation zu bewerben. Später arbeiteten sie beide im Amt IV des RSHA. Höner war 1943 Leiter der Gestapo in Wilhelmshaven und danach wie Huppenkothen Mitglied der „Sonderkommission 20. Juli“ des RSHA. Zuletzt war er im Amt IV B 1a des RSHA für Frankreich und Belgien zuständig. Er hat sich jetzt als Rechtsanwalt in Hamburg etabliert. Jobst schickt ihm den Entwurf seines erweiterten Lebenslaufes. Heinz Höner antwortet am 11.04.1953:

> „Lieber Jobst, Dein Lebenslauf gefällt mir überhaupt nicht. Ich weiß natürlich nicht, was in Deinen Akten bei der Justiz steht. Wenn eben möglich, würde ich schreiben, dass das Einstellungsgesuch beim Reichministeri-

[123] Schreiben des Präsidenten des OLG Hamm an Jobst Thiemann vom 17.03.1953 – Privatarchiv

ums des Inneren (RMdI) zur Übernahme in die allgemeine innere Verwaltung des Reiches erfolgte und dass die Einberufung zum RMdI, Hauptamt Sicherheitspolizei, kam. Du warst überrascht, sagtest aber ja, dass Gesuche bei anderen Stellen ohne Erfolg geblieben waren. Ich kann mir nicht denken, dass Dein Einstellungsgesuch erhalten geblieben ist. Ähnlich wäre dann von einer Tätigkeit im Hauptamt Sicherheitspolizei zu sprechen, siehe Ministerialzulage. Aufnahme in SS erfolgte im Zuge der sog. Dienstgradangleichung von Amts wegen. Jede SS-Tätigkeit ist unerwünscht. Immer alles auf reine Fachbeamten-Tätigkeit abstellen. Aus diesem Grunde spielt auch das SS-Hauptamt keine Rolle, sondern Deine Abordnung zu Wlassow erfolgte vom RMdI. Überhaupt muss diese Stelle so gefasst werden, dass Du als Beamter tätig warst, meinetwegen auch als Verbindungsführer. Einzelheiten über Deine Tätigkeit kann niemand nachweisen. Da sei ganz unbesorgt. Wie steht es mit einer Tätigkeit in Abwehrfragen und Grenzpolizeifragen? Meines Wissens bist Du in Ausbürgerungssachen nur wenige Wochen tätig gewesen, polnische Angelegenheiten bedrückten Dich nur wenige Monate. Deshalb die Frage, ob man diese Dinge nicht mehr oder minder unter den Tisch fallen lassen sollte. Dagegen würde ich herausstellen, durch eine jahrelange Tätigkeit in russischen Fragen (Abwehr, Widerstand) zum Russlandspezialist geworden zu sein. Aber nur Ministerialtätigkeit (Auswertung, Berichte) mit kurzen Frontaufenthalten. Daher am Schluss auch als Fachmann zu Wlassow. Die Polen interessierten Dich doch überhaupt nicht. ...“[124]

Entsprechend diesen trickreichen Ratschlägen seines erfahrenen Schul- und RSHA-Kameraden ergänzt Jobst seinen Lebenslauf mit Schreiben vom 14.04.1953 an den Präsidenten des Oberlandesgerichtes in Hamm:

---

[124] Heinz Höner, Brief an Jobst Thiemann vom 11.04.1953 – Privatarchiv

„... bewarb ich mich im Herbst 1938 erneut um eine Einstellung in den höheren Verwaltungsdienst, und zwar beim Heer, der Luftwaffe und Marine. Erst nach Ablehnung dieser Gesuche – weil ich nicht Reserveoffiziersanwärter war – bewarb ich mich dann bei der Polizei.
Ich wurde darauf vom ‚Chef der Sicherheitspolizei beim Reichsführer SS und Chef der Deutschen Polizei im Reichsministerium des Inneren' einberufen. Am 15.07.39 begann ich den Probedienst im Hauptamt Sicherheitspolizei in Berlin.
Während der einjährigen Probezeit wurde ich in verschiedenen Aufgabengebieten informatorisch beschäftigt.
Mit Wirkung vom 01.07.40 wurde ich unter Ernennung zum Regierungsassessor und Gewährung der Ministerialzulage endgültig in das Beamtenverhältnis übernommen. Dies hatte, obwohl ich nie der SS und vor April 1933 auch weder der NSDAP noch einer ihrer Gliederungen angehört hatte, meine Aufnahme in die SS und entsprechende Dienstgradzuteilung im Zuge der sogenannten Dienstgradangleichung von Amts wegen zur Folge.
1942 wurde ich zum Regierungsrat ernannt und nach 2 Jahren wurde der entsprechende Polizei- SS- Dienstgrad angeglichen.
Ich bearbeitete nunmehr 2 Jahre Angelegenheiten der Abwehr Russlands durch Auswertung aller Berichte und regelmäßige Unterrichtung der beteiligten Dienststellen.
Meine Kenntnisse russischer Abwehrfragen führten im Sommer 1944 zu meiner Abordnung zum ‚Komitee zur Befreiung der Völker Russlands' des Generals Wlassow in Berlin.
Ich arbeitete in dessen Verbindungsstab. Im Januar 1945 übersiedelte ich mit diesem Stab und Komitee von Berlin nach Karlsbad, das wir im April 1945 wieder verließen.
Bei Kriegsende befand ich mich mit der Dienststelle in den Alpen.

Nach Kriegsende fand kein Spruchgerichts- und Entnazifizierungsverfahren gegen mich statt.“[125]

In einem weiteren Schreiben vom 09.06.1953 legt Jobst argumentativ nochmals nach: Er habe nach Kriegsbeginn bei seiner Dienststelle mehrfach vergeblich versucht, eine Freigabe zur Wehrmacht zu erreichen. Wollte er, der Regierungsassessor, wirklich als einfacher Infanterist in den Krieg ziehen? Sicherlich nicht, die Zulassung als Rechtsanwalt ist jetzt eine Existenzfrage, da zählt jedes Argument. Des Weiteren hat Jobst noch vier „alte Kameraden“ angeschrieben und gebeten, die von ihm vorgefertigten eidesstattlichen Erklärungen abzugeben. Die Kollegen des RSHA helfen ihm, Jobst fügt diese Erklärungen seinem Schreiben vom 09.06.1953 bei.
Hans Pieper, Regierungsrat und Leiter der Geschäftsstelle des Amtes IV des RSHA, versichert an Eides Statt, dass Jobst ständig Ministerialzulage bezog, keinerlei exekutive Tätigkeit ausgeübt hat und zum RSHA lediglich abgeordnet war.
Kurt Lischka bestätigt als zeitweiliger Vorgesetzter von Jobst im RSHA dem OLG Hamm, „dass Herr Thiemann in den beschriebenen Tätigkeiten niemals Exekutivangelegenheiten, sondern ausschließlich reine Verwaltungsangelegenheiten erledigt hat.“ [126] Kurt Lischka, SS-Obersturmbannführer, Abteilungsleiter im Amt II B (Konfessionen, Juden) und später in der Gebietsabteilung IV B 2 zuständig für den Osten und Südosten Europas, war Gestapo-Chef von Köln und danach beim Befehlshaber der Sicherheitspolizei und des SD in Paris, wo er für die Deportation der französischen Juden und die Bekämpfung der Resistance zuständig war. Sein Fall wurde 1971 publik, als Beate Klarsfeld ihn nach Frankreich entführen wollte. Erst infolge dieser öffentlichkeitswirksamen Aktion wurde Lischka in Köln angeklagt und 1980 zu 10 Jahren Haft verurteilt.

---

[125] Jobst Thiemann, Schreiben an den Präsidenten des OLG Hamm vom 14.04.1953 – Privatarchiv

[126] Hans Pieper, Eidesstattliche Erklärung vom 08.06.1953, Kurt Lischka, Bestätigung vom 18.05.1953 – Privatarchiv

Gustav Adolf Nosske, SS-Obersturmbannführer, Leiter des EK 12 und Angeklagter im Einsatzgruppenprozess von Nürnberg, bestätigt dem OLG Hamm, dass Jobst im wesentlichen mit dem Auswerten von Berichten nachgeordneter Dienststellen beschäftigt war:

> „Mit Fortschreiten des Russlandfeldzuges wurde in einer zentralen Abwehrstelle ein wöchentlicher Lagebericht herausgegeben. Herr Thiemann war von 1942-44 Mitarbeiter dieser Abwehrdienststelle mit der besonderen Aufgabe, die redaktionelle Vorbereitung der Meldungen durch Sammlung und Auswertung der Berichte sowie Wahrnehmung der regelmäßigen Redaktionsbesprechungen durchzuführen. Diese wöchentlichen Berichte wurden unter dem Titel ‚Meldungen aus den besetzten Ostgebieten' sämtlichen Ministerien und Abwehrabteilungen der Wehrmachtsteile zugeleitet".[127]

Als damaliger direkter Vorgesetzter bestätigt auch er, dass Jobst keinerlei Exekutivtätigkeit ausgeübt hat und nur in der Berliner Ministerialdienststelle beschäftigt war. Von Nosske wird noch zu berichten sein.
Dr. Friedrich Buchardt bestätigt in seiner Erklärung die letzte Verwendung von Jobst:

> „Herr Thiemann wurde im Sommer 1944 bei der Aufstellung des Verbindungsstabes zu Wlassow als dessen Mitglied berufen, da er Fachmann für russische Abwehrfragen und gleichzeitig höherer Verwaltungsbeamter war. Seine Aufgabe bestand in der Bearbeitung aller Abwehrangelegenheiten, die die Aktion des Generals Wlassow betrafen, ferner in der Organisation des Schutzdienstes für die führenden russischen Mitglieder des Wlassow-Stabes und des Wlassow-Komittees sowie später deren Evakuierung von Berlin nach Karlsbad und von Karlsbad nach Tirol."[128]

---

[127] Gustav Adolf Nosske, Bestätigung vom 16.05.1953 – Privatarchiv
[128] Dr. Friedrich Buchardt, Bestätigung vom 29.05.1953 – Privatarchiv

Buchardt, SS-Obersturmbannführer, geboren in Riga, war bei der Sicherheitspolizei in Lublin tätig und leitete 1943 das Einsatzkommando 9 in Weißrussland. Danach übernahm er die Betreuung der „Russischen Befreiungsarmee". Im Nürnberger Einsatzgruppenprozess hatte er nicht vor Gericht gestanden. Dies wird damit begründet, dass Buchardt dem amerikanischen Geheimdienst seine Dienste als „Ostexperte" gegen die Zusicherung von Straffreiheit angeboten habe.[129] Buchardt hatte offensichtlich beste Beziehungen zu den alliierten Geheimdiensten. Er wurde zwar in den 1960er Jahren noch von der Staatsanwaltschaft vernommen wegen seiner Tätigkeit als Leiter des EK 9, aber Gerichtsverfahren gegen ihn sind nicht bekannt geworden. Er verstarb unbehelligt im Jahre 1982.
Die Antwort vom Oberlandesgericht Hamm auf das Gesuch zur Übernahme in den Anwärterdienst zum Rechtsanwalt ergeht mit Datum vom 25.08.1953. Der Bearbeiter Wolff schreibt:

> „Der Justizminister des Landes Nordrhein-Westfalen hat mich angewiesen, das Gesuch abzulehnen. ... Gerade die Tatsache, dass der Antragsteller fast ausschließlich in einer Berliner Zentralstelle des SD tätig war, rechtfertigt den Schluss, dass er sich mit den Gedanken und Prinzipien des Sicherheitsdienstes identifiziert hatte. ... Es muss auch als besonderer charakterlicher Mangel angesehen werden, dass der Antragsteller seine Zugehörigkeit zum SD nach dem Zusammenbruch bewusst verheimlicht und in seinen Anträgen auf Zulassung zur Anwaltschaft insoweit falsche oder unvollständige Angaben gemacht hat. ... Ich vermag daher Ihrem Gesuch nicht zu entsprechen."[130]

Das mögliche Rechtsmittel hiergegen ist die Einleitung eines ehrengerichtlichen Verfahrens. Darüber informiert sich Jobst in einem Gespräch bei der Rechtsanwaltskammer in Hamm. Hier

---

[129] Vgl. Schröder, Deutschbaltische SS-Führer, S. 214
[130] Schreiben des Präsidenten des OLG Hamm an Jobst Thiemann vom 25.08.1953 – Privatarchiv

erfährt er, dass nach der Regelung des Kontrollrates der britischen Zone alle Mitarbeiter des Amtes IV des RSHA (Gestapo) grundsätzlich als „Verbrecher“ eingestuft werden.
Um seine Zulassung zu erreichen bleibt Jobst keine andere Möglichkeit, als die Vorwürfe zu bestreiten und das Ehrengericht anzurufen. Am 11.11.1953 findet die Verhandlung statt. Das Ehrengericht ist besetzt mit drei Rechtsanwälten, von denen einer den Vorsitz hat, dem Oberstaatsanwalt zu Hamm und einem weiteren Rechtsanwalt als Schriftführer. Das von Jobst eingelegte Rechtsmittel hat den gewünschten Erfolg. Das Ehrengericht der Rechtsanwaltskammer Hamm entscheidet wie folgt:

> „Es sind keine Momente aufgetreten, aus denen der Schluss gezogen werden könnte, dass der Antragsteller gegen rechtsstaatliche Grundsätze verstoßen und sich mit den Prinzipien des SD identifiziert hätte. Ebenso wenig konnte festgestellt werden, dass er unvollständige oder gar falsche Angaben über seine Tätigkeit gemacht hätte. Wenn er sich der politischen Haft seinerzeit entzogen hat, so kann das Ehrengericht darin keinen charakterlichen Mangel erblicken, zumal er es vorzog, unter schweren Bedingungen für den Unterhalt seiner Familie zu sorgen.
> Das Ehrengericht vertritt seit Jahren in Übereinstimmung mit dem Ehrengerichtshof die Auffassung, dass die Zulassung nur dann versagt werden kann, wenn ein bestimmtes strafbares oder ehrenrühriges Verhalten des Antragstellers festgestellt werden kann. Das Ehrengericht lehnt es ab, den Antragsteller nach dem Grundsatz der Kollektivschuld zu behandeln. Es hat keine persönliche Belastung des Antragstellers festgestellt. Seine Darstellung wird durch die von ihm beigebrachten Bescheinigungen von den früheren Dienstvorgesetzten Nosske, Lischka, Dr. Burchardt und Pieper bestätigt.“[131]

[131] Entscheidung der I. Kammer des Ehrengerichts der Rechtsanwaltskammer Hamm vom 11.11.1953, EV. 110/53 – Privatarchiv

Jobst kann vorerst aufatmen. Seine Zeugen waren überzeugend, obwohl sich unter ihnen der in Nürnberg zum Tode verurteilte, dann aber begnadigte Gustav Adolf Nosske befand. Doch der Generalstaatsanwalt legt Rechtsmittel beim Ehrengerichtshof ein. Die Begründung des Generalstaatsanwaltes wirkt schon etwas müde und stützt sich nur auf die bereits vorgebrachten Indizien, einen persönlichen Schuldvorwurf kann auch er nicht beibringen. Nach drei Monaten bangen Wartens erhält Jobst die Mitteilung des Generalstaatsanwalts vom 13.02.1954, dass er sein Rechtsmittel gegen das Urteil des Ehrengerichts der Rechtsanwaltskammer Hamm zurücknimmt.
Am 22.02.1954 wird Jobst vom Präsidenten des Oberlandesgerichts Hamm in den Anwärterdienst zum Rechtsanwalt in diesem Gerichtsbezirk übernommen. Jobst beginnt seinen Dienst als Anwaltsassessor am 08.03.1954 wie verabredet bei Rechtsanwalt Dr. Jagusch. Doch dort gibt es nur Steine statt Brot. Der RSHA-Kamerad erweist ihm zwar einen Freundschaftsdienst, zahlt Jobst aber keine Vergütung. Diese brotlose Tätigkeit ist nicht von Dauer. Die Kanzlei Vogt und Kollegen ist bereit, Jobst eine Vergütung als Anwaltsassessor zu zahlen. Seinem Antrag entsprechend darf er dort mit Genehmigung des OLG-Präsidenten den weiteren Vorbereitungsdienst ableisten. Am 15.10.1954 hat Jobst sein Ziel erreicht, er wird als Rechtsanwalt beim Amts- und Landgericht Bielefeld zugelassen. Zunächst arbeitet er noch weiter in der Kanzlei Vogt. Im Januar 1955 eröffnet er seine eigene Anwaltskanzlei in Brackwede und bezieht in der nahen Senne ein kleines Häuschen mit seiner Familie. Er freut sich über seinen ersten eigenen Fall, es ist eine Scheidungssache. Doch das Geschäft ist mühsam. In den ersten drei Monaten hat seine neue Kanzlei lediglich 800 DM brutto an Honoraren eingenommen.

11. Das Netzwerk

Das Netzwerk hat funktioniert. Die Zeugen, die Jobst mit ihren eidesstattlichen Erklärungen zur Anwaltszulassung verholfen haben, waren offensichtlich allesamt „ehrenwerte“ Bürger. Wie viele andere Kollegen aus dem RSHA hat Jobst jetzt seine Zulassung als Rechtsanwalt erhalten, wenn auch mit vielen Tricks und Mühen.

Kann da noch etwas kommen? Der Kanonendonner der Kriegsverbrecher-Prozesse war verhallt. Oder sitzen er und seine Kameraden doch noch auf einem Pulverfass?

Mit dem Nürnberger Einsatzgruppenprozess scheint der Komplex „Osteinsatz“ erledigt zu sein. In diesem Verfahren, dem sogenannten „Fall 9“, waren 23 Personen angeklagt, darunter 10 aus dem RSHA. Das Gericht stellt fest:

> „Es ist gewiss, dass noch niemals 23 Menschen vor Gericht gestellt wurden, um sich der Beschuldigung zu verantworten, über 1 Million Menschen umgebracht zu haben. … Es wird ganz besonders ausgeführt, dass diese Männer am Tatort eigenhändig die blutige Ernte beaufsichtigten, überwachten, leiteten und daran teilnahmen“.[132]

Im Einsatzgruppenprozess 1947/48 wurde die höchste Zahl an Todesurteilen innerhalb der Nürnberger Prozesse ausgesprochen. Von den zum Schluss noch 22 Angeklagten erhielten 14 die Todesstrafe, die aber nicht in allen Fällen vollstreckt wurde. Nosske war der einzige, der kein Gnadengesuch an den US-Militärgouverneur Lucius D. Clay einreichte. Brauchte er auch nicht, für die Begnadigung setzten sich neben den entsprechenden Interessengruppen schließlich auch die deutschen Nachkriegspolitiker ein. Die 14 in den Einsatzgruppen zum Tode verurteilten Täter wurden im Sommer 1950 begnadigt bis auf Paul Blobel, Werner Braune, Otto Ohlendorf und Erich Nau-

[132] Zitiert bei Wildt, Generation des Unbedingten, S. 758

mann wegen der „Ungeheuerlichkeit“ der von ihnen begangenen Verbrechen. Sie waren allerdings auch die einzigen Angeklagten, die zugegeben hatten, bei den Exekutionen persönlich mitgewirkt zu haben. Diese vier Todesurteile wurden im Juni 1951 in Landsberg vollstreckt.
Das Netzwerk der alten Kameraden hat schon bei der „Schnupperreise“ vor der „Heimkehr ins Reich“, wie Jobst es zu nennen pflegt, beste Arbeit geleistet. Dazu schreibt er an den „lieben Kamerad Fumy“ – einen seiner Mitarbeiter im Amt IV D – am 02.12.1952:

> „Die Papierangelegenheit klappte durch Vermittlung des von Günther [Dr. Knobloch, ebenfalls Mitarbeiter von Jobst im Amt IV D] genannten Kameraden im Ruhrgebiet sehr schnell und reibungslos in der Nähe meiner engeren Heimat. Ich fuhr dann nach Hamburg, sprach mit verschiedenen alten Bekannten und besuchte auf der Rückfahrt Dr. Best, Nosske, Breder, Buchardt, kurz alle, die am Wege wohnten und die ich kannte. Es war sehr interessant. … Jeder steckt jedenfalls bis über die Ohren in Arbeit und Sorgen. Gustav Adolf [Nosske] ist restlos verbittert, aber noch temperamentvoller als früher, Buchardt als Flüchtling bereits im eigenen Wagen mit guter Position. Ich habe im Übrigen den Eindruck, dass die Beseitigung des krassesten Unrechts marschiert (!) und von kundigen Händen vorangetrieben wird“.[133]

Dieser letzte Satz lässt einen Unverbesserlichen erkennen, der meint und hofft, dass die Verfolgung der NS-Täter nicht länger andauern wird. Dr. Günther Knobloch schreibt ihm am 05.01.53 zu diesem Thema:

> „Zunächst zu Gustav Adolf [Nosske]. Lieber Jobst, mit Verbitterung allein lässt sich das Leben nicht meistern, das hast Du an Dir selbst am besten gemerkt. Als sich

[133] Jobst Thiemann, Brief an Rudolf Fumy vom 02.12.1952 – Privatarchiv

> unser Reichsheini mit Gift aus dem Staube machte und uns im Dreck sitzen ließ, anstatt sich vor uns zu stellen, begann meine Verbitterung... Dass sich Best und Deumling um uns kümmern, glaube ich gern. Hoffentlich kommt es recht bald zu annehmbaren Ergebnissen".[134]

Knobloch war 1939 stellvertretender Führer des Einsatzkommandos II/2 in Polen, Strafverfahren gegen ihn sind nicht bekannt, er wurde später Abteilungsleiter bei Siemens in Redwitz an der Rodach.
Sie tauschen „polnische" Erinnerungen aus. Jobst berichtet Knobloch von seinem Besuch im Oktober 1952 bei Frau Rux. Darauf nimmt Knobloch Bezug:

> „Ich habe mit ihm [Rux] in Radom [Polen] einen männermordenden Abend gefeiert, habe aber später nie erfahren, was aus ihm geworden ist. Deine Mitteilung lässt vermuten, dass er gar nicht mehr lebt."[135]

Karl-Heinz Rux, Jurist und SS-Obersturmbannführer, war Leiter des Einsatzkommandos II/2 in Polen und hatte danach die Stapo-Leitstelle in Bromberg aufgebaut. Er war ab 1944 in Jugoslawien im Partisaneneinsatz tätig. Als er von den Engländern gefangengenommen wurde, befürchtete er, an die Partisanen ausgeliefert zu werden und verübte am 08.05.1945 Selbstmord. Jobst besucht mehrfach seine Witwe mit den „zwei prächtigen Buben" und bittet im Netzwerk um Hilfe für sie. Zu Weihnachten 1952 erhält die Familie Rux von Jobst ein dickes Paket.
Jobst meldet sich mit Brief vom 07.12.1952 bei Frau Huppenkothen:

> „Mit großer Freude habe ich vom Freispruch Ihres Gatten gelesen! Ist er denn nun wirklich frei? Sein Auftreten vor Gericht und seine Verteidigungskünste haben

---

[134] Dr. Günther Knobloch, Brief an Jobst Thiemann vom 05.01.1953 – Privatarchiv
[135] Ebd.

> jedenfalls allgemein Bewunderung erregt. Haben Sie Ihre Stellung in München noch? Ich denke, nach dem klaren Ausgang dieses Kesseltreibens gegen Ihren Gatten werden nun auch die letzten Anfeindungen gegen Sie aufgehört haben. Wir setzen uns doch alle wieder durch, davon bin ich überzeugt."[136]

Glaubt Jobst an die Wiederkehr des „Reiches" oder „nur" der „Eliten des Reiches"?
Gegen Huppenkothen liefen mehrere Strafverfahren wegen der Hinrichtungen der Widerstandskämpfer des 20. Juli. Es handelte sich dabei um diejenigen Mitglieder des Widerstandes, die nicht vor dem Volksgerichtshof angeklagt wurden, weil sie der Gruppe der Spionageabwehr um Admiral Canaris und General Oster angehörten. Es sollte nämlich nicht in einem Prozess vor der Öffentlichkeit ausgebreitet werden, dass Mitarbeiter der Spionageabwehr am Umsturzversuch beteiligt waren. Huppenkothen war Anklagevertreter bei den Standgerichten mit den nachfolgenden bereits erwähnten Hinrichtungen dieser Widerstandskämpfer in den letzen Kriegstagen. Er erhob zunächst Anklage beim Standgericht gegen Hans von Dohnanyi im KZ Sachsenhausen bei Berlin und eilte dann nach Bayern in das KZ Flossenbürg, um ebenso im Schnellverfahren Canaris, Oster, Dietrich Bonhoeffer, Generalstabsrichter Sack und Hauptmann Gehre zum Tode zu verurteilen. Die Urteile wurden am 09.04.1945 vollstreckt. Huppenkothen, der in Begleitung seiner Frau nach Flossenbürg angereist war, setzte sich anschließend mit ihr ab nach Österreich. Wegen dieser Hinrichtungen wurde Huppenkothen zunächst vom Landgericht München verurteilt. Der Bundesgerichtshof (BGH) hob dieses Urteil im Februar 1952 auf und wies den Fall zurück an das Landgericht München zur erneuten Verhandlung. Dort erging im November 1952 der Freispruch, auf den sich Jobst in dem Brief an Frau Huppenkothen bezieht.

---

[136] Jobst Thiemann, Brief an Frau Huppenkothen vom 07.12.1952 – Privatarchiv

Ein Jahr später fragt Jobst seinen Kollegen Huppenkothen, wie es denn mit einem Amt IV-Treffen im kleinen Kreise wäre? Daraus wird aber erstmal nichts, Huppenkothen muss wieder vor Gericht erscheinen. Das freisprechende Urteil hat der BGH kassiert. Jetzt muss das Landgericht Augsburg entscheiden. Huppenkothen wird zu 7 Jahren Zuchthaus verurteilt. Auch dieses Urteil wird – jetzt zum dritten Mal – dem BGH zur Revision vorgelegt. Das oberste Gericht verurteilt Huppenkothen schließlich zu 6 Jahren Zuchthaus. Die Begründung ist bemerkenswert: Das Standgericht der SS als solches war erstaunlicherweise nicht rechtswidrig, Huppenkothen habe es aber unterlassen, von seinem Auftraggeber, dem RSHA-Chef Kaltenbrunner, die Bestätigung der Urteile einzuholen. Huppenkothen wird bereits 1959 auf Bewährung freigelassen. Er arbeitet danach als Wirtschaftsjurist in Köln. Nach der Freilassung treffen sich die Familien Thiemann und Huppenkothen des Öfteren, die Fotoalben der Familie belegen dies.

Am 13.04.53 stürzt ein holländischer Düsenjäger auf das Haus Nr. 14 im Ehlentrupper Weg in Bielfeld, nur 200 Meter von der Wohnung der Familie Thiemann entfernt. Glücklicherweise sind zu diesem Zeitpunkt alle Familienmitglieder unterwegs. Über den Absturz wird in allen Medien berichtet. Auch Heinz Höner liest davon und vergleicht sofort die Hausnummern. Erleichtert schreibt er später an Jobst:

> „Ich stelle fest, Du hast mal wieder Glück gehabt. Es wäre ja geradezu ein Witz gewesen, nach den Luftangriffen des Krieges und den sagenhaften Erlebnissen der Nachkriegszeit auf diese Weise das Leben auszuhauchen. Weiter bin ich fest überzeugt, dass das Glück Dir auch weiterhin treu bleibt.“[137]

Am 30.10.1953 meldet sich Dr. Werner Best mit einer Bitte an Jobst. Beide stehen ja bereits seit längerem in Kontakt. Best war

[137] Heinz Höner, Brief an Jobst Thiemann vom 29.05.1953 – Privatarchiv

maßgeblich am Aufbau und der Weiterentwicklung des RSHA beteiligt, man kann ihn als einen der Chefideologen des RSHA betrachten, daher war er auch Stellvertreter Heydrichs. Nach Auseinandersetzungen mit Heydrich verlässt er das RSHA und wird Leiter der Zivilverwaltung beim Militärbefehlshaber in Frankreich. 1942 wird er „Reichsbevollmächtigter" für das besetzte Dänemark. Dort wird er 1948 zum Tode verurteilt, das Revisionsverfahren führt zu einer Haftstrafe von 12 Jahren. Best wird bereits 1951 begnadigt und arbeitet als Rechtsanwalt. Er ist in der FDP aktiv, der Partei mit dem Vorsitzenden Erich Mende, der sein Ritterkreuz auch nach dem Krieg noch gerne zu feierlichen Anlässen anlegt. Im Rahmen der Entnazifizierung in Deutschland ist es Best gelungen, in mehreren Verfahren ungeschoren davonzukommen. Erst 1972 wird in Berlin Anklage erhoben gegen ihn, den Organisator der Einsatzgruppen, einen der „bedeutendsten Nationalsozialisten überhaupt", er gilt als „Muster eines Schreibtischtäters"[138] Das Verfahren wird aber wegen seiner umstrittenen „Verhandlungsunfähigkeit" gar nicht erst eröffnet. Best bleibt noch 17 Jahre bis zu seinem Tod 1989 ein freier Mann.

Warum wendet sich Best jetzt an Jobst? In München ist ein ehemaliger Kriminalsekretär angeklagt wegen „verschärfter Vernehmungen" gegenüber einer Gruppe russischer Widerstandskämpfer. Jobst soll als Leiter des „Partisanenreferates", des Amtes IV D 5, bestätigen, dass diese „Bruderschaft" (Brüderliche Arbeitsgemeinschaft der Kriegsgefangenen) besonders gefährlich war und vom RSHA Weisungen an die Einsatzgruppen vor Ort ergangen waren zu unbedingter und restloser Aufklärung. Den Rat, sich an Jobst zu wenden, erhält Best von Huppenkothen.

---

[138] Ulrich Herbert, Best, S. 517

Dr.Werner Best,
Ministerialdirektor z.Wv.,
Essen (22a),
Zweigert-Str. 34,
(Büro Dr.Achenbach).

Den 30.10.1953.

An Herrn
Jobst Thiemann,

Bielefeld,
Ehlentruper Weg 53.

Lieber Herr Thiemann!

Darf ich Sie in der folgenden Sache um Ihre Hilfe bitten?

In München ist ein ehemaliger Kriminalsekretär wegen "verschärfter Vernehmungen" angeklagt. Die Verteidigung versucht, ihn dadurch zu entlasten, daß sie geltend macht, daß bei dem in Frage stehenden Objekt wegen seiner besonderen Gefährlichkeit schärfste Weisungen des RSHA vorgelegen hätten, um jeden Preis zu einer Aufklärung der Sache zu gelangen. Objekt der in Frage stehenden Massnahmen war eine geheime Vereinigung von Ostarbeitern und russischen Kriegsgefangenen, die sich "Bratskoje Sotrudnitschestwo Wojenna Plennjich" (Brüderliche Arbeitsgemeinschaft der Kriegsgefangenen) nannte und nach russischen Weisungen Sabotage usw. betrieb.

Es kommt also darauf an, daß ein ehemaliger Mitarbeiter des Amtes IV als Zeuge bestätigt, daß die erwähnte Organisation als besonders gefährlich angesehen wurde und daß Weisungen ergangen waren, diese Zusammenhänge unbedingt und restlos aufzuklären.

Herr Huppenkothen, mit dem ich gestern sprach, verwies mich an Sie und meint, daß Sie diese Bestätigung geben könnten.

Teilen Sie mir bitte möglichst bald mit, ob Sie in der Lage sind und bereit sind, dem in München angeklagten Kameraden zu helfen!

Mit freundlichen Grüßen

Ihr Werner Best.

Abb. 14: *Brief Dr. Best vom 30.10.1953*

Der „Regierungsrat z. Wv. Jobst Thiemann“ (soll heißen: zur Wiederverwendung) schreibt zurück, dass er diese Organisation kennt, sie galt als gefährlich, er halte es für sicher, dass sie mit scharfen Maßnahmen bekämpft wurde.

> „Einzelheiten über die Art dieser Maßnahmen kann ich allerdings nicht angeben. Über die verschärften Vernehmungen glaube ich jedoch gehört zu haben, dass sie lediglich von der Berliner Zentrale angeordnet werden durften. Ist dies nicht in Nürnberg festgestellt worden? Mein Wissen stammt aus den Jahren 42-44, als ich mit der Auswertung der Meldungen über die besetzten Ostgebiete befasst war und dabei auch mit Abwehrangelegenheiten für russische Kriegsgefangene und Ostarbeiter in Berührung kam. Soweit ich nun mit diesem Wissen dem Kameraden in München helfen kann, bin ich dazu selbstverständlich bereit.“[139]

Jobst fühlt sich nicht ganz wohl in der ihm angedachten Rolle. Aber Best beruhigt ihn mit einer klaren Handlungsanweisung und schreibt zurück:

> „Es ist gänzlich ungefährlich, als Zeuge vor Gericht auszusagen, dass die fragliche Organisation als besonders gefährlich angesehen werde. Denn Sie würden dies ja aufgrund Ihrer Auswertungs- und Berichterstattungstätigkeit wiedergeben, also als unterrichteter Beobachter und nicht als Sachbearbeiter der zur Bekämpfung herausgegebenen Erlasse.“[140]

Jobst wird dann auch als Zeuge geladen, das ist nicht unkritisch, damit kann auch seine Funktion im RSHA gerichtsbekannt werden. Die Staatsanwaltschaft München telegrafiert an Jobst: „In Strafsache Schäfer unbedingtes Erscheinen als Zeuge vor hie-

---

[139] Jobst Thiemann, Schreiben an Werner Best vom 31.10.1953 – Privatarchiv
[140] Dr. Werner Best, Schreiben an Jobst Thiemann vom 06.11.1953 – Privatarchiv

siger Strafkammer angeordnet."[141] Termin ist der 08.01.1954. Zu diesem Zeitpunkt ist die Zulassung zum Anwaltsassessor noch nicht in trockenen Tüchern. Die Münchner Staatsanwälte interessieren sich aber offensichtlich nur für die Gefährlichkeit der „Bruderschaft".
In München nimmt Jobst die Gelegenheit wahr und trifft sich unter anderem auch mit seinem Kollegen aus dem RSHA Kurt Lindow, der als Leiter des Kommunismusreferates im RSHA für alle Angelegenheiten zuständig war, die Sowjetbürger betrafen, so auch für die Kriegsgefangenen. Lindow sagte in Nürnberg als Zeuge aus im Haupt- und im Einsatzgruppenprozess. Er wurde später wegen der Ermordung russischer Kriegsgefangener angeklagt, das Verfahren endete im Dezember 1950 mit einem Freispruch aus Mangel an Beweisen; er war eben ein typischer „Schreibtischtäter" des RSHA, dem keine Befehlsgewalt für die vorliegenden Straftaten nachgewiesen werden konnte.

Anfang 1953 nimmt Jobst Kontakt auf zu seinem „lieben Kameraden" Dr. Herbert Zimmermann. Dieser war Chef des Sicherheitsdienstes in Byalistok. Man kennt sich aufgrund „polnischer Angelegenheiten" – wie Heinz Höner es formulierte. Beide, Jobst und Zimmermann, betreiben derzeit ihre Anwaltszulassung und tauschen sich hierzu aus. Der Kontakt unterbricht 1954 kurz. Höner informiert, dass Zimmermann in München in Untersuchungshaft sitzt, weil er Ende April 1945 den Kommandeur der Schutzpolizei in Freiburg, einen Major, erschossen haben soll. Das traut Höner ihm nun wirklich nicht zu und fragt nach Zeugen für den guten Leumund von Zimmermann. Diese Bitte kann Jobst wohl kaum erfüllen, ohne sich selbst in Gefahr zu begeben.
Das Verfahren endet im Juli 1954 mit einem Freispruch für Zimmermann.
Der Kontakt zu Zimmermann ist vorübergehend unterbrochen. Er meldet sich 1956 wieder und schildert Jobst in seinem Brief, wie es ihm nach Kriegsende ergangen ist:

---

[141] Telegramm der Staatsanwaltschaft München I vom 05.01.1954 – Privatarchiv

„Am 05.05.47 bin ich aufgrund einer Denunziation des ehemaligen Lagerführers des Ostarbeiterlagers Marienfelde in Berlin-Karlshorst anlässlich eines Besuches bei einem Bekannten auf der Straße von der GPU [sowjetischer Militär-Geheimdienst] verhaftet worden. Der übliche Dreh: Überprüfung der Personalien! Bei einer Gegenüberstellung mit K. behauptete dieser, ich sei Oberregierungsrat und hoher SS-Offizier gewesen und habe ihm meine Geheimnummer der ‚Geheimen Reichskanzlei' mitgeteilt. Alle Einwände nützten nichts, ich musste den Leidensweg mit Schlägen, stundenlang in kaltem Wasser stehen u.s.w. gehen. Sechs Monate im GPU-Keller haben mich aber nicht umgeworfen, wie ich das ausgehalten habe, ist mir ein Rätsel. Ein Glück, dass ich keinen Dolmetscher brauchte und so den monatelangen Verhören selbst folgen konnte. Ich habe natürlich immer abgestritten, dass ich bei unserer Firma war, ich gab nur zu, dass ich beim Innenministerium in der Druckschriften-Prüfstelle tätig war. Kritisch wurde es erst dann, als ich plötzlich entdeckte, dass die Vernehmungsoffiziere ein Fernsprechverzeichnis unserer Hausanschlüsse aus dem Jahre 1943 besaßen. Mein Name stand gleich dreimal drin, da war natürlich ‚Polen offen'. Ein Glück, dass meine Dienstbezeichnung einmal als Kriminalassessor, dann als Inspektor und schließlich als Angestellter darin verzeichnet war. Darauf reiste ich und versuchte den Brüdern klar zu machen, dass mein Name ein ‚Sammelname' sei, genau wie bei ihnen der Name Iwanow. Nach langem Palaver habe ich sie scheinbar überzeugt. Gefragt wurde ich nach Ihnen, Fumy und vielen anderen Kameraden. ‚Nie snaju' [weiß ich nicht], den Namen habe ich wohl mal gehört, aber persönlich kenne ich keinen. Es gab Dresche, unheimlich viel Dresche – aber ich blieb bei meiner Aussage, nie bei unserer Firma tätig gewesen zu sein. Spät nachts wurde ich einem General vorgeführt. Der hatte ein Aktenstück in der Hand, in dem jeder vom Amt aufgeführt war, und

> zwar genau die Tätigkeit jedes einzelnen. ‚Nje snaju' und sonstige belanglose Antworten bekam auch der nur von mir zu hören. Über eine Stunde dauerte diese Befragung. Zum Schluss fragte ich den General, ob er von mir verlangt, dass ich ihn belügen soll. Da hat er mich rausgejagt. Am nächsten Tage sagte mir mein Vernehmungsoffizier, dass der General mit mir sehr unzufrieden gewesen sei – Kunststück, bei meiner Sturheit. Als alles nichts half, begann eine neue Tour: ich sei Spion!"[142]

Zimmermann wird schließlich wegen Beihilfeleistung einer fremden Macht zur Niederwerfung der Sowjetunion zu 25 Jahren Arbeitslager verurteilt, dann aber vorzeitig entlassen. Er lebt unter falschem Namen, bis er seine Zulassung als Rechtsanwalt beantragt.
Jobst hat auch frühzeitig Kontakt zu seinem Kollegen Dr. Joachim Deumling aufgenommen. Dieser leitete ab 01.10.1939 das sogenannte Polenreferat im RSHA mit einer kurzen Unterbrechung. Danach war er Leiter des Einsatzkommandos 10a in Kroatien. Er konnte aus der Internierungshaft fliehen und lebte unter falschem Namen in Deutschland bis Ende 1953. Dann setzte er sich ab nach Ägypten. Jobst besucht ihn vorher noch auf seiner „Schnupperreise" in Westfalen und ist am nächsten Tag bei Best. Aus Ägypten schreibt Deumling, dass er dort im Sozialministerium arbeite und überwiegend Gutachten erstelle. Er berichtet vom deutschen Stammtisch, an dem er sich sehr wohlfühle. In Wirklichkeit war Deumling am Aufbau des ägyptischen Geheimdienstes beteiligt. Jobst bereitet jetzt die Rückkehr von Deumling nach Deutschland vor, besorgt ihm Abschriften seiner Examenszeugnisse und erklärt sich auch bereit, ihn für die Zulassung zum Rechtsanwalt als Anwaltsassessor in seiner neuen Kanzlei zu beschäftigen. Er verfasst ein Referenzschreiben an die Asta-Werke in Brackwede, eine Arzneimittelfabrik, in dem er empfiehlt, Deumling als Juristen einzustellen. Diese Fürsprache ist im April 1957 ein voller Erfolg,

[142] Dr. Herbert Zimmermann, Brief an Jobst Thiemann vom 22.04.1956 – Privatarchiv

Deumling wird als Justiziar bei Asta eingestellt. Zehn Jahre später wird Deumling vorübergehend verhaftet, es kommt aber nicht mehr zu einer Anklage.
Die gegenseitige Hilfe im Netzwerk funktioniert. Heinz Höner schreibt zum Jahreswechsel Ende 1954, dass seine eigene „Wiedereingliederung" dank der Hilfe von Jobst und Herrn M. (Freund und Kriminalbeamter in Bielefeld) vorläufig abgeschlossen ist.
Man tauscht sich im Kameradenkreise weiter brieflich aus über die Schicksale gemeinsamer Bekannter. Jobst schreibt am 24.11.1952 an Knobloch:

> „Falls Dir bekannt ist, wo Angehörige von Panzinger wohnen, teile Ihnen doch bitte mit, dass sie sich an Deumling wenden möchten, der mir sagte, dass der ehemalige Staatssekretär Joachim von Rohr [mittlerweile Landtagsabgeordneter in Nordrheinwestfalen] bereit ist, ihnen zu helfen". [143]

Dazu schreibt Rudolf Fumy am 17.11.1955 an Jobst:

> „Panzinger kanntest Du auch? Er ist mit einem Heimkehrertransport aus Moskau gekommen und bleibt vorerst in München. Äußerlich ist er vollkommen unverändert, im Übrigen aber ein ganz armseliges Nervenbündel. Er kommt zunächst einmal zur Kur nach Bad Wörishofen. Er ist natürlich in Sorge, dass ihm hier nun auch noch mal aus irgendeinem Zusammenhang heraus möglicherweise der Prozess gemacht werden könnte."[144]

Friedrich Panzinger wurde im Oktober 1941 Leiter der Gruppe IV A des RSHA (Kommunismus, Sabotageabwehr), dies indiziert eine enge Zusammenarbeit mit der Gruppe IV D von Jobst, die für die einzelnen besetzten Gebiete zuständig war. Panzinger war danach Befehlshaber der Sicherheitspolizei im Baltikum

---

[143] Jobst Thiemann, Brief an Knobloch vom 24.11.1952 – Privatarchiv
[144] Rudolf Fumy, Brief an Jobst Thiemann vom 17.11.1955 – Privatarchiv

und Nordrussland (Ostland). Nach dem 20. Juli 1944 übernahm er die Leitung des Amtes V (Kripo), nachdem der Vorgänger Nebe untergetaucht war wegen seiner Kontakte zum Widerstand gegen Hitler. Nach seiner Rückkehr aus Russland wurde gegen Panzinger ermittelt wegen der Tötung sowjetischer Kriegsgefangener. Er beging 1959 Selbstmord, als er verhaftet werden sollte.

Heinz Höner schreibt am 23.10.55, dass Helmut Bischoff jetzt aus Russland heimgekehrt sei, aus einem Lager am Baikal-See. Er habe erst vor einem Jahr an seine Frau schreiben können. Höner fährt fort: „Ein Glück, dass wir dies Schicksal nicht gehabt haben.“[145] Bischoff führte in Polen das Einsatzkommando 1 der Einsatzgruppe IV und war danach Chef diverser Stapo-Leitstellen. Ab Ende 1943 war er für die Sicherheit der Produktion der V2-Raketen im Außenlager Dora des KZ Buchenwald verantwortlich und Stellvertreter von SS-Gruppenführer Hans Kammler, der das Projekt leitete. Doch zum Schluss hatte Bischoff wieder Glück: Wegen seiner letzten Funktion stand er von 1967-1970 in Essen vor Gericht. Die Verurteilung wegen Mordes schien unabwendbar. Ein Gutachter attestierte ihm aber, dass er wegen seines extremen Bluthochdruckes unter der Last des Urteilsspruches tot zusammensinken werde. Daher wurde das Verfahren eingestellt. Der so Gerettete lebte noch glücklich und gesund bis 1993.

Im Sommer 1957 fährt Jobst mit seiner Familie erstmals wieder in die geliebte Ramsau. Auch Familie Fumy findet sich dort ein. Gemeinsam wandern die Familien am Dachstein und in den Schladminger Tauern.

Einen weiteren alten Bekannten aus dem Sicherheitsdienst trifft Jobst regelmäßig am Freitagnachmittag in der Sauna in Bethel bei Bielefeld. Es ist sein Schulkamerad, der ehemalige SS-Obersturmbannführer Dr. Ernst Gerke. Sie kennen sich von verschiedenen Dienstbesprechungen der Stapo-Leiter. Diese treffen sich regelmäßig mit den Vertretern der Referats- und Abteilungsleiter des RSHA zu Sitzungen, die in den größeren Städten des

[145] Heinz Höner, Brief an Jobst Thiemann vom 23.10.1955 – Privatarchiv

damaligen Reiches stattfinden. Gerke konnte auf eine Blitzkarriere verweisen. Mit 26 Jahren wurde er 1935 Leiter der Stapo-Stelle Hildesheim. Er war von 1939-42 Stapo-Chef von Breslau und danach bis Kriegsende Leiter der Gestapo und Kommandeur der Sicherheitspolizei und des SD (KdS) in Prag. Er sorgte dafür, dass bei Kriegsende noch möglichst viele Häftlinge in Theresienstadt umgebracht wurden. Gerke ließ nach einer Besprechung mit Gauleiter Karl Hermann Frank noch am 02.05.45 mehr als 50 der angeblich gefährlichsten Häftlinge in Theresienstadt hinrichten, nach seinen Weisungen sollten auch noch die übrigen Häftlinge liquidiert werden, dem kam jedoch der Mai-Aufstand der Tschechen zuvor.[146] Man nannte ihn im Protektorat den „Henker von Prag“. Nach Kriegsende lebte er zunächst unter falschem Namen. 1957 bewarb er sich bei den von Bodelschwinghschen Krankenanstalten in Bethel, dabei hatte er seine SS-Vergangenheit tunlichst unterdrückt. Im Personalbogen hatte er angegeben:

> „1934 Landratsamt Beckum, Regierung Hildesheim, und 1936 innere Reichsverwaltung Elbing, Chemnitz, Breslau, Prag bis 1945, ab 1.2.1942 Oberregierungsrat in der inneren Reichsverwaltung“[147]

Ernst Gerke wurde eingestellt und war ab November 1957 Chefjustiziar in Bethel. Seine SS-Vergangenheit blieb in den nächsten Jahren noch unbekannt. Bei offiziellen Fotos der Anstaltsleitung, erzählt Inge, postierte er sich immer im Hintergrund, so dass sein Gesicht kaum zu erkennen war.
Die Familie Gerke wohnte in Bethel, wo ich meine Jugend verbracht habe, in unserer unmittelbaren Nachbarschaft. Ich kannte Gerke nur als ehrenwerten Justiziar der Krankenanstalten. Zwei seiner Töchter waren Schülerinnen meines Vaters. Meine Mutter

---

[146] Vgl. Paul/Mallmann, Die Gestapo im Zweiten Weltkrieg, S. 338
Jan Björn Potthast, Das jüdische Zentralmuseum der SS on Prag, S. 390 ff.
[147] Zitiert nach Kerstin Stockhecke, Ernst Gerke: Vom Gestapochef in Prag zum Justiziar in den von Bodelschwinghschen Anstalten Bethel, in Hakenkreuz und Kronenkreuz, S. 46

erinnert sich, mit Gerkes und einem weiteren Kollegen der Anstaltsleitung gemeinsam einen Tanzkurs besucht zu haben. Ernst Gerke habe sich dabei als sehr charmanter Mann erwiesen. Die Familien Gerke und Thiemann pflegten einen direkten Kontakt, allerdings sehr diskret, am Telefon meldeten sie sich unter anderen Vornamen, berichtet Inge, sie rechneten damit, abgehört zu werden. Und zu unserer Hochzeit im Herbst 1972 erhielten Margit und ich auch folgerichtig eine Glückwunschkarte von den Gerkes.

Im Jahre 1965 wird die SS-Vergangenheit von Gerke publik. Gegen ihn läuft jetzt ein Ermittlungsverfahren wegen der Judendeportationen in Breslau, damals der Stadt mit der drittgrößten jüdischen Gemeinde in Deutschland. Gerke wird zunächst beurlaubt und dann zum 01.04.1966 von seinem Arbeitgeber in den Ruhestand versetzt. Gleichzeitig beschließt die Betheler Anstaltsleitung, sich „an der Finanzierung eines tüchtigen Anwaltes [für Gerke] zu beteiligen, da sie an einer würdigen Führung der Verteidigung interessiert sei".[148] Gerke erhält von Bethel auch noch ein Übergangsgeld von monatlich 250,- DM bis zur Beendigung des schwebenden Verfahrens.[149] Dies Geld muss aber nicht lange gezahlt werden. Auf Vermittlung der Anstalt Bethel arbeitet Gerke bereits Ende 1966 bei dem Ecclesia Versicherungsdienst in Detmold als freier Mitarbeiter bis 1974. Gerke hat noch rechtzeitig 1964 ein Wohnrecht erworben in einer Betheler Pensionärssiedlung nahe Bielefeld, dort lebt er seit seiner Freistellung im Jahr 1965. Ab 1981 wird auch wegen seiner Tätigkeit in Prag ermittelt, nachdem die Tschechen neue Beweismittel vorgelegt haben. Aber alle Ermittlungsversuche gegen ihn verlaufen im Sande. Bethel hat sich ja schließlich um die Finanzierung eines „tüchtigen Anwaltes" gekümmert. In der Sache Gerke ist die Kanzlei des späteren Bundespräsidenten Gustav Heinemann mit seinen Kollegen tätig, den späteren Ministern Diether Posser (Justiz und Finanzen NRW) und Jürgen Schmude (Bundesjustizminister). Soviel Fürsorge seitens der Anstalt findet aber keinen Dank bei Gerke. Während er 1965

[148] Vgl. Stockhecke, S. 42
[149] Vgl. Stockhecke, S. 43

noch beteuert, bei seiner Einstellung das letzte klärende Wort gegenüber der Anstaltsleitung leider nicht gesagt zu haben, behauptet er 1981 das Gegenteil: Er habe bei der Einstellung unter vier Augen Pastor Hardt, dem damaligen Anstaltsleiter, von seiner Tätigkeit bei der Stapo berichtet – allerdings lebte zum Zeitpunkt dieser Aussage Pastor Hardt nicht mehr.[150] Gerke zieht sich dann, um den ständigen Nachforschungen der örtlichen Presse zu entgehen, nach Eckernförde zurück und stirbt dort unbehelligt am 07.11.1982.

---

[150] Vgl. Stockhecke, S. 49f.

12. Die Einschläge kommen näher

Nach den Nürnberger Prozessen obliegt die weitere Verfolgung von NS-Verbrechen den deutschen Gerichten. Die Strafrechtsreform von 1952 begünstigt jetzt die potenziellen Täter, soweit sie „Schreibtischtäter" sind. Noch aus der NS-Zeit stammt die Vorschrift, dass der Gehilfe mit derselben Strafe bedroht wird wie der Täter. Dies widerspricht einem humanen Strafrecht. Folglich muss jetzt der Gehilfe zwingend milder bestraft werden. Für eine Bestrafung als Täter muss aber ein eigener Tatbeitrag vorliegen. Die Richter der jungen Republik, die noch aus dem alten System stammen, lassen verständlicherweise Milde walten bei der Abgrenzung zwischen eigenhändiger Tat und Beihilfe. Kann ein eigenhändiger Mord nicht klar durch Zeugen oder andere Beweismittel nachgewiesen werden, gilt immer noch der Grundsatz: Im Zweifel für den Angeklagten.

Die Kriegsverbrecherprozesse der Alliierten mit den Hinrichtungen in Nürnberg und Landsberg werden in zunehmendem Maße unpopulär. Dies spüren auch die Besatzungsmächte. Sie haben über 5.000 Personen vor ein alliiertes Militärgericht gestellt, 4.000 verurteilt, davon 668 zum Tode.[151] Die Westmächte wollen in dem bereits begonnenen Kalten Krieg die Deutschen aber an sich binden und nicht abstoßen. Dies führt schließlich dazu, dass der amerikanische Militärgouverneur Mc Cloy von den 15 Todesurteilen des Einsatzgruppenprozesses 10 in Freiheitsstrafen umwandelt. Begnadigt werden diejenigen Angeklagten, die konsequent geleugnet haben, eigenhändig Menschen ermordet zu haben. Damit werden im Rahmen dieses Verfahrens lediglich die bereits genannten Todesurteile gegen Ohlendorf, Naumann, Werner Braune und Blobel am 07.06.1951 in Landsberg vollstreckt. Das sind dann auch die letzten Hinrichtungen von Kriegsverbrechern in der Bundesrepublik.

Ehemalige NS-Beamte können jetzt wieder in den Staatsdienst eintreten. Das sogenannte „G 131"er Gesetz von 1951 versperrt den Weg nur für solche Beamte, die im Entnazifizierungsver-

[151] Vgl. Michael Wildt, Generation des Unbedingten, S. 745

fahren als Hauptschuldige und Belastete eingestuft sind. Ausgenommen von einer Wiedereinstellung sind auch die ehemaligen Beamten der Gestapo und die Berufssoldaten der Waffen-SS.
Die juristische Aufarbeitung der Verbrechen des Dritten Reiches ist in der Öffentlichkeit bereits mehr und mehr in den Hintergrund getreten, als ein neuer Prozess die Gemüter aufrüttelt. Die Tätigkeiten der Einsatzgruppen im Detail werden mit dem Ulmer Einsatzgruppen-Prozess 1958 dem öffentlichen Bewusstsein wieder näher gebracht. Das Verfahren kommt rein zufällig in Gang. Ein Zeitungsleser stößt auf einen Bericht über eine Klage auf Wiedereinstellung in den Staatsdienst. Er erkennt den Kläger als den ehemaligen Polizeidirektor von Memel. Der aufmerksame Zeitungsleser bringt das Gerichtsverfahren in Gang. In dem Ulmer Einsatzgruppen-Prozess müssen sich zehn Angehörige des „Einsatzkommandos Tilsit“ für den Mord an 5.500 Juden im Sommer 1941 verantworten. Dabei wird bekannt, dass die Täter ihre Verbrechen fotografiert haben und anschließend zu Trinkgelagen übergegangen sind. Alle Angeklagten werden schuldig gesprochen und zu Zuchthausstrafen bis zu 15 Jahren verurteilt.
Der Ulmer Einsatzgruppenprozess bewirkt in der öffentlichen Meinung eine Abkehr von dem allgemeinen Ignorieren und bewusstem Desinteresse an den NS-Verbrechen. Auch die Politik wird jetzt aktiv. Die Justizminister der Bundesländer gründen im Oktober 1958 die „Zentrale Stelle der Landesjustizverwaltungen zur Aufklärung nationalsozialistischer Verbrechen“ mit Sitz in Ludwigsburg. Bereits im Dezember 1958 beginnt diese Behörde mit der Auswertung der Unterlagen über die Einsatzgruppen und deren Tätigkeiten im Ausland, nachdem sich die Justiz bisher auf in Deutschland begangene Fälle von NS-Straftaten konzentriert hatte.
Wieder einmal ist es der bereits erwähnte Dr. Herbert Zimmermann, den die deutsche Justiz ins Visier nimmt. Im Ulmer Einsatzgruppenprozess gibt es einen Hinweis auf Verbrechen im Gefängnis von Bialystok in Polen. Zimmermann ist es gelungen, sich als Rechtsanwalt zunächst in Kiel und dann in Bielefeld niederzulassen. Ende 1959 beginnt in Bielefeld der Bialystok-

Prozess. Zimmermann war Kommandeur der Sicherheitspolizei und des SD (KdS) in Bialystok und damit der Hauptangeklagte. Da er seinen Wohnsitz in Bielefeld hat, ist dies auch der Gerichtsort.
In diesem Prozess geht es um den Mord an etwa 100 Insassen des Gefängnisses in Bialystok, die beim Rückzug der deutschen Truppen 1943 ermordet wurden. Gegen Zimmermann ergeht noch vor Verhandlungsbeginn ein Haftbefehl. Das Urteil im November 1959 führt zu einem Freispruch, weil das Gericht Zimmermann nicht nachweisen kann, dass er den Erschießungsbefehl gegeben hat. Die Staatsanwaltschaft legt zunächst Revision ein, nimmt diese im Februar 1960 aber zurück, weil sie aussichtslos erscheint.
Im Mai 1960 nimmt der Israelische Geheimdienst in einer spektakulären Aktion Adolf Eichmann, den Leiter des berüchtigten „Judenreferates" IV B 4 des RSHA, in Argentinien fest und entführt ihn nach Israel. Plötzlich steht der Holocaust wieder im Brennpunkt der Weltöffentlichkeit. Der Prozess gegen den Organisator und Logistikexperten der Judenvernichtung wird weltweit mit großem Interesse verfolgt. Er endet im Dezember 1961 mit dem Todesurteil für Eichmann, das Mitte 1962 vollstreckt wird.
Dieser Prozess bleibt nicht ohne Wirkung auf Jobst und seine Familie. Der Schwiegervater Gustav Adolf Kunzelmann notiert hierzu im März 1963:

> „Ich habe den Eindruck, als ob Jobst seit vorigem Sommer so etwas wie politisch-juristisch kalte Füße zu bekommen beginnt. Eine Bemerkung von Inge scheint dies zu bestätigen. Sie sagte zu mir auf der Gartenbank: ‚Auch über uns schwebt das Damokles-Schwert.' Wir hatten gerade von den zunehmenden Verfolgungen ehemaliger SS-Größen gesprochen."[152]

---

[152] Gustav Adolf Kunzelmann, Notiz im März 1963 – Privatarchiv

Demnach ist Inge zumindest im Wesentlichen darüber informiert, was auf Jobst zukommen kann.
Auch der ehemalige SS-Sturmbannführer Zimmermann kommt nicht zur Ruhe. Die Zentralstelle in Ludwigsburg ermittelt jetzt wegen der Auflösung des Ghettos von Bialystok 1943. Nach Unruhen wurde das Ghetto gewaltsam und blutig aufgelöst, etwa 15.000 Bewohner wurden zur Ermordung in das Lager Treblinka verbracht. Auch die DDR-Zeitschrift „Tabu“ fordert die gerichtliche Verfolgung der Täter. So ergeht im August 1961 erneut Haftbefehl gegen Zimmermann, der aber aus gesundheitlichen Gründen Mitte 1963 außer Vollzug gesetzt wird.
Mitte Dezember 1964 wird die Anklage erhoben im Bielefelder Bialystok-Prozess gegen Zimmermann und fünf weitere Angeklagte. Am 29.12.1965 ergeht erneut Haftbefehl gegen Zimmermann.
Die Bielefelder „Freie Presse“ wartet am 03.01.1966 mit dem Titel auf:

> „Selbstmord in Bielefeld. Der Verhaftung entzogen. Hatte Rechtsanwalt Zimmermann Kenntnis vom Haftbefehl? Wenige Minuten, bevor der Haftbefehl gegen ihn wieder vollstreckt werden konnte, erschoss sich am Freitag [31.12.65] der 54 Jahre alte Rechtsanwalt Dr. Herbert Zimmermann in seiner Wohnung in Bielefeld. Zimmermann sollte sich in einem Schwurgerichtsprozess, der am 18. März in Bielefeld beginnt, wegen seiner Tätigkeit als ehemaliger Kommandeur der Sicherheitspolizei in Bialystok (Polen) verantworten. Er war wegen Mordes an 20.000 Menschen angeklagt worden. Zimmermann musste wegen Haft- und Verhandlungsunfähigkeit aus der Haft entlassen werden. Nach amtsärztlicher Untersuchung sollte der Haftbefehl jetzt wieder in Vollzug gesetzt werden. Nach Ansicht der Staatsanwaltschaft hat Zimmermann davon Kenntnis erhalten.“[153]

---

[153] Freie Presse, Bielefeld, 03.01.1966

Die umfangreichen Ermittlungen der Staatsanwaltschaften gegen weitere verantwortliche Offiziere der Einsatzgruppen bezüglich im Ausland begonnener Taten laufen nach dem Ulmer Einsatzgruppen-Prozess im Hintergrund weiter.
Auch um Jobst beginnt sich der Ring der Ermittlungen unmerklich zu schließen.
Als erste haben sich die Russen gleich nach Kriegsende für ihn interessiert. Sie forschen nach ihm in Lichterfelde, Lankwitzerstr. 1, bei seinem ehemaligen Vermieter. Dieser hat die wichtigsten persönlichen Unterlagen und Dokumente von Jobst sicher versteckt, unwichtige Papiere hat er vernichtet, wie er Jobst später schreibt.
Bereits seit 1959 ermittelt die Staatsanwaltschaft Berlin gegen die Kommandoführer der Einsatzgruppe C. Diese Einsatzgruppe wurde zunächst von SS-Brigadeführer Otto Rasch geleitet. Der promovierte Jurist und Ökonom nahm bereits an dem von der SS inszenierten Überfall auf den polnischen Sender Gleiwitz teil, dies war der fingierte Anlass für den deutschen Überfall auf Polen. In den Verantwortungsbereich der Einsatzgruppe C fiel unter dem Kommando von Rasch auch das Massaker von Babi Jar im September 1941, bei dem Blobel mit seinem Sonderkommando 4a mehr als 33.000 Kiewer Juden ermordete. Rasch erkrankte während des Nürnberger Einsatzgruppenprozesses, schied aus dem Verfahren aus und starb 1948.
Der Nachfolger von Rasch wurde SS-Gruppenführer Dr. Max Thomas, Jurist und Facharzt für Psychiatrie. Er war zunächst BdS in Belgien und Nordfrankreich, bevor er dieselbe Aufgabe in Kiew übernahm. Nach dem Krieg lebte und praktizierte er unter falschen Namen in Würzburg. Im Dezember 1945 unternahm er einen Selbstmordversuch, an dessen Folgen er verstarb.
August Meier, Kommandoführer des SK 4b von Juli bis November 1942, sagte über Thomas aus:

> „Er war ein unberechenbarer Spinner, stark dem Alkohol ergeben und auch morphiumsüchtig. Er inspizierte persönlich die Gefängnisse. Wenn ein Gefängnis stark belegt gewesen war, sagte Thomas, morgen müsse es

‚leergeschossen' werden. Andererseits veranstaltete er auch Klavierkonzerte und richtete Erholungsheime für seine Mitarbeiter ein."[154]

Die Einsatzgruppen in Russland waren je 600-1000 Mann stark. Sie wurden vom Stab der Einsatzgruppe geführt und in Einsatzkommandos und Sonderkommandos untergliedert. Das Personal wurde vor dem Einmarsch nach Russland zusammengestellt und auf den Einsatz vorbereitet. Die Einsatzgruppen wurden durch Einheiten der Ordnungspolizei verstärkt, hinzu kamen Fahrer und Dolmetscher. Ein Sonder- oder Einsatzkommando umfasste etwa 150 Mann, es wurden bei Bedarf Teilkommandos gebildet. Bei größeren Exekutionen wurden auch Einheiten der Waffen-SS oder der Wehrmacht zur Unterstützung hinzugezogen.
Die Einsatzgruppe C verfügte über 700-800 Personen, davon etwa 80 beim Stab in Kiew. Der Einsatzgruppe C gehörten die Sonderkommandos 4a und 4b sowie die Einsatzkommandos 5 und 6 an.
Im Nürnberger Einsatzgruppenprozess (Fall 9) war bereits SS-Obersturmbannführer Dr. Walther Haensch, ein guter „Bekannter" von Jobst, als einer der Leiter des Sonderkommandos 4b angeklagt. Seine Verteidigungsstrategie bestand darin, jeglichen Tatbeitrag und jegliches Wissen der Judenmorde des Sonderkommandos 4b zu leugnen. Er habe von der planmäßigen Judenvernichtung erst nach Kriegsende erfahren. Es konnte ihm aber nachgewiesen werden, dass er die Erschießung von 60 Gefangenen in Barwenkowo befohlen hatte. Folgerichtig wurde Haensch zum Tode verurteilt, später aber begnadigt und 1955 vorzeitig freigelassen.
Die Staatsanwaltschaft Berlin hat zunächst den bereits erwähnten Leiter des Sonderkommandos (SK) 4b im Visier, den SS-Obersturmbannführer August Meier. Auch diesen kennt Jobst persönlich aus seiner Zeit in Russland. Meier begeht Anfang 1961 in Untersuchungshaft Selbstmord. Im Rahmen dieser Ermittlungen ist der Name Hans Joachim Sommerfeld gefallen, er

[154] Zitiert nach Hans-Heinrich Wilhelm, Rassenpolitik und Kriegsführung, S. 237f.

soll ein Teilkommando des SK 4b geleitet haben. Der ermittelnde Staatsanwalt Schüle schreibt am 07.02.1961 an den Generalstaatsanwalt in Berlin:

> „Inzwischen sind hier weitere Angehörige des SK 4b bekanntgeworden, und zwar der frühere SS-Obersturmführer Marcel Zschunke, wohnhaft in Waiblingen, und der frühere SS-Hauptsturmführer Thiemann, zur Zeit unbekannten Aufenthaltes. Ich führe gegen diese beiden Personen Vorermittlungen wegen der Teilnahme an den Judenexekutionen des SK 4b."[155]

Die Anschrift von Zschunke hat Jobst schon 1953 ermittelt, er hat aber keinen Briefwechsel mit ihm hinterlassen. Jobst selbst ist für die Staatsanwaltschaft etwas schwerer zu identifizieren. Der Organisationsplan des RSHA weist – Stand März 1941 – zweimal den Namen Thiemann in Leitungsfunktionen aus.[156] Der zweite Thiemann heißt Karl, ist SS-Obersturmbannführer und im Amt VI A, dem Auslandsnachrichtendienst, tätig. Für die Staatsanwaltschaft stellt sich die Frage: Wer von diesen beiden gehörte zum Führungspersonal der Einsatzgruppe C in Russland?

Bei ihren Ermittlungen kommt die Staatsanwaltschaft sehr schnell zu der Erkenntnis, dass Jobst derjenige sein muss, gegen den sich der Verdacht richtet. Und seine Anschrift ist leicht herauszufinden. Der ermittelnde Staatsanwalt in Berlin, Dr. Artzt, ersucht am 14.11.1961 die Zentralstelle in Ludwigsburg, den Aufenthalt von Jobst festzustellen.

Am 08.02.1962 ist es soweit. Was Jobst schon lange befürchtet haben muss, ist eingetreten. Er erhält Post vom Untersuchungsrichter in Berlin, er soll in der Strafsache gegen Sommerfeld wegen Mordes als Zeuge vernommen werden. Es geht also offiziell noch nicht gegen ihn. Genau ein Jahr laufen die Vorermittlungen gegen Jobst im Hintergrund. Weiß der Staatsanwalt bereits, dass Jobst der Vorgesetzte von Sommerfeld war? Was

---

[155] BArch B 162/3769, Bl. 88f. (Az. 4 AZR 6/60)

[156] Vgl. Rürup, Topographie des Terrors, S. 78 u. 80

hat Sommerfeld schon ausgesagt über seine Kameraden und Vorgesetzten? Ist es die Taktik des Staatsanwaltes, von unten nach oben zu ermitteln, um die höheren Ränge zu stellen, indem sie mit den Aussagen der ihnen unterstellten Mitarbeiter überrascht werden?
Ein Foto aus der Umzugskiste zeigt Jobst mit Sommerfeld und Haensch, vermutlich noch im Frühjahr 1941 in Deutschland bei der Vorbereitung des Ost-Einsatzes.
Der Kriminalkommissar Sommerfeld wird natürlich auch nach Jobst gefragt, kann sich angeblich aber nicht mehr genau erinnern. Am 18.01.1962 sagt er sehr vage, aber „kameradschaftlich" aus:

> „Es gab beim Kommando einen jungen SS-Obersturmführer, dessen Name mir nicht mehr geläufig ist. Er kam nicht aus Berlin, war über 1,80 m groß, sehr schlank, hatte dunkelblondes Haar und war Brillenträger. Er machte auf mich einen sehr geistvollen und gewandten Eindruck. Er war derjenige, der mir einmal später gesprächsweise die Aufgaben des SD im Einzelnen auseinandersetzte."[157]

Am 21.02.61 macht Jobst vor dem beauftragten Untersuchungsrichter in Bielefeld in der Sache Sommerfeld folgende Aussagen:

> „Ende 1941 wurde ich abgeordnet zur Einsatzgruppe C, die in Kiew lag, und dessen Chef der Gruppenführer Thomas war. Über die Gründe meiner Abordnung wurde ich, das glaube ich heute noch mit Sicherheit sagen zu können, nicht informiert. Es war vielmehr eine der üblichen unbegründeten Kommandierungen, die während des Kriegsdienstes Gang und Gebe waren. Ganz sicher ist, wenn ich jetzt gefragt werde, dass ich nicht darauf hingewiesen wurde, ich müsse mich bewähren oder gar bei der Vernichtung von jüdischen Menschen mitwirken.

[157] BArch B 162/1552, Bl. (62)46

Abb. 15: *oben: Jobst Thiemann, Walter Haensch, Sutthoff*
unten: Hans-Joachim Sommerfeld, Haensch und Thiemann

Ich hätte in einem derartigen Falle entweder opponiert oder Mittel und Wege gefunden, mich einer derartigen Aufgabe zu entziehen. Ich kann mir auch nicht vorstellen, dass man einem höheren Beamten aus einer Ministerialbehörde, ich bezog während meines gesamten Dienstes dort Ministerialzulage, war nie exekutiv tätig und hatte keinerlei Exekutiv-Ausweise oder Befugnisse, ein derartiges Ansinnen zumutete. Ich meine auch mit Sicherheit ausschließen zu können – soweit das nach fast 21 Jahren überhaupt möglich ist – dass mir bekannt war, dass die Einsatzkommandos im Osten sich mit der Vernichtung von jüdischen Opfern abgaben. Dabei möchte ich einschalten, dass das RSHA und insbesondere das Amt IV und gerade im Kriege, sich einer umfassenden und streng gehandhabten Geheimhaltung aller Vorgänge bediente, und dass grundsätzlich niemand über seinen Aufgabenkreis und alle dabei gewonnenen Kenntnisse erzählen durfte. Weiter ist dazu zu sagen, dass man derart mit Arbeit überlastet war, dass man keine Gelegenheit, Möglichkeit, geschweige denn Interesse hatte, sich mit anderen Dingen zu befassen, die einen nicht unmittelbar angingen. … Ich hatte die Aufgabe, die Verbindung zum zuständigen A.O.K. [Armeeoberkommando] zu unterhalten. In dieser Eigenschaft nahm ich oft an Besprechungen beim AOK, insbesondere dem Ic [Feindaufklärung] teil. Der Kontakt zu den deutschen Stäben war notwendig, weil dort erste Informationen über die Feind- und Partisanenlage gegeben wurden, die regelmäßig zur Gruppe [Einsatzgruppe C] berichtet werden mussten. Ferner war es notwendig, enge Fühlung zu halten, um die Bewegungen der eigenen Truppe, der Front u.s.w. zu kennen. … An Erschießungsaktionen habe ich nicht teilgenommen“[158]

[158] BArch B 162/1552, Bl. 509-513

Soweit auszugsweise die Wiedergabe der Einvernahme von Jobst als Zeuge. Zu den Vorwürfen gegen Sommerfeld wird er anscheinend nicht intensiver befragt. Der Staatsanwalt Dr. Artzt hat hier auch etwas anderes im Sinn, weil er momentan noch den „richtigen“ Thiemann sucht. Er bewertet die Aussage von Jobst wie folgt:

> „Bei diesem vernommenen Thiemann dürfte es sich offenbar um den von den Zeugen Lindow und Nosske erwähnten Thiemann handeln. Aus den in dem Vorgang 10 AR 142/61 beigezogenen DC-Unterlagen (Berlin Documentation Center) eines SS Obersturmbannführers Karl Thiemann, geb. 22.10.1894, ergibt sich, dass dieser ebenfalls im RSHA tätig war. Nach einem Schreiben vom 12.09.42 ist er schon vor dieser Zeit aus dem SS-Dienst ausgeschieden. Er dürfte, zumal er SS Obersturmbannführer war, als der in diesem Vorgang gesuchte Referent Thiemann kaum in Betracht kommen.“[159]

Damit hat die Staatsanwaltschaft die notwendige Klarheit gewonnen hinsichtlich der beiden „Thiemänner“ im RSHA für ihre weiteren Ermittlungen.

Staatsanwalt Dr. Artzt hat jetzt noch eine weitere Quelle entdeckt. Die Zeitungen der DDR berichten, dass ein gewisser Kurt Goercke wegen seiner Taten beim SK 4b zum Tode verurteilt wurde. Artzt wendet sich an den Generalstaatsanwalt der DDR. Mit Schreiben vom 27.04.1961 stellt er den Sachstand dar und ersucht um entsprechende Amtshilfe der DDR-Justiz.

Die Antwort erhält er am 16.06.1961:

> „Ich habe Ihrem Wunsche entsprechend den Kurt Goercke zeugenschaftlich zu den Verbrechen des SK 4b vernehmen lassen und füge das Protokoll bei“[160]

---

[159] BArch B 162/3771, Bl. 492

[160] BArch B 162/3769, Bl. 203

Goercke hat noch einmal umfassend ausgesagt, offener als alle anderen Beteiligten im Westen, danach wird sein Todesurteil in der DDR vollstreckt.
Gut zwei Jahre später nach dieser DDR-Amtshilfe, am 20.06.63, erfolgt die öffentlichkeitswirksame Verhaftung von Jobst im Gerichtsgebäude in Bielefeld. Jobst hat zum 01.07.1963 eine neue, größere Kanzlei in Brackwede angemietet. Die Anzeige über die „Praxisverlegung" der Kanzlei Jobst Thiemann und Dr. Alfred Stock erscheint am 10.07.1963 in den örtlichen Zeitungen. Direkt über der neuen Kanzlei hat die Familie eine größere Wohnung angemietet, um das kleine Haus in der Senne zu verlassen. Den Mietvertrag für die neue Wohnung und die Bestellung der neuen Wohnungseinrichtung muss Inge rückgängig machen. Die Untersuchungshaft für Jobst hat begonnen.

13. In Untersuchungshaft

Die anwaltliche Vertretung von Jobst übernimmt der Bielefelder Rechtsanwalt Wilhelm Wegner, der auch schon Zimmermann vertritt. Wegner gilt in Bielefeld als einer der wenigen in NS-Strafsachen erfahrenen Anwälte. Er ist ein schwer verwundeter Veteran des Ersten Weltkrieges, er hat in den Kämpfen ein Bein verloren und ist jetzt schon fast 70 Jahre alt. Inge nutzt das Netzwerk der alten Kollegen des RSHA. Es entwickelt sich eine intensive Korrespondenz über das weitere juristische Vorgehen mit Heinz Höner, der Jobst ja schon bei der Anwaltszulassung beraten hatte. Höner steht hinsichtlich der Prozessstrategie auch in engem Kontakt mit Werner Best, der später erklärt, dass er in den 1960er Jahren vollauf damit beschäftigt war, „die Abwehr gegen die Ludwigsburger Verfolgungswelle zu koordinieren.“[161] Höner lässt sich über Rechtsanwalt Wegner im Juli 1963 einen Dauersprechschein ausstellen, damit er Jobst in der Untersuchungshaft problemlos besuchen kann.

Für den Haftbefehl gegen Jobst ist das Amtsgericht Ratingen zuständig. Das Ermittlungsverfahren gegen die Verantwortlichen des SK 4b führt die Staatsanwaltschaft Düsseldorf, nachdem zunächst gegen den dort wohnhaften und bereits genannten August Meier, den letzten Vorgesetzten von Jobst beim SK 4b, Voruntersuchungen durchgeführt wurden.

Das Amtsgericht Ratingen hat am 11.06.1963 den Haftbefehl gegen Jobst erlassen, also am Vortag seines 52. Geburtstages. Er ist mit folgendem Vorwurf begründet:

> „Der Rechtsanwalt Jobst Thiemann … wird beschuldigt, in Gorlowka/Russland im Jahre 1942 als stellvertretender Führer des Sonderkommandos 4b und SS-Hauptsturmführer zusammen mit anderen Angehörigen des Kommandos zu der aus niedrigen Beweggründen und grausam begangenen Tötung zahlreicher Juden und anderer sogenannter potentieller Gegner des SS-Regimes wis-

[161] Zitiert nach Ulrich Herbert, Best, S. 493

> sentlich Hilfe geleistet zu haben. Dem Beschuldigten wird zur Last gelegt, im Rahmen der von den nationalsozialistischen Machthabern befohlenen „Endlösung der Judenfrage“ in der ersten Hälfte des Jahres 1942 in Gorlowka zwei Massenexekutionen geleitet zu haben, bei denen mindestens 500 Juden auf besonders qualvolle Weise in einem Gaswagen durch Zufuhr der Auspuffgase und mindestens 2.500 Juden sowie einige Zigeuner durch Erschießen getötet worden sein sollen. Verbrechen nach §§ 211, 49, 74 StGB. Er ist dieser Straftat dringend verdächtig und im Hinblick auf die zu erwartende Strafe fluchtverdächtig.“[162]

Am Tage nach seiner Verhaftung darf Jobst zum ersten Mal im Gefängnishof des Bielefelder Landgerichts seine Runden drehen, wie wir seinem Tagebuch entnehmen. Er ist allein in dem tristen Viereck. Es regnet. Er denkt an Dr. Herbert Zimmermann, der auch im gleichen Gebäude wie er in Untersuchungshaft sitzt. Jobst erwartet heute seinen Kanzleimitarbeiter Dr. Stock, der ihm Akten zur Bearbeitung bringen soll. Nach dem Hofrundgang flüstert ihm der Wachtmeister zu, dass Zimmermann wegen Haftunfähigkeit ins Krankenhaus entlassen worden ist.
Am nächsten Tag kommt Rechtsanwalt Wegner, sein Verteidiger, zur Besprechung. Erstmals darf Jobst Zeischriften bekommen. Alle Zeitungen und die Radiosender berichten jetzt ausführlich über die Verhaftung des „bekannten Rechtsanwaltes Jobst Thiemann.“ Ein Bielefelder Rechtsanwalt mit gleichem Nachnamen gibt eine Presseerklärung ab, dass er nicht mit dem verhafteten Kollegen verwechselt werden möchte. Die turbulenten Ereignisse dieser Tage treffen die Familie von Jobst empfindlich. Noch vor wenigen Tagen haben Inge und Jobst sich mit Familie Gerke getroffen und über das Schicksal von Zimmermann und anderen Kollegen diskutiert, gegen die jetzt ermittelt wird. Nun ist Jobst an der Reihe.

---

[162] Haftbefehl des Amtsgerichts Ratingen vom 11.06.1963, 4 Cs 230/63

Nach drei Tagen in Haft, am 23.06.1963, wird Jobst in die Zelle 161 verlegt, die zuvor sein „Kamerad“ Zimmermann bewohnt hat. Dr. Stock kommt, bringt neue und nimmt alte Akten mit zurück in die Kanzlei. Heute erhält Jobst die Nachricht, dass er nach Dortmund in das dortige Gerichtsgefängnis verlegt werden soll, weil die Voruntersuchungen in seiner Angelegenheit von der Staatsanwaltschaft Dortmund durchgeführt werden. Die Strafsache unter dem Aktenzeichen 45 Js 24/62 läuft jetzt unter der Bezeichnung gegen „Herrmann u.a.“. Der Beschuldigte Günther Herrmann wohnte zuletzt in Ratingen, daher die Zuständigkeit der Staatsanwaltschaft Dortmund. Herrmann war der erste Führer des SK 4b.
Am 25.06.1963 schreibt Inge in ihr Tagebuch:

> „Um 10.00 Uhr kommt ein Beamter und holt unseren Volkswagen, um Jobst nach Dortmund zu bringen.“[163]

Und Jobst schreibt:

> „13.45 Uhr Verlagerung in meinen Volkswagen mit zwei Hauptwachtmeistern über die Autobahn nach Dortmund. 15.15 Uhr angekommen. 16.30 in Zelle 27.“[164]

Und Inge notiert:

> „17.10 Uhr bringt Beamter den Wagen zurück.“[165]

Hat die Bielefelder Polizei ein Problem? Sind ihr die Fahrzeuge ausgegangen? Am folgenden Tag wird Jobst dem ermittelnden Staatsanwalt Rauschendorf vorgeführt. Jobst verweigert die Aussage zur Sache, weil durch die Verhaftung seine berufliche Existenz vernichtet werde. Die Anhörung wird protokolliert, Jobst verlangt Aussetzung der Haft, hilfsweise Rückführung in das Untersuchungsgefängnis nach Bielefeld. Zwei Tage später

---

[163] Ingeborg Thiemann, Tagebucheintrag vom 25.06.1963 – Privatarchiv
[164] Jobst Thiemann, Tagebucheintrag vom 25.06.1963 – Privatarchiv
[165] Ingeborg Thiemann, Tagebucheintrag vom 25.06.1963 – Privatarchiv

wird er wieder nach Bielefeld verlegt, diesmal mit einem polizeieigenen Opel Rekord, wieder in die Zimmermann-Zelle 161. Und jetzt erhält er seine Uhr zurück, die ihm bei der Verhaftung abgenommen wurde.
Gegen den Haftbefehl hat Rechtsanwalt Wegner Beschwerde eingelegt. Am 09.07.63 wird diese vom Landgericht Düsseldorf zurückgewiesen. Wegen der ihm zur Last gelegten Straftaten müsse Jobst mit einer langjährigen Zuchthausstrafe rechnen, außerdem bestehe Fluchtgefahr. Auch die weitere Beschwerde hiergegen wird am 02.08.63 vom Oberlandesgericht Düsseldorf mit der gleichen Begründung zurückgewiesen.
Freunde von Jobst haben die „Stille Hilfe“ über seine Verhaftung informiert. Die „Stille Hilfe für Kriegsgefangene und Internierte e.V.“ mit Sitz in Wuppertal ist eine Organisation, die betont, dass es sich bei ihrer „Sozialarbeit einzig und allein um eine Familienhilfe handelt. Familien – Frauen und Kinder – noch heute Inhaftierter oder bereits Verurteilter sollen nicht unter dem Schicksal ihrer Männer zu leiden haben und wirtschaftlich oder beruflich geschädigt werden.“[166]
Der Geschäftsführer der „Stillen Hilfe“ meldet sich mit Schreiben vom 01.07.1963 bei Inge:

> „Sowohl durch einen Bekannten Ihres Gemahls sowie durch die Presse erfuhren wir von der Verhaftung und von der unerhörten Art derselben.“[167]

Er bietet materielle und immaterielle Hilfe an und bittet um Mitteilung, wer Jobst verteidigt.
Erika Huppenkothen ist von Heinz Höner über die Verhaftung informiert. Sie schreibt am 04.07.1963 mitfühlend an Inge:

> „Sie und Ihre Kinder werden eine schwere Zeit durchzustehen haben. Ich glaube, ich kann das von mir aus einigermaßen beurteilen.“[168]

---

[166] Vgl. Rundbrief der „Stillen Hilfe“ Nr. 1 vom Juli 1964
[167] Schreiben der „Stillen Hilfe“ an Ingeborg Thiemann vom 01.07.1963
[168] Erika Huppenkothen, Brief an Ingeborg Thiemann vom 04.07.1963

Inge beklagt sich im September 1963 bei Heinz Höner über Rechtsanwalt Wegner: Er tue nichts und habe Jobst bisher auch nur dreimal besucht. Höner verspricht, ihn anzurufen. „Das Ergebnis war mager“, schreibt Höner am 27.09.1963 zurück.
Zwischenzeitlich wendet sich Inge an Werner Best mit der Frage, ob nicht der bekannte FDP-Abgeordnete Dr. Achenbach die Vertretung von Jobst übernehmen könne. Best rät mit Schreiben vom 18.09.1963 ab:

> „Insgesamt weiß ich, dass Dr. Achenbach und seine Mitarbeiter nicht gern Verteidigungen [in NS-Sachen] übernehmen, weil sie die Erfahrung gemacht haben, dass die Justizbehörden ihnen gegenüber sich ablehnender und negativer verhalten als gegenüber anderen Verteidigern, um den Eindruck zu vermeiden, dass sie dem Bundestagsabgeordneten Dr. Achenbach entgegenkämen.“[169]

Auch die früheren Mitarbeiter vom Amt IV des RSHA melden sich bei Jobst. Rudolf Fumy zeigt sich im Brief vom 14.10.1963 überrascht von der Verhaftung:

> „Hoffentlich bist Du wenigstens immer gesund und behältst Deine Nerven, denn das ist in Deiner Situation besonders notwendig.“[170]

Inge ist hinter den Kulissen weiterhin sehr aktiv. Sie fragt Heinz Höner:

> „Wissen Sie, ob Herr Haensch [Leiter SK 4b] schon verhaftet ist und wer ihn eventuell verteidigt? Wegner will sich mit allen Verteidigern in Verbindung setzen und dann gemeinsam mit ihnen vorgehen. Ich will auch bei Dr. Best anfragen, ob er etwas weiß. Von Dorle W., die mit Herrn Haensch zusammen wohnt, bekam ich

[169] Dr. Werner Best, Schreiben an Inge Thiemann vom 18.09.1963 – Privatarchiv
[170] Rudolf Fumy, Brief an Jobst Thiemann vom 14.10.1963 – Privatarchiv

> keine Antwort, sodass ich fürchte, es stimmt dort etwas nicht.“[171]

Dr. Best, sozusagen die Spinne im Netz, antwortet Inge am 25.10.1963:

> „Mit Dr. Walter Haensch konnte ich heute endlich sprechen. Er ist tatsächlich in das Verfahren einbezogen, aber nicht in Haft und hat bis jetzt noch keinen Verteidiger. Da er etwas ängstlich und zurückhaltend ist, empfehle ich, dass ich eingeschaltet werde, wenn mit Dr. Haensch etwas erörtert werden soll.“[172]

Haensch kann natürlich nur als Zeuge im Verfahren gegen das SK 4b auftreten, da er ja – wie bereits berichtet – im Einsatzgruppenprozess von den Alliierten zum Tode verurteilt, dann zu 15 Jahren Haft begnadigt und 1955 bereits freigelassen wurde. Wenig später entschuldigt sich Höner, dass er sich erst jetzt melde:

> „Das liegt daran, dass man hier in Hamburg unseren Kollegen Helmut Bischoff [siehe oben Kap. 11] festgenommen hat. Sie können sich denken, dass damit ein entsprechender persönlicher Einsatz von mir verbunden war. … Heute hatte ich aber endlich ein langes Telefongespräch mit Wegner, das in jeder Hinsicht unerfreulich verlief. Er erklärte mir glatt, dass er alle Vorstellungen bei der Staatsanwaltschaft für nutzlos hält und dass nach seiner Ansicht die Anklage abgewartet werden muss.“[173]

Wegner wiederholte gegenüber Höner dann schließlich das, was er auch Inge schon gesagt hatte, dass er mit den anderen Verteidigern des Prozesses gegen „Herrmann u.a.“ Kontakt aufnehmen wolle.

---

[171] Ingeborg Thiemann, Brief an Heinz Höner vom 11.10.1963 – Privatarchiv
[172] Dr. Werner Best, Schreiben an Inge Thiemann vom 25.10.1963 – Privatarchiv
[173] Heinz Höner, Brief an Inge Thiemann vom 29.10.1963 – Privatarchiv

Die Verhaftung von Jobst mit dem öffentlich bekannten Tatvorwurf belastet die Familie, besonders die Kinder. Andererseits hat sie auch eine gewisse Erleichterung gebracht. Schon in den letzten Jahren vor der Verhaftung war Jobst leicht reizbar und nervös. Er hat Inge und die Kinder ständig schikaniert. Die drohende Gefahr eines Strafverfahrens zerrt an seinen Nerven und er gibt diesen Druck permanent an die Familie weiter. Diese Situation ist nun mit der Verhaftung beendet. Inges Vater notiert im August 1963:

> „Ich sitze mit Margit allein auf der Gartenbank hier in der Ramsau. Ich stelle an das Mädel die Frage, was sie darüber denkt, dass ihr Vater verhaftet worden ist. Darauf antwortet sie achselzuckend und völlig unbeschwert: ‚Seit Vati sitzt, haben wir schöne Tage, auch Mutti, aber sie wird es natürlich nicht zugeben.' Und als ich sie verwundert ansehe, fährt sie fort: ‚Opa, du weißt doch selbst, dass bei uns immer dicke Luft ist, wenn Vati zu Hause ist. Eigentlich möchte ich nicht, dass er wieder freikommt.'"[174]

Die Tagebuchaufzeichnungen von Jobst berichten von Besuchen der Familie, der Mutter und seinen Schwestern. Ansonsten bringt und holt der getreue Dr. Stock die Akten und hält die Kanzlei von Jobst über Wasser. Inge springt auch ein und unterstützt Dr. Stock. Sie arbeitet sich in die Buchhaltung ein und übernimmt die Verantwortung für die Finanzen in der Kanzlei.

Jobst darf nur zu besonderen Anlässen in Begleitung eines Justizwachtmeisters das Gefängnis verlassen. Am 07.11.1963 weilt er für wenige Stunden bei seiner Familie, weil seine Mutter ihren 75. Geburtstag feiert.

---

[174] Gustav Adolf Kunzelmann, Notiz im August 1963 – Privatarchiv

Abb. 16: *75. Geburtstag der Hanna Thiemann, dritte von rechts*

Jobst geht es in der Untersuchungshaft nicht gut. Er klagt zunehmend über starke Kopfschmerzen und notiert am 25.10.63: „Fenster mit Kopf durchstoßen, Platzwunde."[175] Die Haft nimmt ihn psychisch stark mit und hinterlässt bei ihm auch sichtbare Spuren. Im Februar 1964 hält er im Tagebuch fest:

> „Selbstmord Peters in U-Haft wegen Einsatzkommando Russland. Euthanasie – Prof. Heyde/Sawade in U-Haft erhängt."

Im März finden wir einen Hinweis auf den Klaustermeyer-Prozess in Bielefeld. Der SS-Oberscharführer (Feldwebel) Heinrich Klaustermeyer hat sich im Warschauer Ghetto durch besonders willkürliche Morde hervorgetan. Er und seine Kameraden machen tägliche Runden im Ghetto, sie sind vom Jagdfieber besessen und feuern auf die Bewohner.[176] Diese Vorgänge haben

---

[175] Jobst Thiemann, Tagebucheintrag vom 25.10.1963 – Privatarchiv
[176] Vgl. Schwan, Heindrichs, Der SS-Mann, S.105 ff.

Berührungspunkte mit Jobst und seiner Funktion als Referent für Gouvernementsangelegenheiten im Amt IV D 2. Inge schreibt an Höner, dass der Prozess Klaustermeyer Jobst sehr belaste. Höner erwähnte ja bereits in einem Brief an Jobst, dass „polnische Angelegenheiten Dich … bedrückten". Inge wird über Frau Ahne von der „Stillen Hilfe" angesprochen, ob sich jemand in Bielefeld um den Fall Klaustermeyer kümmern könne. Inge fragt Höner, doch der winkt ab:

> „Andere Angehörige der Sicherheitspolizei haben sich nicht gut über ihn ausgesprochen. Er dürfte ein ganz wilder Mann gewesen sein (Exzesse). Auch der hiesige Staatsanwalt äußerte sich ganz abfällig über ihn. Seine Sache steht also schlecht und es ist mit ihm kein Staat zu machen."[177]

Inge schreibt an Jobst:

> „Lass Dich durch den Klaustermeyer-Prozess nicht zu sehr bedrücken. Wie dankbar bin ich, dass man Dir keinerlei Exzesse nachsagen kann."[178]

Klaustermeyer wird am 02.04.1965 zu neunmal lebenslänglich Zuchthaus verurteilt.

Die weiteren gesetzlich vorgesehenen Haftprüfungstermine, die alle drei Monate stattfinden, bestätigen jeweils die Berechtigung der Fortsetzung der Untersuchungshaft von Jobst.

Mit welcher Strafe Jobst voraussichtlich rechnen muss, erfährt Inge anlässlich eines Telefonates von Rechtsanwalt Wegner mit Staatsanwalt Rauschendorf, das in ihrem Beisein in der Kanzlei Wegner stattfindet. Rauschendorf meint, Jobst müsse wohl mit 6-8 Jahren rechnen, er sei ein besonders eifriger SS-Mann gewesen, auch die Absprachen mit Kameraden bei den laufenden Ermittlungen kreide man ihm übel an.[179]

---

[177] Heinz Höner, Brief an Inge Thiemann vom 05.06.1964 – Privatarchiv

[178] Ingeborg Thiemann, Brief an Jobst im Sommer 1964 – Privatarchiv

[179] Vgl. Ingeborg Thiemann, Brief an Höner vom 07.03.1964 – Privatarchiv

Jobst verweigert weiterhin konsequent jegliche Aussage zu Sache. Daher geht der Untersuchungsrichter – laut Rechtsanwalt Wegner – so vor, dass er zunächst von den über 100 Beschuldigten des SK 4 b alle „Nebenfiguren", also die niedrigeren Dienstgrade, des SK 4b vernimmt. Mit deren Aussagen will er dann etwa 10-12 Hauptangeklagte konfrontieren und überführen.
Dieses Vorgehen findet in der Aussage des Zeugen S. seinen Niederschlag:

> „Ich bin gerne bereit, durch meine Vernehmung die Beteiligung anderer Angehöriger des SK 4b bei bestimmten Aktionen zu klären helfen. Braune und Haensch mieden die Drecksarbeit und überließen diese Dinge ihren Unterführern ...."[180]

Viele Freunde und Bekannte glauben immer noch an die Unschuld von Jobst. Auch die Verwandten des Familienverbandes Faust (die Mutter von Jobst ist eine geborene Faust) wollen Jobst helfen. Rechtsanwalt Dr. Max Rhein, ein Verwandter, entwirft eine Eingabe an die Staatsanwaltschaft. Der Senior der Familie, Dr. Georg Faust, Propst im Ruhestand, erklärt mit Schreiben vom 25.05.1964 an die Staatsanwaltschaft, dass es ihm „bei Würdigung des Herrn Thiemann und seiner Wesensart, seiner Herkunft und seiner Lebensumstände unfassbar erscheine, dass er Verbrechen begangen haben könnte."[181] Seine Bitte um Entlassung aus der Haft lehnt Staatsanwalt Rauschendorf ab, Einzelheiten könne er wegen der laufenden Ermittlungen nicht mitteilen.
Am 12.06.1963 schreibt Inge an Jobst zu seinem 53. Geburtstag:

> „Ein Jahr geht über die Berge, ein Jahr unseres Lebens ging vorbei, es ist unwiederbringlich dahin. Manchmal allerdings, wenn ich mir unser gemeinsames Leben vorstelle, habe ich Angst. Vielleicht entspricht man gar nicht

---

[180] BArch B 162/3772, Bl. 886
[181] Dr. Georg Faust, Schreiben an die Staatsanwaltschaft vom 25.05.1964

> mehr dem Bilde, das der Andere von uns hat. Ich werde Dich eines Tages wieder in die Arme schließen können, ohne dass Dich ein freundlich mit den Schlüsseln klirrender Beamter wieder mitnimmt. Oh Jobst, dies Geräusch, wenn hinter Dir die Tür abgesperrt wird! Bis ans Lebensende werde ich es nicht vergessen.“[182]

Mitte Juli 1964 bricht Staatsanwalt Rauschendorf mit einem Kreislaufkollaps zusammen, das führt zu einer weiteren Verzögerung der Voruntersuchungen.
Tagebuchaufzeichnung von Jobst am 23.07.1964: „400 Tage im Gefängnis. Prozess ‚Wölfchen' in München.“ Dies ist der Spitzname von SS-Obergruppenführer (General) Karl Wolff, dem Chef des „Persönlichen Stabes Reichsführer SS“ und Verbindungsoffizier der SS zu Hitler, Jobst und seinen Kameraden vom RSHA sicher bestens persönlich bekannt. Heinz Höner hat die Verhaftung von Wolff seinerzeit „mit Bestürzung“ zur Kenntnis genommen und sofort direkten Kontakt mit dessen Verteidiger aufgenommen. Wolff war einer der wichtigsten SS-Führer neben Himmler und Heydrich. Er war „Himmlers Auge und Ohr im Führerhauptquartier“, wie es die Staatsanwaltschaft München 1964 formulierte. In den Nürnberger Prozessen hätte Wolff eigentlich als rechte Hand Himmlers angeklagt werden müssen, aber Wolff trat dort lediglich als Zeuge auf. Bei der Entnazifizierung wurde er 1948 als „minderbelastet“ eingestuft und kam mit 4 Jahren Haft davon.[183] Dafür gab es besondere Gründe: Wolff hatte als höchster SS- und Polizeiführer von Italien ab Februar 1945 Verhandlungen mit dem US-Geheimdienst über einen Waffenstillstand geführt und am 02.05.1945, kurz vor der offiziellen Kapitulation am 8. Mai, einen Separatfrieden abgeschlossen. In diesen Verhandlungen hatte er sich von seinem Verhandlungspartner Allen Dulles Immunität zusichern lassen.[184] Offensichtlich konnte Wolff den Amerikanern mit Erfolg vorgaukeln, dass er ihnen durch den vorzeitigen Waffenstillstand

---

[182] Inge Thiemann, Geburtstagsbrief an Jobst vom 12.06.1963 – Privatarchiv
[183] Vgl. Kerstin v. Lingen, SS und Secret Service, S. 168
[184] v. Lingen, S.80

den südlichen Zugang zur nicht existenten „Alpenfestung“ freimache. Allen Dulles ist es auch gelungen, Wolff in den Nachkriegsjahren vor der Strafverfolgung zu schützen.[185] Wolff lebte sorglos in einer günstig erworbenen Villa am Starnberger See und gab freimütige Interviews. Dies reizte natürlich die Ermittlungsbehörden. Und nachdem Dulles nicht mehr CIA-Chef war, nahm sich die deutsche Justiz seiner Person an. Er wurde 1962 verhaftet und 1964 zu 15 Jahren Zuchthaus verurteilt. Seine Gnadengesuche, von vielen hochrangigen Persönlichkeiten unterstützt, erwiesen sich nicht als erfolgversprechend, sodass sein Anwalt die Taktik umstellte, das Gnadengesuch zurücknahm und Haftverschonung aus gesundheitlichen Gründen beantragte. Daraufhin wurde Wolff im August 1969 aus der Haft entlassen und lebte noch 15 Jahre glücklich weiter.

Zurück zum Tagebuch von Jobst aus der Haft; 21.09.1964:
„Inge war da. Verlängerung der NS-Verjährungsfristen.“
Hierzu ist anzumerken, dass am 08.05.1965 die 20-jährige Frist der Verjährung für Mord und schwere Totschlagsdelikte zu greifen drohte und damit die NS-Straftaten verjährt wären. Im Bundestag wird intensiv diskutiert über die Verlängerung der Verjährung von nationalsozialistischem Unrecht. Im März 1965 beschließt das Parlament, den Beginn der Verjährungsfrist auf den 31.12.1949 festzulegen – bis dahin galt alliiertes Besatzungsrecht. Mit dieser Gesetzesänderung hat die Justiz zunächst vier Jahre Zeit gewonnen bei der Verfolgung nationalsozialistischer Verbrechen.
Anfang Oktober 1964 hat Staatsanwalt Rauschendorf 17 von 24 Bänden der Ermittlungsakten durchgearbeitet.
Am 26.10.1964 soll ein weiterer Haftprüfungstermin in Ratingen stattfinden. Diesmal hat der bislang überwiegend inaktive Rechtsanwalt Wegner auf die hilfreiche und rechtsberatende Anregung des Haftrichters Jansen reagiert und diese befolgt. Er hat neue Anträge für diesen Termin vorbereitet. Neben dem Hauptantrag, den Haftbefehl aufzuheben, stellt Wegner den

---

[185] v. Lingen, S.14

weiteren Hilfsantrag auf Haftverschonung unter gerichtlichen Auflagen.

> „Insbesondere bitte ich, die Möglichkeit zu erwägen, den Beschuldigten gegen eine der Höhe nach vom Gericht festzusetzende Sicherheit mit dem Vollzug der Untersuchungshaft zu verschonen.“[186]

Die Anträge werden damit begründet, dass die Ermittlungen immer noch nicht weiter vorangeschritten seien und die Untersuchungshaft nun schon eineinhalb Jahre andauere.
Inge berichtet:

> „Wir mussten uns über das Wochenende um Bürgen bemühen, die bereit waren, nicht nur mit ihrem Namen, sondern auch mit Geld für Jobst zu bürgen. Die Verhandlung vor dem Haftrichter dauerte mehr als fünf Stunden, wobei jeder Bürge einzeln vom Richter vernommen wurde. Als Ergebnis wurde dann der Beschluss verkündet, dass man Jobst auf freien Fuß setzen würde unter folgenden Bedingungen: Einzug von Pass und Personalausweis, dreimal wöchentlich Meldung bei der Polizei, Bankbürgschaften in Höhe von 180.000 DM und Eigentümergrundschuld in Höhe von 400.000 DM auf das vom Vater vererbte Grundstück in Bielefeld.“[187]

Die Bürgschaft in Höhe von 180.000 DM stellt die Volksbank Brackwede, allerdings fordert sie dafür eine Absicherung im Grundbuch an erster Rangstelle auf dem vom Vater 1955 ererbten Grundstück in der Stadtheider Straße in Bielefeld, das Jobst und seine beiden Schwestern gemeinsam geerbt hatten. Die Eigentümergrundschuld in Höhe von 400.000 DM wäre dann an zweiter Rangstelle einzutragen. Eine große Anzahl von Freunden, Verwandten und Mandanten sind bereit, für Jobst zu bürgen. Zum Termin vor dem Haftrichter sind neben Inge, dem

---

[186] Schriftsatz Rechtsanwalt Wegner an das Haftgericht vom 22.10.1964
[187] Ingeborg Thiemann, Tonbandaufnahme von 1996 – Privatarchiv

Kanzleimitarbeiter Dr. Stock und Rechtsanwalt Wegner noch erschienen: Aus dem Bekanntenkreis Johannes M. und Fritz N., ein Mandant von Jobst, aus der Verwandtschaft Dr. Max Rhein sowie Direktor S. von der Firma Asta, wo Joachim Deumling als Justiziar angestellt ist. Sechs der anwesenden Zeugen erbringen zusammen persönliche Bürgschaften in Höhe von 140.000 DM.
Das Gericht hält die Bürgschaften und die Grundschuld mit einer Gesamthöhe von 720.000 DM als Sicherheit für ausreichend. Richter Jansen erlässt noch am gleichen Tag den entsprechenden Haftverschonungsbeschluss. Fraglich ist, ob die Staatsanwaltschaft dies akzeptiert – und Jobst und seine Schwestern die Belastungen des Grundstückes bewilligen.
Jobst ist äußerst verärgert über den Beschluss. Er hält die Regelung für Sippenhaft, weil seine Schwestern als weitere Grundstückseigentümer mit belastet werden sollen, und dies ohne die vorherige Zustimmung der Grundeigentümer. Eine Grundschuld von 133.000 DM und die Bürgschaften müssten doch wohl ausreichen, schreibt er an Rechtsanwalt Wegner. Der erwidert kühl:

> „Der Haftrichter hat einen Beschluss verkündet, mit dem er die Bedingungen festgelegt hat, unter denen Sie von der Haft verschont werden sollen. … Im Übrigen haben Sie die Sicherungsfrage offensichtlich nicht verstanden. … Auf das, was Sie vortragen, dürfte es jetzt wohl nicht mehr ankommen, da ich den Haftrichter nicht zur Abänderung seiner Entscheidung zwingen kann.“[188]

Auch Heinz Höner erklärt Inge, „dass sich Jobst da wohl etwas verrennt.“[189]
Wie zu erwarten ist, legt die Staatsanwaltschaft gegen den Haftverschonungsbeschluss Beschwerde ein. Diese wird am 31. Oktober 1964 zurückgewiesen aus folgenden Gründen:

> „Nach Ansicht der Staatsanwaltschaft muss der Beschuldigte mit einer Zuchthausstrafe von höchstens 6-8 Jahren

[188] Rechtsanwalt Wegner, Schreiben an Jobst vom 30.10.1964 – Privatarchiv
[189] Heinz Höner, Brief an Ingeborg Thiemann vom 31.10.1964 – Privatarchiv

> rechnen. Wenn ihm keine sogenannten Exzesse nachgewiesen werden können, droht nur noch eine Freiheitsstrafe von 2 Jahren und 8 Monaten bis zu maximal 4 Jahren. … Wenn man also die verbüßte Untersuchungshaft von einem Jahr und 4 Monaten in Rechnung stellt und mit der üblichen Entlassung nach Verbüßung von zwei Dritteln der Haft ausgeht, ist eine Haftverschonung angemessen. … Eine Fluchtgefahr haben alle Zeugen schlichtweg ausgeschlossen. Die Überzeugungskraft der Zeugen, die bei den Antworten zutage trat, vermag das Gericht mit Worten nicht wiederzugeben. … Der jetzt 53 Jahre alte Beschuldigte ist vorzeitig gealtert und offensichtlich durch das Ermittlungsverfahren ein gebrochener Mensch, der nicht mehr die Lebenskraft besitzt, sich ins Ausland abzusetzen.“[190]

Am Tage dieses Beschlusses verbringt Jobst seinen 500sten Tag im Untersuchungsgefängnis.
Die Staatsanwaltschaft will die Haftverschonung nicht akzeptieren. Doch die Beschwerde der Ermittlungsbehörde wird vom Landgericht Düsseldorf zurückgewiesen (03.11.1964) ebenso wie die weitere Beschwerde vom Oberlandesgericht Düsseldorf (04.12.1964). Aber die Staatsanwaltschaft gibt keine Ruhe. Sie verhandelt weiter mit dem Haftrichter und einigt sich am 11.12.1964 mit diesem auf folgende effektivere Sicherheitsleistung: Es wird - neben den persönlichen Bürgschaften in Höhe von 140.000 DM - eine erstrangige Grundschuld in Höhe von 580.000 DM auf dem Grundstück in Bielefeld eingetragen. Erstrangig sollte ja ursprünglich die Bürgschaft der Volksbank abgesichert werden. Damit ist das Grundstück schon fast bis über den Verkehrswert belastet, und Jobst muss sich wohl oder übel der „Sippenhaft“ fügen.
Am 17.12.64 erhält Jobst morgens vom Gericht die Entlassungsmitteilung, er wird um 14.00 Uhr von Inge, Gretlein und Frau Stock abgeholt und kehrt in sein Haus in der Senne zurück.

[190] Beschluss des Amtsgerichts Ratingen vom 31.10.1964, Az. 4 Gs 230/63 – Privatarchiv

Gleich am nächsten Morgen beginnt er den Alltag in gewohnter Umgebung wie immer mit einer kalten Dusche im Garten, um 07.00 Uhr sitzt die Familie wie früher wieder vereint am Frühstückstisch zusammen. Margit erinnert sich:

> „Am Tage der Entlassung sagte ich zu meiner Mutter: ‚Ich weiß nicht, ob ich mich freuen soll.' Diese Zweifel waren berechtigt, denn es wurde eine schlimme Zeit für alle Familienmitglieder. Mein Vater war tyrannisch, ungerecht und einfach unausstehlich. Aber der Grund dafür war mir jetzt klar."[191]

Jobst ist froh, dass er Weihnachten zu Hause verbringen kann. Er dankt den Bürgen schriftlich für ihr hilfreiches Auftreten vor dem Haftrichter, und auch dieser erhält eine Dankeskarte zum Jahreswechsel für seine Bemühungen.
Zwar halten die Bürgen und der Haftrichter eine Flucht für ausgeschlossen, Jobst hingegen denkt sehr wohl daran, sich ins Ausland abzusetzen. Das Grundstück in Bielefeld, glaubt er, könne noch einmal belastet werden und er würde sich dann mit 100.000 DM auf den Weg machen. Aber die Bedenken, was aus seiner Familie wird, lassen ihn von dem Plan Abstand nehmen.[192] Die Ernsthaftigkeit dieser Überlegungen wird dadurch bestätigt, dass wir in der Umzugskiste in einem Aktenordner die Beilage zum Bundesanzeiger 1963 finden. Darin ist die Regelung zum „Auslieferungsverkehr der Bundesrepublik Deutschland mit dem Ausland im Jahre 1961" enthalten. Die Fluchtpläne hat auch Inges Schwager Bob bestätigt. Bob war nach Kriegsende einige Jahre für die amerikanische Gegenspionage (CIC) in Salzburg tätig. Er erinnert sich an einen Besuch in Bielefeld im Sommer 1960:

> „Eines Abends, als die Frauen schon zu Bett gegangen waren, öffnete Jobst eine Flasche Champagner und fragte

[191] Margit Potthast, Erinnerungen
[192] Vgl. Jobst Thiemann, Eintrag am Ende des Tagebuches von 1964 – Privatarchiv

> mich, ob ich ihm und der Familie helfen könne, ein neues Leben in den USA zu beginnen. Jobst sagte, dass er in der Lage sei, auf dem Weg über Ägypten mit neuen Papieren nach Amerika einzureisen".[193]

Den Weg über Ägypten hat sicherlich Joachim Deumling eröffnet, der ja nach dem Krieg dort beim Aufbau des Geheimdienstes mitgearbeitet hatte. Im Sommer 1960 fühlte sich Jobst noch relativ sicher.

Nach der Entlassung aus der Untersuchungshaft wird Jobst mit weiteren beruflichen Problemen konfrontiert. Der Beauftragte des Präsidenten des Landgerichts Bielefeld, Landgerichtsrat Petri, legt im Januar 1965 Jobst nahe, dass er darauf verzichten solle, als Anwalt vor Gericht aufzutreten. Das lehnt Jobst zunächst ab. Nach Rücksprache mit „kompetenten Kollegen", wie er an Höner schreibt, gibt er dann doch sehr schnell eine Erklärung an das Gericht ab, dass er „einstweilen nicht beabsichtige, vor Gericht aufzutreten." Damit scheint die Sache erledigt.

Über die Freilassung von Jobst berichten alle regionalen Tageszeitungen. Auch die Bild-Zeitung ist wieder dabei (12.01.1965):

> „Nach 15 Monaten U-Haft wurde Rechtsanwalt Dr. Jobst Thiemann gegen Stellung einer Dreiviertel-Million-Kaution von weiterer Haft verschont, obwohl die Staatsanwaltschaft dagegen protestierte".[194]

Immerhin hat die Bild-Zeitung jetzt Jobst „promoviert". Staatsanwalt Rauschendorf wird zitiert:

> „Unserer Ansicht nach besteht immer noch Fluchtverdacht. Ein Mann, dessen Existenz durch eine mögliche Verurteilung vernichtet wäre, hat nichts zu verlieren."[195]

---

[193] Bob Borger, Florida, USA, E-Mail an den Verfasser vom 26.04.2012
[194] Bild-Zeitung, Bielefeld, 12.01.1965
[195] Ebd.

Sein Gespür für die Situation von Jobst ist nicht abwegig, wie wir gesehen haben. Die lokalen Journalisten wünschen Gesprächs- und Fototermine mit Jobst. Er lehnt das konsequent ab. Am 15.01.1965 tauchen sogar holländische Reporter am Gartentor auf und versuchen, mit ihm zu sprechen und ihn zu fotografieren.
Jobst meldet sich entsprechend den Auflagen des Haftrichters jeden Montag, Mittwoch und Samstag bei der Polizei. Der Druck auf ihn hält an. Landgerichtsrat Petri gibt nicht auf, sondern legt nach: Er fordert Jobst auf, seine Anwaltszulassung zurückzugeben. Jobst erklärt ihm, warum er dem nicht nachkommen werde: Er bestreite die gegen ihn erhobenen Vorwürfe, ein Verdacht allein rechtfertige nicht die Rücknahme der Zulassung. Es sei auch klar, dass er mit diesem Schritt seine Existenzgrundlage gefährden würde.
Am 24.02.1965 ist Jobst in Bethel in der Sauna, er trifft sich dort nach langer Zeit wieder mit Ernst Gerke. Sie diskutieren die für sie beide bestehenden Handlungsalternativen angesichts ihrer NS-Vergangenheit und den nicht nachlassenden Aktivitäten der Strafverfolgungsbehörden. Wenige Monate später werden die SS-Funktionen von Gerke in der Presse aufgedeckt.
Über Ostern und im Sommer möchte Jobst wieder in die Ramsau fahren. Er beantragt, dass ihm zu diesem Zweck sein Pass wieder ausgehändigt werde. Dies wird am 12.03.1965 abgelehnt, weil dann eine erhöhte Fluchtgefahr bestehe. Dagegen legt er erfolglos Beschwerde ein.
Natürlich leidet auch die Stimmung in der Familie unter dem Druck der zu erwartenden Anklage. Die Leistungen der Kinder in der Schule sinken ab. Margit muss eine Klasse wiederholen. Die Freilassung von Jobst ist für die Familie alles andere als erfreulich. Seine Laune wird immer unerträglicher, er schikaniert und tyrannisiert die Familie und lässt seine ganze Wut über seine ziemlich aussichtslose Situation verbal an Inge und den Kindern aus. Es ist vorbei mit der Ruhe, die nach der Verhaftung vorübergehend in die Familie eingekehrt war.

Jobst beantragt nochmals eine Genehmigung, um im Juli und August Urlaub in der Ramsau zu machen. Dies wird zunächst positiv beschieden, dann aber auf Beschwerde der Staatsanwaltschaft wegen Fluchtgefahr abgelehnt. Daher bringen Jobst und Inge die Kinder im August 1965 nur bis zur Grenze nach Salzburg, der getreue „Kamerad“ Sepp holt sie dort ab und die Kinder reisen mit der Bahn weiter in die Ramsau. Jobst und Inge haben eine trotzige Alternative zur Ramsau gefunden: Sie fahren zum nahe gelegenen Obersalzberg und besichtigen dort die Bunkeranlagen des „Führers“. Gustav Adolf Kunzelmann wird es nicht sonderlich bedauert haben, dass Jobst der Grenzübertritt verwehrt ist. Das Verhältnis zwischen den beiden Männern hat sich in den letzten Jahren zu sehr abgekühlt. Gustav Adolf ist ein hoch gebildeter Intellektueller, der neun Sprachen beherrscht und ein feines Gespür für die Charaktereigenschaften seiner Mitmenschen hat. Er empfindet Jobst als einen hochnäsigen Juristen, der glaubt, etwas Besseres zu sein als die Menschen in seiner Umgebung.
Im Herbst geht die Auseinandersetzung mit Landgerichtsrat Petri um die Rücknahme der Anwaltszulassung weiter. Dr. Stock, der in den letzten Jahren den Kanzleibetrieb von Jobst aufrechterhalten hat, bricht mit einem Kreislaufkollaps zusammen.
Jetzt hat es auch Ernst Gerke erwischt: Am 05.10.1965 melden alle lokalen Zeitungen, dass die Anstalt Bethel Gerke beurlaubt hat bis zur Klärung seiner Tätigkeit vor 1945. „War der Justiziar für Judendeportationen aus Breslau verantwortlich?“[196] fragt die „Freie Presse Bielefeld.“
Das Landgericht Bielefeld verlangt nochmals von Jobst die Rücknahme seiner Anwaltszulassung. Der Präsident Frhr. von Münchhausen schreibt am 20.10.1965:

> „Sie haben bei dem Gesuch um Zulassung zum Anwärterdienst angegeben, ausschließlich dem RSHA als Ministerialbeamter gedient zu haben. Nach den Ermittlungen der Staatsanwaltschaft haben Sie dagegen vom

[196] Freie Presse, Bielefeld, 05.10.1965

24.12.41 bis zum Spätsommer 1942 dem Sonderkommando 4b angehört. Zu diesem Widerspruch bitte ich Sie Stellung zu nehmen.“[197]

Jobstens fristgerechte Antwort vom 29.10.1965 lautet kurz und knapp:

> „Die wenigen Monate bei dem SK 4b waren für mich ein kurzer Frontaufenthalt, nachdem ich die ganzen sechs Kriegsjahre in Berlin bleiben musste“.[198]

Die schlechten Botschaften reißen nicht ab. Am Neujahrstag 1966 erhält Jobst die Nachricht, dass sich Dr. Zimmermann vor seiner erneuten Verhaftung erschossen hat. Im März beginnt in Bielefeld der Bialystok-Prozess – ohne Zimmermann.

Die Ermittlungen der Staatsanwaltschaft in der Sache gegen „Herrmann und andere“ sind abgeschlossen. Die gerichtlichen Voruntersuchungen zum Verfahren gegen die Mitglieder des SK 4b sind angelaufen. Jobst fährt am 11.05.1966 nach Düsseldorf, um mit seinem Pflichtverteidiger, Rechtsanwalt Kurt Hartwich, die Strategie für den dort demnächst stattfindenden Strafprozess zu besprechen.

Der Gesundheitszustand von Jobst verschlechtert sich. Am 25.06.1966 bricht er in seiner Kanzlei zusammen. Er wird zwei Wochen später nach Bethel in das Krankenhaus Gilead eingeliefert. Dort eröffnet ihm am 23.07.1966 die behandelnde Ärztin, Frau Dr. Zobel, dass er möglicherweise an Leukämie leide.

„Die Lage ist ernst, aber nicht hoffnungslos“, schreibt Jobst am 27.08.1966 in sein Tagebuch.

---

[197] Schreiben des Präsidenten des LG Bielefeld an Jobst Thiemann vom 20.10.1965 – Privatarchiv

[198] Jobst Thiemann, Schreiben an den Präsidenten des LG Bielefeld vom 29.10.1965 – Privatarchiv

14. Die Fundstücke aus der Umzugskiste

Während uns die Tagebücher vor 1939 sehr detailliert viele Ereignisse aus dem Leben von Jobst überliefern, wird es ab diesem Zeitpunkt wesentlich schwerer. Die Tagebücher der Kriegszeit sind verschwunden. Für die Nachkriegsjahre 1948 und 1949 gibt es zwar ein Notizbuch, die wenigen Eintragungen sind aber überwiegend unleserlich, weil alles durchgestrichen wurde. Ab 1950 sind die Aufzeichnungen in den Jahreskalendern wie Haushaltsbücher geführt. Sie enthalten bilanzmäßig die Nachweise, wofür das knappe Geld verwendet wurde. Von 1960-62 sind nur noch Termine festgehalten. In der Untersuchungshaft hat Jobst wieder mit kurzen Aufzeichnungen begonnen.
Aber in der Umzugskiste finden wir noch einige komplette Vorgänge, wie z.B. die Anwaltszulassung und die Haftakten mit sämtlichen Haftbeschwerden. Eine halbwegs schlüssige Dokumentierung der Kriegsjahre ist jedoch nicht vorhanden. Schließlich stoßen wir noch auf einige Fotos vom Fronteinsatz, die nur teilweise auf der Rückseite beschriftet sind, und viele aufschlussreiche Briefe, die Jobst von seiner Familie, hauptsächlich von der Mutter, erhalten hat. Bei einigen interessanten Dokumenten haben wir den Eindruck, dass diese unsystematisch verteilt und damit gut versteckt wurden in den Aktenordnern und Schriftbündeln.
Versuchen wir also, die Jahre 1939-45 anhand dieser Fundstücke zu rekonstruieren.
Am 15.07.1939 wird Jobst, wie bereits berichtet, eingestellt in der damaligen Abteilung II des Geheimen Staatspolizeiamtes bei Heinrich Müller („Gestapo-Müller"), der verantwortlich ist für „innerpolitische Angelegenheiten." Geleitet wird dies Amt, das wenig später im RSHA aufgeht, von Reinhard Heydrich. Sein Stellvertreter ist Werner Best. Dieser ist einer der geistigen Väter und Gestalter der Gestapo, er sieht in dieser Organisation „das Auge der Regierung". Der Auftrag der Gestapo lautet entsprechend § 1 des preußischen Gestapo-Gesetzes vom 10.02.36: „Alle staatsgefährlichen Bestrebungen sind zu erforschen und zu bekämpfen, die Ergebnisse sind zu sammeln und auszuwerten,

die Staatsregierung ist darüber zu unterrichten." Was als „staatsgefährlich" angesehen wird, ist im Organigramm der Abteilung II des RSHA vom September 1939 zu lesen. Dies sind nach dem Geschäftsverteilungsplan vom 01.07.39 die Kommunisten (Referat A), die Juden (Referat B) und die Opposition (Referat C). Das Referat D befasst sich mit Schutzhaftangelegenheiten und den Konzentrationslagern, das Referat G ist für Überwachung und Attentate zuständig, das Referat H für Parteiangelegenheiten. Das Referat J ist die Ausländerpolizei und das Referat S ist auf Homosexuelle und Abtreibungen angesetzt.[199] Dies sind die Aufgaben, die das Amt von Heinrich Müller so berüchtigt gemacht haben.

Kurt Lischka hat Jobst im Rahmen der Anwaltszulassung bescheinigt, dass er zeitweilig sein Vorgesetzter im RSHA war und dass Jobst während der einjährigen Probedienstzeit der allgemeinen Übung entsprechend auf verschiedenen Verwaltungsgebieten informatorisch beschäftigt war, insbesondere für Staatsangehörigkeits- und Passangelegenheiten für Deutsche im Ausland. Auch Nosske bestätigt in diesem Verfahren, dass Jobst zunächst mit Ausländerpolizeifragen befasst war. Demnach arbeitet Jobst im Jahre 1939 bei Lischka im Referat II B (Konfessionen, Juden), das dieser zusammen mit Bernhard Baatz leitet. In Lischkas Zuständigkeit fällt im Jahr 1939 auch die Zuständigkeit für die „Reichszentrale für jüdische Auswanderung". Die Anschrift von Baatz findet sich in den Nachkriegstagebüchern von Jobst wieder. Baatz, Leiter des Einsatzkommandos 1 und KdS in Lettland, wurde später Direktor bei Mannesmann. Heinz Höner erwähnt in seinem bereits zitierten Schreiben vom 11.04.1953 die Arbeit in der „Reichszentrale für jüdische Auswanderung": „Meines Wissens bist Du in Ausbürgerungssachen nur wenige Wochen tätig gewesen".[200]

Noch während der Probezeit wechselt Jobst in das Referat II O, das sogenannte Polenreferat, später IV D 2, das zunächst von Joachim Deumling und danach kurzfristig von Bernhard Baatz geleitet wird.

---

[199] Vgl. Nachweise bei Ulrich Herbert, Best, S. 580

[200] Heinz Höner, Schreiben an Jobst Thiemann v. 11.04.1953 – Privatarchiv

Anfang Juni 1940 fotografiert Jobst aus seinem Dienstgebäude, dem Prinz-Albrecht-Palais, heraus den triumphalen Einzug des „Führers“ in Berlin nach dem Sieg über Frankreich. Das Bild zeigt den Blick aus dem RSHA auf das Reichsluftfahrtministerium.

Abb. 17: *Blick aus Prinz-Albrecht-Palais in Berlin, 06.07.40*

Jobst hält sich im Sommer 1940 in seinem Betreuungsgebiet in Polen auf, in Warschau und auf dem Wawel, der Burg des Statthalters Hans Frank in Krakau. Er hat hier einige Fotos gemacht.

Abb. 18: *Jobst in Polen, oben rechts auf dem Wawel in Krakau*

Auf dem unteren Foto sehen wir seinen Dienstwagen und den Fahrer vor einem landwirtschaftlichen Gebäude mit etlichen Hühnern im Vordergrund. Vermutlich hier hat Jobst ein Huhn erstanden und es nach Bielefeld geschickt, denn Tante Martha und Onkel Paul bedanken sich in einem Brief für das „polnische Huhn, das ganz köstlich und schmackhaft war."
Joachim Deumling verlässt das RSHA im Februar 1940 und übernimmt die Leitung der Stapo-Stelle Oppeln, er kehrt im Juli 1941 wieder in das RSHA zurück in seine alte Funktion.[201] Es ist anzunehmen, dass Jobst am 01.02.1940 von Deumling die Leitung des Polenreferates übernommen hat. Möglicherweise hat dieser Jobst als seinen Nachfolger vorgeschlagen hat, denn Jobst nennt ihn in seinem Brief vom 23.11.1952 auch seinen „Taufpaten" im RSHA. Deumling verhilft ihm demnach wesentlich zu seiner Beförderung als Referatsleiter im RSHA. Später kann Jobst sich als dankbar erweisen, indem er den „lieben Doktor", wie er ihn in den Briefen anredet, durch sein Empfehlungsschreiben zu der Stellung als Justiziar bei den Asta-Werken in Bielefeld verhilft.
Nachweislich erscheint Jobst im Organigramm des RSHA – Stand März 1941 – als Leiter des Referates IV D 2: „Gouvernementsangelegenheiten, Polen im Reich".[202] Der direkte Vorgesetzte von Jobst im Polenreferat ist Erwin Weinmann, der nächsthöhere Vorgesetzte ist Heinrich Müller, der Leiter des Amtes IV, der bereits erwähnte „Gestapo-Müller". Weinmann, zuletzt SS-Oberführer (Oberst), übernimmt im Januar 1942 die Leitung des Sonderkommandos 4a von Paul Blobel (Massaker von Babi Jar). Im Sommer 1943 wird er Befehlshaber der Sicherheitspolizei und des SD in Prag (und damit Chef von Ernst Gerke). Als er sich von dort absetzen will, gerät er während des Aufstandes der Tschechen am 09.05.1945 in ein Straßengefecht, wird verwundet und erschießt sich auf der Straße liegend mit seiner Pistole, berichten Zeugen. Mancher

[201] Vgl. Michael Wildt, Generation den Unbedingten, S. 934
[202] Vgl. Rürup, Topographie des Terrors, S. 78

vermutete dennoch, Weinmann habe überlebt und sei in Ägypten untergetaucht.[203]

Der langjährige Leiter des Amtes IV des RSHA, SS-Gruppenführer (Generalleutnant) Heinrich Müller, ist der einzige höhere Führer des RSHA, dessen Verbleib nach Kriegsende noch nicht abschließend geklärt ist. Um ihn ranken sich nach wie vor Legenden, u.a. dass er nach dem Krieg als Kommunismus-Experte in den Geheimdienst der Amerikaner aufgenommen worden sein soll. Diese schalteten bei Kriegsende sofort um auf einen strengen Anti-Sowjet-Kurs, jeder vermeintliche Russlandkenner war herzlich willkommen. In der Tat hat Müller im Laufe seiner Karriere sowohl bei der Bayerischen Politischen Polizei als auch im RSHA schwerpunktmäßig gegen kommunistische Organisationen gearbeitet.

Wir können also davon ausgehen, dass Jobst während seiner Dienstzeit im RSHA engste Kontakte zu seinem nächsthöheren Vorgesetzten Heinrich Müller pflegte, was auch schon sein Schwiegervater vermutete.

Bevor Jobst die Leitung des „Polenreferates" IV D 2 übernimmt, wird er konsequenterweise von „Gestapo-Müller" im Februar 1941 auf einen SS-Führerlehrgang geschickt, der in seiner Dienststelle, im Prinz-Albrecht-Palais, der Zentrale des RSHA, stattfindet.

Welche Aufgaben hat Jobst als Leiter des Referates IV D 2? Die Besatzungspolitik der Einsatzgruppen während des Krieges wird vom RSHA gesteuert. Vor Ort regieren die Höheren SS- und Polizeiführer, die direkt an Himmler berichten. Größere Aktionen in den besetzten Gebieten werden immer von der Zentrale gesteuert, regional über die Referatsgruppe IV D, später über die identische Gebietsabteilung IV B sowie über die übrigen Ämter des RSHA, wenn deren Sachgebiet betroffen ist.

---

[203] Jan Potthast, Das Jüdische Zentralmuseum der SS in Prag, Frankfurt 2002, S. 388 f.

Amtschef IV Berlin, den 20.Februar 1941

An den

Regierungs - Assessor Jobst T h i e m a n n

Referat IV D 2

im H a u s e .

Ich habe Sie zur Teilnahme an einem SS-Führer - lehrgang vorgeschlagen. Sie haben zur Vorbereitung zu diesem Lehrgang an der 2.Schulungsgemeinschaft teil - zunehmen und sich erstmalig am 21.Februar 1941 , 16.30 Uhr im Konferenzsaal des Reichssicherheits - hauptamtes (Prinz Albrecht Palais) einzufinden.

gez. M ü l l e r

SS-Brigadeführer

Geheime Staatspolizei

Geheimes Staatspolizeiamt

68

Für die Richtigkeit:

SS-Untersturmführer u. Adjutant

Abb. 19: *Einladung zum SS-Führerlehrgang*

Da Jobst für die „Gouvernementsangelegenheiten" zuständig ist, muss er auch Kontakte zu Hans Frank gehabt haben, dem Leiter des „Generalgouvernements". Wir können sicher sein, dass alles, was im „Gereralgouvernement" (spöttisch genannt: Franks Reich) in Sicherheitsfragen von grundsätzlicher Bedeutung ist, über den Tisch von Jobst läuft. Die Arbeit ist in Bezug auf den „König von Polen" nicht immer leicht, weil dieser ein gestörtes Verhältnis zu dem für das Generalgouvernement zuständigen Höheren SS- und Polizeiführer SS-Obergruppenführer (General) Krüger hatte. Frank wandte sich in Konfliktfällen immer wieder direkt an Hitler, den er in den Zeiten des Aufstiegs als Rechtsvertreter begleitet hatte.

> „Die Leiter der Stapo-Stellen im besetzten Polen erhielten ihre Weisungen in allen wichtigen Angelegenheiten unmittelbar vom RSHA oder dem Geheimen Staatspolizeiamt in Berlin, und es war ausdrücklich festgelegt, dass sie zwar den Anordnungen des Reichsstatthalters zu entsprechen hatten, doch nur, sofern nicht Weisungen des Geheimen Staatspolizeiamtes oder höherer Stellen entgegenstehen."[204]

Zu den „Polenangelegenheiten" zählen später auch die Vernichtungslager Belcez, Majdanek, Sobibor und Treblinka.

---

[204] Martin Broszat, Nationalsozialistische Polenpolitik 1939-45, S. 59

Vermutlich im März 1941 hält sich Jobst wieder in „Franks Reich“ auf. Wir finden die Bilder mit dem Schäferhund und der Kutsche mit dem Kommentar auf der Rückseite: „Jobst in Polen 1941“.

Abb. 20: *Jobst in Polen 1941*

Seine Person ist allerdings nicht so wichtig für Hans Frank, dass er in dessen Diensttagebuch Eingang gefunden hätte, dies bleibt seinem Freund Walter Huppenkothen als Kommandeur der Sicherheitskräfte von Lublin vorbehalten. Aus dieser Zeit stammt der enge Kontakt zu Huppenkothen, mit dem Jobst als zuständiger Referent des RSHA für das „Generalgouvernement“ direkt zusammenarbeiten musste. Rückblickend haben Jobst die polnischen Angelegenheiten jedenfalls „bedrückt“, was wir dem Brief von Heinz Höner (11.04.1953) entnehmen können.
Im Fotoalbum von Jobst sehen wir, dass er im Mai 1941 Urlaub macht am Tegernsee in Oberbayern mit einer jungen Dame, die wir nicht identifizieren können.
Vom 09.-29.09.1941 weilt Jobst für zwei Wochen in Paris. Er hat sich laut Marschbefehl seines Vorgesetzten Dr. Weinmann beim Befehlshaber der Sicherheitspolizei und des SD (BdS) für Frankreich und Belgien, Avenue Foche 72, zu melden, um dort dienstliche Besprechungen zu führen. Zu diesem Zeitpunkt ist das Dr. Max Thomas. Vermutlich wird Jobst zu einer Art Vorstellungsgespräch zu Thomas geschickt, um seine künftige Verwendung bei der Einsatzgruppe C in Russland zu besprechen. Wenig später nämlich, ab Oktober 1941, fungiert Thomas bereits als Leiter der Einsatzgruppe C in Kiew. Krausnick meint hierzu, Thomas sei von Paris nach Kiew strafversetzt worden, begründet dies aber nicht weiter.[205]
Hintergrund der Ablösung von Thomas in Paris sind vermutlich Spannungen zwischen der SS und der Wehrmachtsverwaltung aufgrund der Aktivitäten der SS, die in dem Versuch gipfeln, am 02.10.1941 zwei Synagogen in Paris in die Luft zu sprengen. Otto von Stülpnagel, der Militärbefehlshaber in Frankreich, beschwert sich über die unerwünschten Aktivitäten der SS (Geiselerschießungen u.s.w.) bei Keitel. Heydrich lenkt bei dem Konflikt ein: Er habe den Brigadeführer Thomas bereits nach Russland versetzt.[206] Heydrich hat Thomas aus gutem Grund rechtzeitig aus der Schusslinie der Wehrmacht genommen. Beide kannten sich privat. Darüber hinaus war Frau Thomas mit Frau

---

[205] Vgl. Krausnick/Wilhelm, Die Truppe des Weltanschauungskrieges, S. 629
[206] Vgl. Gerald Reitlinger, Die Endlösung, S. 347-349

Himmler befreundet. Bei dem Chef des RSHA arbeitete die Stieftochter von Thomas als Sekretärin. Nach Aussage eines Zeugen gilt Heydrich als Vater des Kindes der Stieftochter von Thomas. Später sorgte Himmler dafür, dass sie standesgemäß einem SS-Hauptsturmführer verheiratet wurde.[207]

Interessant im Zusammenhang mit dem Frankreichaufenthalt von Jobst ist eine Anzeige nach dem Krieg wegen der Judendeportationen aus Frankreich. Dort wird der Name eines SS-Obersturmführers Thiemann erwähnt.[208] Die Anzeige richtet sich gegen mehr als 200 SS-Angehörige, die sich in Frankreich aufgehalten haben, einschließlich der höchsten Amtsinhaber wie Werner Best, Polizeiführer Oberg und Knochen sowie Kurt Lischka. Da die Deportationen aber erst 1942 einsetzen, kann Jobst bei seinem kurzen Aufenthalt 1941 keinesfalls daran beteiligt gewesen sein. Dafür dürfte eher ein weiterer Namensvetter, nämlich Johann Thiemann, in Frage kommen, der im August 1941 zum SK IV E in Lyon abgeordnet wurde.

Das Fotoalbum von Jobst zeigt Bilder der vielen Sehenswürdigkeiten von Paris, die darauf hindeuten, dass es sich hier um einen eher touristischen und für künftige Aufgaben motivierenden Aufenthalt handelt, wenn auch in Uniform und mit einen respektablen Dienst-Cabriolet. In Paris trifft er auch seinen ehemaligen Vorgesetzten aus dem RSHA Kurt Lischka wieder, der seit November 1940 die Gestapo-Zentrale in Paris zu einem wirksamen Unterdrückungsapparat aufbaut und die Deportationen der französischen Juden von langer Hand vorbereitet. Vor seiner Abreise aus Paris ordert Jobst als Mitbringsel noch 5 Flaschen Armagnac von einer Spirituosenfirma, die Flasche zu 77,- Franc, laut Lieferschein vom 13.09.1941, den wir in der Umzugskiste finden.

---

[207] Vgl. Hans-Heinrich Wilhelm, Rassenpolitik und Kriegsführung, S. 236 f. ; BArch B 162/1553, Bl. 3

[208] BArch B 162/4396, Bl. 8, 13, 82

Nachdem Jobst die Stufe der Referatsleitung IV D 2, des „Polenreferates“, im RSHA erklommen hat, erfolgt nach der SS-Personalpolitik konsequenterweise der Osteinsatz, die Bewährung im Rahmen der „Kämpfenden Verwaltung“.[209] Nach den Personalunterlagen dauert der Osteinsatz vom 04.11.1941 bis 07.09.1942. Zu Beginn absolviert Jobst noch einen Lehrgang an der SD-Schule in Fulda, wo er speziell auf den Osteinsatz vorbereitet wird. In der Umzugskiste finden wir eine Bescheinigung, dass er dort bis zum 18.11.1941 verpflegt wurde. Jobst wird zum Chef der Einsatzgruppe C, zu Dr. Thomas, nach Kiew in die Ukraine beordert. Dort ist er zunächst im Stab der Einsatzgruppe tätig. Das Dokument der folgenden Kommandierung finden wir in der Umzugskiste. Es ist der Marschbefehl vom 03.12.1941 zum Sonderkommando 4b nach Kramatorskaja, hinter der Front der 17. Armee im Donezbecken.

Das SK 4b ist eines der kleinsten Kommandos an der Ostfront mit etwa 80 Mann sowie 12 Kraftfahrern. Das Kommando setzt sich zusammen aus 20 Beamten der Gestapo, darunter einige ehemalige Mitarbeiter der Stapo-Leitstelle Bielefeld, die mit deren Leiter Günther Herrmann von dort zum SK 4b gekommen waren, 4 Kripo-Beamte aus Berlin sowie etwa 60 Reservisten der Waffen-SS.

In den verschiedenen Dokumenten werden die Begriffe Einsatzkommando und Sonderkommando oft gleichzeitig für dieselbe Einheit verwendet. Nach dem Konzept des RSHA sollen die Sonderkommandos frontnah hinter den vorrückenden Armeen und die Einsatzkommandos im rückwärtigen Heeresgebiet eingesetzt werden. Das Kommando 4b war offiziell ein Sonderkommando, der Marschbefehl nennt es aber Einsatzkommando. Offensichtlich wurde das EK 4b später in SK 4b umbenannt, denn es war in der Tat direkt hinter der Front eingesetzt.

[209] Vgl. Wildt, Generation des Unbedingten, S. 203 ff.

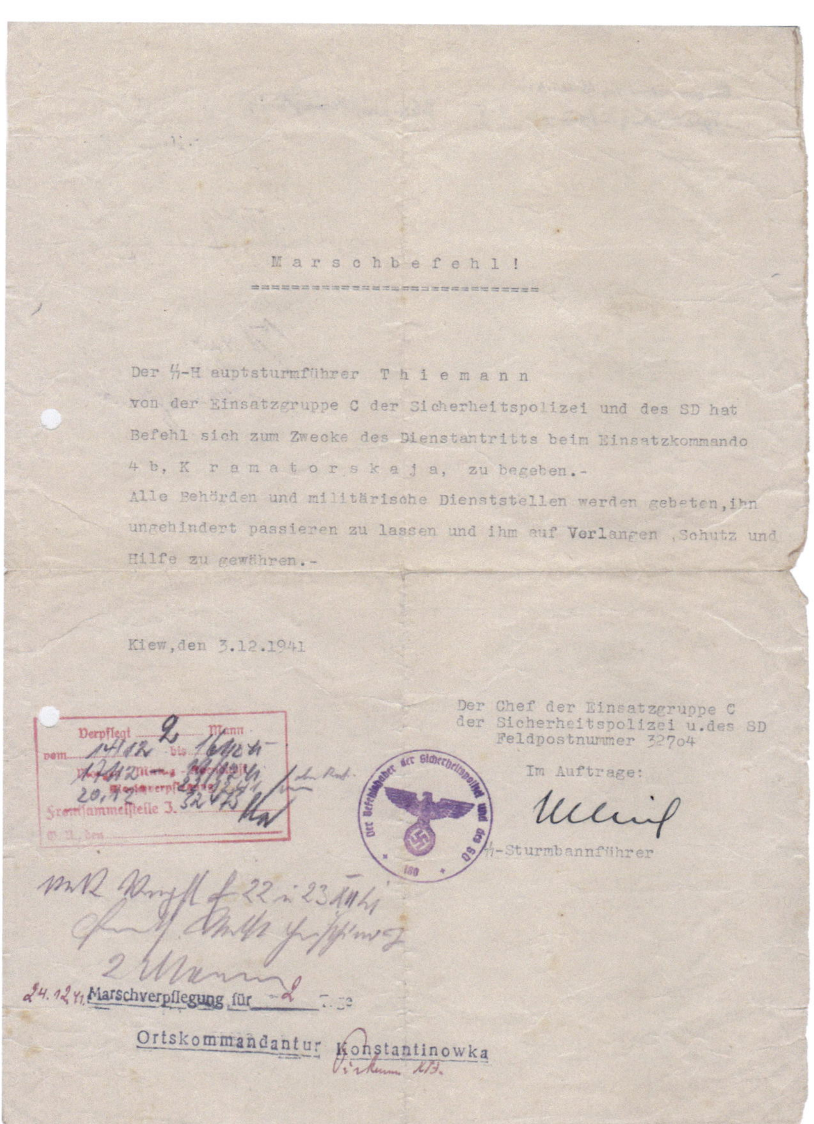
Marschbefehl!

Der SS-Hauptsturmführer Thiemann
von der Einsatzgruppe C der Sicherheitspolizei und des SD hat Befehl sich zum Zwecke des Dienstantritts beim Einsatzkommando 4 b, Kramatorskaja, zu begeben.-
Alle Behörden und militärische Dienststellen werden gebeten, ihn ungehindert passieren zu lassen und ihm auf Verlangen Schutz und Hilfe zu gewähren.-

Kiew, den 3.12.1941

Der Chef der Einsatzgruppe C
der Sicherheitspolizei u.des SD
Feldpostnummer 32704

Im Auftrage:

SS-Sturmbannführer

Marschverpflegung für 2 Tage

Ortskommandantur Konstantinowka

Abb. 21: *Marschbefehl nach Kramatorskaja*

Die Aufgaben der Einsatzgruppen A bis D in der Sowjetunion hat Heydrich in seinem Erlass vom 02.07.1941 klar umrissen. In der Vorbemerkung wird als Nahziel die „sicherheitspolitische Befriedung“ der neu zu besetzenden Gebiete genannt, das Endziel ist die „wirtschaftliche Befriedung.“ Die notwendigen Maßnahmen seien mit rücksichtsloser Schärfe durchzuführen. Wie bei den vorangegangenen Aktionen der Einsatzgruppen in den bisher besetzten Ländern gibt es auch hier eine spezielle Fahndungsliste, nämlich die „Sonderfahndungsliste Ost“. Dazu heißt es in Ziff. 3 des vorgenannten Erlasses:

> „Da es naturgemäß nicht möglich war, alle gefährlichen Personen in der Sowjetunion zu erfassen, sind über diese Fahndungsliste hinaus alle diejenigen Fahndungs- und Exekutionsmaßnahmen zu treffen, die zur politischen Befriedung der besetzten Gebiete erforderlich sind.“

Ziff. 4 konkretisiert:

> „Zu exekutieren sind alle Funktionäre der Komintern, … die Funktionäre der Partei, die Volkskommissare, Juden in Partei- und Staatsstellungen und sonstige radikale Elemente ...“

Heydrich ergänzt in seinem Einsatzbefehl Nr. 8 vom 17.07.41, „dass alle Funktionäre und leitenden Persönlichkeiten ausfindig zu machen sind, aber auch alle sowjetischen Intelligenzler und Juden“[210], also alle Juden ohne weitere Einschränkungen.
Hitler hat zum Partisanenkrieg nach einer Notiz von Bormann am 16.07.1941 erklärt, dass „der russische Befehl zu Partisanenaktionen hinter der Front die Möglichkeit gibt, alles auszurotten, was sich gegen uns stellt.“

---

[210] Nachweise bei Klein, Die Einsatzgruppen in der besetzten Sowjetunion 1941/42, S. 318 ff.

Noch deutlicher wird Himmler in einem Funkspruch an die in Russland operierende SS-Kavallerie-Brigade vom 01.08.1941:

> „Ausdrücklicher Befehl des Reichsführers SS. Sämtliche Juden müssen erschossen werden, Judenweiber sind in die Sümpfe zu treiben."

Diese Aufgabenstellung spiegelt sich in der Ereignismeldung der Einsatzgruppe C vom 11.09.1941 wider:

> „Die exekutive Arbeit der Gruppe C umfasst z. Zt. neben der Aufrollung des Parteiapparates und der Säuberung des Landes von Juden als übelstem Zersetzungsfaktor vor allem auch die Bekämpfung des Partisanenunwesens."

Hiermit erklärt die Einsatzgruppe C deutlich, dass die Vernichtung aller Juden zu ihrem Aufgabenspektrum gehört.
Dies ist die aktuelle Lage, als Jobst bei der Einsatzgruppe C eintrifft. Den Weg nach Kramatorskaja tritt er zusammen mit einem weiteren Bielefelder an, dem SS-Sturmführer Marcel Zschunke. Sie treffen Weihnachten 1941 beim SK 4b ein. Leiter des SK 4b ist der SS-Sturmbannführer Fritz Braune. Dieser wird Ende März 1942 von SS-Sturmbannführer Dr. Walter Haensch abgelöst.
Das SK 4b ist im Juni 1941 von Lemberg weiter in die Ukraine vorgerückt über Winniza (dort ließ Hitler sich ein Hauptquartier einrichten), Uman, Kirowgrad und Krementschug nach Poltawa. Dort tötet das SK 4b etwa 600 Insassen einer „Irrenanstalt". Das SK 4b marschiert von dort weiter nach Kramatorskaja im Donezbecken und macht dort Quartier.
Die Front verläuft im Dezember 1941 östlich von Slawjansk vom Fluss Donez nach Süden weitgehend dem Fluss Mijus entlang bis zum Asowschen Meer. Hier im Donezbecken, einem dicht besiedelten Industriegebiet mit vielen Stahlwerken, steht die 17. Armee unter Generaloberst Hoth und die 1. Panzerarmee mit 270.000 Mann und 65.000 Pferden. An diesem Teil der

Front tritt die Rote Armee immer wieder zu Gegenangriffen an, zuletzt im Dezember 1941 in der Gegend von Artemowsk. Besonders nah an der Front liegt Slawjansk. Dort ist ein Außenkommando des SK 4b stationiert. Von Dezember 1941 bis März 1942 zieht die 257. Infanteriedivision alle verfügbaren Arbeitskräfte der Zivilbevölkerung heran, um die Stellungen auszubauen und den sogenannten Slawjansk-Riegel zu errichten.
Aus den gefundenen Fotos ergibt sich chronologisch der folgende Bilderbogen:
Jobst ist mitten im strengen russischen Winter hinter der Front unterwegs. Die Fahrzeuge haben mit den Witterungsverhältnissen schwer zu kämpfen, sie müssen freigeschaufelt werden.

Abb. 22: *Wehrmachtsfahrzeuge vor Slawjansk, 02.02.1942*

Auch daheim hat man von dem strengen Winter in Russland gehört und macht sich Sorgen um die Winterkleidung der Soldaten. In Deutschland wird in einer großen Propagandaaktion Winterkleidung für die Ostfront gesammelt. Es gibt aber auch Direkthilfe. Jobst erhält von seiner Mutter ein Päckchen, darin befindet sich ein Pelzkragen mit einer genauen Beschreibung, wie dieser zu tragen ist. Das vierte Bild der Abbildungsserie 22 zeigt Jobst mit diesem Pelzkragen und dicken Filzstiefeln. Aber sind die Einsatzkommandos der SS wirklich auf familiäre Unterstützung aus der Heimat angewiesen? Ist es nicht eher umgekehrt? Seine Mutter bedankt sich für die Butter, die Jobst ihnen nach Hause geschickt hat (im Mai erhalten sie auch noch Kaffeebohnen von ihm). Dieser Versorgungsweg ist schon merkwürdig: Butter wird von der Ostfront in die Heimat geschickt (bei den eisigen Temperaturen ist das möglich), obwohl die Frontsoldaten nur mangelhaft mit Verpflegung versorgt sind. Die Strategen des Russlandfeldzuges haben ja eingeplant, dass die Wehrmacht sich auf dem Vormarsch von den Früchten im Feindesland selbst versorgt und der „Blitzkrieg“ vor dem Wintereinbruch beendet sein soll. Die Einsatzgruppen jedenfalls plündern das Land regelrecht aus, da bleibt auch noch etwas übrig für die eigene Tasche und die Familie daheim.
Das Hauptquartier des SK 4b befindet sich direkt hinter der Hauptkampflinie in Gorlowka. Die Straßen müssen für die Fahrzeuge immer wieder freigeschaufelt werden, es türmen sich hohe Schneewände am Straßenrand auf. Aber der Schneesturm weht diese immer wieder zu. Daher suchen sich die Fahrzeuge einen neuen Weg über die verschneiten Felder neben der Straße. Ein weiteres Foto zeigt, wie „Hilfswillige“ auf Schlitten Munition von Gorlowka an die Front transportieren. Da fehlt es logistisch an allen Ecken und Enden, dieser Munitionstransport wirkt sehr improvisiert.

Abb. 23: *Schneeverwehungen bei Kramatorskaja (oben), Munitionstransport an die Front, Gorlowka, Februar 1942*

Aber das Hauptquartier des SK 4b ist gut geheizt. „Der Gedanke, dass ihr Zentralheizung habt in eurem Quartier, ist ja geradezu beglückend“, schreibt seine Mutter im Januar 1942.
Am 21.03.42 findet der Wechsel in der Führung des SK 4b statt. Fritz Braune wird abgelöst durch Walter Haensch. Vermutlich aus dieser Zeit stammen die folgenden unkommentierten Fotos.

Abb. 24: *Die neue Führung des SK 4b*

Auf den ersten 4 Fotos ist jeweils Haensch zu sehen zusammen mit einem SS-Gruppenführer, es muss Dr. Max Thomas sein, der Leiter der Einsatzgruppe C. Das 5. Bild zeigt Fritz Braune mit Wodkaflasche und den SS-Gruppenführer mit Glas in der Hand. Es handelt sich hier um einen Besuch von Thomas, der aus Anlass des Führungswechsels beim SK 4b seine Mitarbeiter an vorderster Front besucht.

Seit Januar 1942 leitet Jobst als ranghöchster Offizier mehrfach das SK 4b in den Zeiten der Abwesenheiten der Kommandoführer Haensch und Braune. Mitfühlend fragt die Mutter Jobst in ihrem Brief vom 07.02.1942:

> „Bist Du gut fertig geworden mit Deiner Vertretung? Du hast als allein Verantwortlicher viel Arbeit gehabt.“[211]

Und am 13.02.1942 möchte sie wissen:

> „Ist denn Dein Chef wieder zurück und hat er Dir die Last der Verantwortung wieder abgenommen?“[212]

Weitere Fotos zeigen Dorfansichten in der Nähe von Artemowsk, der Text auf der Rückseite des Fotos lautet: „Typische russische Kate bei Artemowsk (Donbass) Juni 1942.“ Dort befindet sich ein Teilkommando des SK 4b.

Abb. 25: *Typische russische Kate bei Artemowsk*

---

[211] Hanna Thiemann, Brief an Jobst Thiemann vom 07.02.1942 – Privatarchiv
[212] Hanna Thiemann, Brief an Jobst Thiemann vom 13.02.1942 – Privatarchiv

Abb. 26: *Ein russisches Dorf bei Artemowsk*

Die Post aus der Heimat beschäftigt sich auch mit dem Tode Heydrichs. Der Manager des Holocaust ist Anfang Juni 1942 in Prag einem Attentat zum Opfer gefallen. Mitfühlend schreibt Schwester Marlies am 20.06.1942:

> „Wir können uns vorstellen, was für ein Schlag der Tod Eures netten Chefs für Euch war. Er muss ja ein fabelhafter Mensch gewesen sein. Aber gewiss findet sich aus Euren Reihen bald ein würdiger Nachfolger.“[213]

Heydrich war ein so „fabelhafter Mensch“, dass die Marine den Oberleutnant zur See 1931 unehrenhaft entlassen hat. Seine Verlobung mit der Tochter eines Marinebaurates löste er, indem er per Zeitungsinserat seine neue Verlobung bekannt gab. Eventuell hätte der Ehrenrat der Marine auch ein milderes Urteil gesprochen, aber das Auftreten von Heydrich vor dem Ehrenrat war derart arrogant, dass er kein milderes Urteil erwarten konnte.[214]

---

[213] Marlies Thiemann, Brief an Jobst Thiemann vom 20.06.1942 – Privatarchiv
[214] Vgl. Robert Gerwarth, Reinhard Heydrich, S.64

Mitte Juni 1942 hat Haensch das SK 4b bereits wieder verlassen. Sein Nachfolger, August Meier, übernimmt das Kommando erst Ende Juli 1942. Jobst ist wieder einmal Interims-Leiter des SK 4b. Ein brisantes Dokument aus der Umzugskiste fällt in diesen Zeitraum. Es ist der „Tätigkeitsbericht des SS-Obersturmführers Juhnke, z.Zt. Nikolaewskaja, an den SS-Hauptsturmführer Thiemann vom 04.07.1942. Juhnke berichtet von 33 Inhaftierten. Die Meldung lautet:

Zugang: -
In Freiheit -
Kdo. 4b übergeben: 1 ???
Vernommen: 14
Noch zu vernehmen: 19
Jetziger Stand: 33

Brandbekämpfung,
Vorstellung zum
Beamten-Dolmetscher.
Volkst. Werbung,
Vormarsch,
franz. MG-Trupp.

Kein böser Wille, Gleichgültigkeit, wird nichts passieren.

Notizbuch in ukrain.
Sprache. Volkstumsgruppenliste
von Artemowsk.

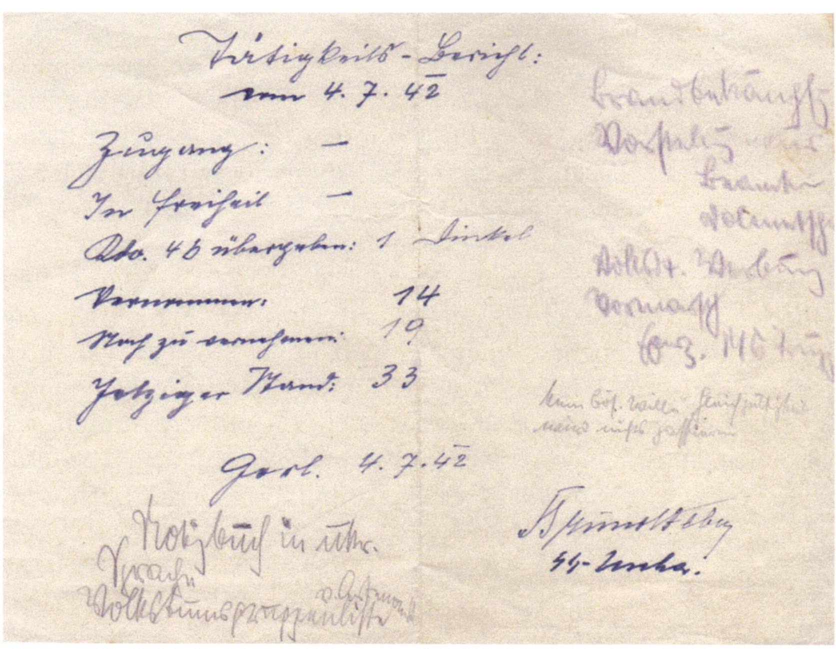

Abb. 27: *Tätigkeitsbericht vom 04.07.1942*

Die Volkstumsgruppenliste von Artemowsk enthält mit Sicherheit die Namen der Juden der Stadt. Diese Meldung vom Leiter des Teilkommandos Artemowsk aus Nikolaewskaja ist gerichtet an den Leiter des SK 4b, und das ist Jobst, der Stellvertreter von Haensch. Die Ermittlungen der Staatsanwaltschaft bestätigen dies: „Haensch übergab das Kommando Mitte 1942 seinem Vertreter, dem Beschuldigten Thiemann.“[215]

Ein weiteres Foto vom Juli 1942 zeigt Jobst mit seinem Pkw auf einer Landstraße. Während einer Rast nimmt er ein Getränk zu sich. „Stärkung nach langer Fahrt“ steht auf der Rückseite des Fotos.

Abb. 28: *Stärkung nach langer Fahrt*

Die Sommeroffensive der Wehrmacht ist jetzt in vollem Gang. Die Heeresgruppe Süd rückt weiter vor nach Südosten, die 17. Armee ist im Vormarsch in Richtung Kaukasus. Die 6. Armee bewegt sich nach Osten auf Stalingrad zu.

---

[215] IfZ, Gd 05.31/1, Ermittlungsergebnisse der Staatsanwaltschaft Dortmund, 45 Js 24/62, Bl. 9

Abb. 29: *Russische Dorfstraße*

Die folgenden Bilder vom August 1942 zeigen einen „Panzer im Staub der Rollbahn“, die Rollbahn, also die Vormarschstraße der Wehrmacht, und eine lange Kolonne gefangener russischer Soldaten.

Abb. 30: *Im Staub der Rollbahn*

Abb. 31: *Straße in Russland*

Abb. 32: *Russische Kriegsgefangene*

Abb. 33: *Quartier am Don*

Die Beschriftung der Fotos lautet: „Im Quartier am Don, Katja wäscht unsere Strümpfe, Aug. 42“ u. „Sowjetische Dorfstraße“.

Abb. 34: *Sowjetische Dorfstraße*

Um ausreichende Versorgung und Verpflegung kümmern sich die Kommandos selbst. Jobst schreibt nach Hause, dass sie auch eine Kuh im Quartier haben.
Im Zuge des weiteren Vormarsches der deutschen Truppen Sommer 1942 rückt das SK 4b von Gorlowka über Stalino nach Rostow am Don (ca. 200 km) vor. Die Stadt wird von NKWD-Truppen (sowjetischer Geheimdienst) heftig verteidigt und nach erbitterten Kämpfen eingenommen. Das SK 4b überquert den Don und folgt der 17. Armee in Richtung Kaukasus. Aber die Verbindung zum AOK 17 reißt ab. Mitten in der Kalmückensteppe erreicht das SK 4b die Nachricht, dass es der 6. Armee zugeteilt worden ist und der kämpfenden Truppe folgend nach Stalingrad einrücken soll. Das Kommando ändert die Marschrichtung nach Nordost und durchquert die Kalmückensteppe 400 km bis kurz vor Stalingrad, dort erreicht es das rückwärtige Gebiet der Front der 6. Armee. In dem Dorf Kotelnikowo, auf halbem Wege zwischen Rostow und Stalingrad, bezieht die Leitung des SK 4b ihr neues Quartier. Der größere Teil des Kommandos kampiert bereits in einer der Erosionsschluchten (Balkas) am westlichen Wolgaufer, um die Einnahme Stalingrads abzuwarten und dann in die Stadt einzurücken.
Den Weg des SK 4b nach Stalingrad zeigen die nächsten Fotos: „HStuf Emde und ich". Hauptsturmführer Emde ist Leiter des Teilkommandos Artemowsk des SK 4b. Er ist ein enger Vertrauter von Thomas. Emde sagt später aus, dass er in Rostow und der weiteren Umgebung russische Beutewaffen sammeln sollte, um damit zu Tarnungszwecken Kommandos zur Partisanenbekämpfung auszurüsten. An Jobst kann er sich bei seiner Vernehmung natürlich nicht mehr erinnern.[216]
Nach Stalingrad, so die Straßenschilder auf dem oberen Foto, sind es noch 75 km, und nach Dresden 2.425 km.
Das untere Foto zeigt Jobst im Quartier in Kotelnikowo unweit von Stalingrad am 01.09.1942.

[216] Vgl. BArch B 162/1552, Bl.212 ff.

Abb. 35: *Bei Stalingrad*

Aus dem Briefwechsel der Familie mit Jobst an der Front hat diese den Eindruck gewonnen, dass er mit seiner Einheit Banden- und Partisanenkrieg hinter der Front führt (wir haben keine Briefe von ihm, sondern nur Briefe der Familie an Jobst gefunden). Schwager Alf schreibt dazu im Mai 1942:

> „Fackelt nicht lange mit den Brüdern, es geht kostbares Blut hinter der Front verloren.“[217]

Mitte September 1942 ist die „Frontbewährung“ von Jobst beendet. Für seinen Einsatz erhält er zusätzlich die sogenannte Ostmedaille, bei den Soldaten heißt diese Auszeichnung wenig respektierlich „Gefrierfleischorden“. Für die weitere Karriere im RSHA ist der mit dem Orden belohnte Fronteinsatz (genauer gesagt: hinter der Front-Einsatz) ein unverzichtbarer Baustein.
Jobst kehrt in das RSHA zurück in das Referat IV D 5, das „Partisanenreferat“, das von Nosske geleitet wird. Dieser sagt am 06.07.1962 vor den Ermittlungsbeamten aus:

> „Mitte April 1942 wurde mir die Leitung des Referates IV D 5 (Partisanenbewegung in den besetzten Gebieten) übertragen, welches kurze Zeit vorher gebildet worden war. Als Mitarbeiter fand ich dort vor den Polizeirat Fumy und den SS-Hauptsturmführer Dr. Knobloch. Diese beiden Sachbearbeiter kamen aus dem Referat IV A 1. Das Referat IV D 5 hatte die Aufgabe, die Einzelberichte der Einsatzgruppen bzw. Befehlshaber der Sicherheitspolizei in den besetzten Ostgebieten über Partisanentätigkeiten auszuwerten. Daneben war es meine Aufgabe, über die Partisanentätigkeit einen Wochenbericht zusammenzustellen, der in der wöchentlichen Redaktionssitzung des sog. Kommandostabes als Teilbericht zu den ‚Meldungen aus den besetzten Ostgebieten’ herausgegeben wurde.“[218]

---

[217] Alf H., Brief an Jobst Thiemann im Mai 1942 – Privatarchiv
[218] BArch B 162/3771, S. 535

Nosske war gleichzeitig Leiter dieses Kommandostabes, der nach den Vorstellungen von Heydrich eine Art Generalstab für die Tätigkeit der Einsatzgruppen und der Befehlshaber der Sicherheitspolizei sein sollte. Nach Aussage von Ohlendorf in Nürnberg (24.02.47) bestand dieser Kommandostab im Kern aus Gruppenführer Müller, Chef Amt IV, und Obersturmbannführer Nosske, Gruppenleiter im Amt IV, denen je nach Bedarf Sachbearbeiter aus den übrigen Ämtern des RSHA zur Verfügung standen. Nosske erklärt am 06.07.1962 weiter:

> „Von April 1942 bis zur Jahreswende 1942/43 war ich Leiter des sog. Kommandostabes. Mein Nachfolger wurde der Regierungsrat und SS-Hauptsturmführer Jobst Thiemann, der bereits einige Monate zuvor zum Referat IV D 5 gekommen war und als mein Vertreter fungierte. Thiemann wurde auch mein Nachfolger als Leiter des Referates IV D 5."[219]

Dann identifiziert er die auf den ihm vorgelegten Lichtbildern abgebildete Person als Jobst Thiemann. Demnach hat Jobst zum 01.01.1943 die Leitung des Referates IV D 5 sowie des Kommandostabes übernommen. In der letztgenannten Funktion hat er die Geschäftsführung inne und arbeitet direkt mit Heinrich Müller zusammen.

Zu den Tätigkeiten des Kommandostabes sagt Dr. Günther Knobloch vor der Zentralstelle in Ludwigsburg bereits am 30.01.59 aus:

> „Ab Ende 1941 habe ich im RSHA die täglichen Ereignismeldungen aus den besetzten Ostgebieten zusammengestellt. Diese Meldungen gingen an die interessierten Ministerien, Wehrmachtsdienststellen und die Abwehr. Es musste berichtet werden über die militärische Lage, die Partisanenbewegungen, Kirche, Landwirtschaft, Volkstum und Brauchtum usw. Man legte damals Wert

[219] BArch B 162/3771 S. 536

> darauf, dass die Meldungen recht umfangreich wurden, anscheinend sollte dadurch die umfassende Tätigkeit der Sicherheitspolizei dokumentiert werden. SS-Gruppenführer Müller, dem die Matrizen täglich vorgelegt werden mussten, hat sehr oft handschriftliche Änderungen auch sachlicher Natur vorgenommen. Ich halte es aber für ausgeschlossen, dass er an Standorten, Zahlen, Daten und Bezeichnungen der Einsatzgruppen oder -kommandos etwas geändert hat."[220]

Auch der Kriminalrat Rudolf Fumy bestätigt am 12.01.1948 im Rahmen der Vernehmung zu dem Nürnberger Einsatzgruppenprozess, dass Amtschef Müller durch die Überarbeitungen den Berichten seine persönliche Note geben wollte. Zu der Stichhaltigkeit der Meldungen über Exekutionen erklärt er:

> „Gerade Exekutionen wurden von den Kommandos immer gemeldet, und solche Berichte wurden auch niemals gestrichen."[221]

Was Müller zusammenstellt, leitet Heydrich an Himmler weiter. Heydrich jedenfalls hat die Einsatzgruppenchefs ermahnt, die Berichte ausschließlich ihm zu schicken,[222] damit er die Koordination innerhalb des RSHA und die weitere Verteilung der endgültigen Berichte sicherstellen konnte.
Insgesamt diente die Weiterleitung dieser Berichte der Selbstdarstellung der Sicherheitspolizei bei den übrigen Potentaten des Reiches.
Dass Jobst nach der Rückkehr vom Osteinsatz die Leitung des Referates IV D 5 (Partisanenbewegung in den besetzten Gebieten) und des Kommandostabes übernimmt, ist ein Zeichen der Wertschätzung seitens der Verantwortlichen des RSHA. Ebenso gut hätte sein Mitarbeiter Knobloch diese Funktion bekleiden

---

[220] Vgl. Krausnick/Wilhelm, Die Truppe des Weltanschauungskrieges, S. 337
[221] Ebd. S. 339
[222] Vgl. Fernschreiben vom 29.06.41, abgedruckt bei Klein, Die Einsatzgruppen in der besetzten Sowjetunion, S. 319

können aufgrund seiner Qualifikation und seiner bisherigen Tätigkeit: Er war ebenfalls Jurist, sogar promoviert, und absolvierte bereits 1938 die Führerschule des SD. In Polen war er stellvertretender Leiter des Einsatzkommandos II/2 und arbeitete anschließend bei der Gestapo in Kattowitz. Demgegenüber kann Jobst wohl noch andere Qualitäten aufweisen.
Zur Funktion des Leiters des Kommandostabes hat Heydrich mit Schreiben vom 16.04.1942 u.a. folgendes verkündet:

> „Zum Geschäftsführer des Kommandostabes bestimme ich den SS-Sturmbannführer Oberregierungsrat Nosske [ab 01.01.43 Jobst]. Dieser ist für die Durchführung der regelmäßigen Besprechungen und die Herausgabe der ‚Meldungen aus den besetzten Ostgebieten' verantwortlich. Er hat ferner die Entwicklung der Lage in den besetzten Ostgebieten und die von anderen Dienststellen und Ministerien vorgesehenen Planungen laufend auf die Notwendigkeit einer Einschaltung von Sicherheitspolizei und SD zu beobachten. Die laufende Unterrichtung von Einsatzgruppen und -kommandos erfolgt ... durch das jeweils sachlich federführende Amt nach Beratung im Kommandostab. Das gleiche gilt für die Führung und Steuerung der sicherheitspolitischen und SD-mäßigen Arbeit der nachgeordneten Dienststellen in den besetzten Ostgebieten. Der Geschäftsführer ist mir dafür verantwortlich, dass in Fällen unklarer Zuständigkeit die Unterrichtung bzw. Führung und Steuerung nicht unterlassen wird"[223]

Daraus ist ersichtlich, dass der Leiter des Kommandostabes eine echte Steuerungsverantwortung für die besetzten Gebiete im Osten hat. Dieser Gestapo-interne Kommandostab des RSHA ist übrigens nicht zu verwechseln mit dem „Kommandostab des Reichsführers SS", der die Aufgabe hat, die Verbände der Waffen-SS an der Ostfront truppendienstlich zu führen. Diese

[223] Zitiert nach Klein, Die Einsatzgruppen, S. 409 f.

SS-Brigaden sind den Reichsführer SS unterstellt und werden der Wehrmacht offiziell nur „ausgeliehen."
Die „Meldungen aus den besetzten Ostgebieten" werden am 21.05.1943 letztmalig verschickt.[224] Seit Juni 1943 finden auch keine Besprechungen des Kommandostabes mehr statt.[225]
Hat Jobst jetzt wieder das „Polenreferat" übernommen? Im Telefonverzeichnis des RSHA, Stand Juni 1943, findet sich folgender Eintrag: „Thiemann, Jobst, RA [Regierungsassessor], IV D 2, La [Langestr. 5-6]". Es ist sehr wahrscheinlich, dass Jobst jetzt wieder mit „Gouvernementsangelegenheiten" beauftragt wird.
Anfang 1944 wird das Amt IV des RSHA neu organisiert. Es gliedert sich in Fachabteilungen (IV A) und Gebietsabteilungen (IV B). Leiter der Region „Ost/Südost" ist der bereits mehrfach genannte Kurt Lischka. Die Region ist untergliedert in

IV B 2 a Ostgebiete/Sowjetunion
IV B 2 b Generalgouvernement
IV B 2 c Protektorat/Slowakei

Das Referat IV B 2 a leitet der Jurist und SS-Sturmbannführer Hans-Helmuth Wolff laut Aussage von Kurt Lindow im Nürnberger Prozess. Mit Lindow hat Jobst nach dem Krieg korrespondiert und Wolff hat er später einmal zusammen mit Inge in Köln getroffen. Lischka hat Jobst bescheinigt, dass er im RSHA sein Vorgesetzter war. Das Referat „Ostgebiete/Sowjetunion" wird von zwei Personen verantwortet. Nach den Untersuchungen des Kammergerichtes Berlin wird das Referat IV B 2a mit Sitz in der Wrangelstr. 5/6 in Berlin gemeinsam geleitet von den „Regierungsräten Wolff/Thiemann".[226] Die Aufgaben sind so geteilt, dass einer für die Sowjetunion und der andere für die übrigen Länder im Osten zuständig ist. Damit wird Jobst, der kein einziges Wort Russisch spricht, zum Spezialisten für sowjetische Angelegenheiten.

---

[224] Vgl. Krausnick, Die Truppe des Weltanschauungskrieges, S. 649
[225] BArch BA B 162/5418, Bl. 30
[226] Vgl. BArch B 162/5698, Bl. A1a -46-

Auch das RSHA und seine Berliner Dienststellen bleiben nicht verschont von den Fliegerangriffen der Alliierten. Die Dienststelle von Jobst wird daher verlegt in die Mark Brandenburg und erhält den Tarnnamen „Dachs", wie Inge berichtet. Spätestens ab Oktober 1944 arbeitet Jobst dort außerhalb von Berlin.

Als nächstes finden wir heraus, dass Jobst im Sommer 1944 zum Verbindungsstab der SS zur Wlassow-Armee abkommandiert wird, dies ist jedenfalls der von Buchardt im Zulassungsverfahren zur Rechtsanwaltschaft bescheinigte Termin. Den gefundenen Briefen nach zu urteilen, wechselt Jobst aber erst zum Jahresende zum neuen Kommando, als sich die Aufgaben für die „besetzten Ostgebiete" durch die an die Reichsgrenzen heranrückenden Truppen der Sowjetarmee von selbst erledigt haben. Im Oktober 1944 hat die Sowjetarmee bereits Ostpreußen erreicht. Die offizielle Versetzung erfolgt im November 1944.[227]

Der russische General Andrej Wlassow behauptete von sich, er habe den deutschen Vormarsch vor Moskau gestoppt. Stalin beorderte ihn Anfang 1942 an die Wolchow-Front. Dort wurde er Mitte 1942 von den deutschen Truppen gefangengenommen. Aufgrund seiner kritischen Haltung gegenüber Stalin wollte ihn die deutsche Wehrmacht im Kampf gegen die Sowjetunion einsetzen. Hierfür sollte eine Armee aus den gefangenen Sowjetsoldaten aufgebaut werden unter Führung von Wlassow. Hitler untersagte aber die Aufstellung einer Armee dieser Art. Auch für Himmler kam es aus ideologischen Gründen zunächst nicht in Frage, eine Armee von „bolschewistischen Untermenschen" aufzubauen.

„Russland kann nur von Russen besiegt werden", war eine konstante Aussage von Wlassow, die aber Himmler nicht mehr hören wollte und als „Wlassow-Rummel" abgetan hat. In seiner berüchtigten Posener Rede vom 04.10.1943 nahm dies Thema einen breiten Raum ein, er sprach verächtlich und überheblich von den „Slawenuntermenschen". Speziell zum Thema „Russische Soldaten auf unserer Seite" sagte er:

---

[227] Vgl. Karteikartenvermerk der Personalakte unter „Parteitätigkeit": „Mit Wirkung vom 10.11.44 zum Sonderkommando Ost abgeordnet" BArch, Sammlung BDC, SSO (SS-Führer-Personalakte)

> „Es ist selbstverständlich in diesem Kriege; besser, es stirbt ein Russe als ein Deutscher. Wenn wir Russen verwenden, so gilt für uns, dass sie im Verhältnis 1:2 oder 1:3 mit Deutschen gemischt werden. Am besten ist es, Sie verwenden einzelne Russen, dann können sie mit Ihnen im Panzer fahren. Ein Russe mit zwei bis drei Deutschen in einem Panzer, herrlich, macht gar nichts. Sie dürfen dann nur nicht den Russen mit den anderen Panzerfahrer-Russen zusammentreffen lassen, sonst konspirieren die Russen. Wenn Sie aber aus irgendeinem Grund nur aus Russen bestehende Kompanien haben wollen, dann sorgen Sie dafür, meine Herren, – und das ist nicht irgendein Gedanke, sondern das ist ein Befehl, meine Herren – dass Sie in dieser Kompanie Ihren Spitzelapparat, Ihren NKWD-Apparat haben. Dann können Sie ruhig schlafen. Außerdem – das ist eine der frühesten Lehren, die ich gegeben habe – achten Sie darauf, dass diese Untermenschen Sie immer ansehen, immer dem Vorgesetzten ins Auge sehen müssen. Das ist wie beim Tier. Solange es seinem Bändiger ins Auge sieht, so lange tut es nichts. Seien Sie aber immer darüber klar: es ist eine Bestie. Mit dieser Einstellung werden wir den Russen ausnützen können, mit dieser Einstellung werden wir dem Slawen immer überlegen sein. Mit einer andern Einstellung nicht.“[228]

Das sehen die baltendeutschen SS-Führer Ehrhard Kroeger und Dr. Friedrich Buchard ganz anders. Sie können nach hartnäckigem Drängen Himmler schließlich – etwa im Spätsommer 44 – überzeugen, die Wlassow-Armee in das Kriegsgeschehen eingreifen zu lassen. Dieses Einlenken Himmlers, der inzwischen auch Chef des Ersatzheeres ist und nun, als sich der Krieg bereits als verloren abzeichnet, händeringend neue Soldaten sucht, entspringt der reinen Not. Auch die Waffen-SS besteht zu die-

[228] Nachweis bei Isabel Heinemann, Kommentar der Rede des Reichsführers SS bei der SS-Gruppenführertagung in Posen am 4. Oktober 1943 für die Quellenedition „100(0) Schlüsseldokumente zur deutschen Geschichte“

sem Zeitpunkt bereits zu mehr als der Hälfte aus nicht-deutschen Divisionen.
Um den Einsatz der Russen auf der deutschen Seite zu koordinieren, findet im September 1944 ein Gespräch zwischen Himmler und Wlassow statt. Es wird beschlossen, ein „Komitee zur Befreiung der Völker Russlands" zu gründen. Damit hat die SS die Zuständigkeit für General Wlassow und seine „Russische Befreiungsarmee" übernommen in Abstimmung mit dem Auswärtigen Amt und gegen die Ambitionen von Rosenberg mit seinem „Reichsministerium für die besetzten Ostgebiete" , das jetzt nach dem Vormarsch der Roten Armee immer weniger Bedeutung hat. Die „Russische Leitstelle" im SS-Hauptamt befehligt der SS-Oberführer (Oberst) Ehrhard Kroeger. Bereits seit dem Frühjahr 1944 existiert im RSHA das „Sonderkommando Ost" unter der Leitung von SS-Obersturmbannführer (Oberstleutnant) Friedrich Buchardt. Dies befasst sich ebenfalls mit dem Thema Wlassow, jedoch auf einer nachrichtendienstlichen Ebene.[229] Kroeger und die Mitarbeiter von Wlassow haben inzwischen die politischen Grundlagen für den Auftritt einer russischen Armee als Bündnispartner der Wehrmacht ausgearbeitet, wobei der Kampf gegen den Stalinismus die gemeinsame Basis bildet. Streitig sind bis zum Abschluss der gemeinsamen Erklärung die „Judenfrage" und die territoriale Aufteilung der Sowjetunion – das klingt etwas makaber angesichts der sich abzeichnenden deutschen Niederlage. Am 14.11.1944 wird in Prag das „Manifest des Befreiungskomittees der Völker Russlands" proklamiert, damit ist Wlassow Bündnispartner von Hitler.
Gleichzeitig beginnt der Aufbau der ersten beiden Divisionen der „Russischen Befreiungsarmee" (ROA, Russkaja Oswoboditelnaja Armija) unter Beteiligung von General Köstring, der zuständig ist für die Freiwilligenverbände der Wehrmacht. Etwa ein Viertel des Personals der 1. ROA-Division kommt aus der aufgelösten berüchtigten Kaminski-Brigade, die sich kurz zuvor bei der Niederschlagung des Warschauer Aufstandes durch besondere Brutalität ausgezeichnet hat.

[229] Vgl. Schröder, Deutschbaltische SS-Führer, S. 184

Die russischen Freiwilligen der Wlassow-Armee tragen deutsche Wehrmachtsuniformen und ein Abzeichen mit den Buchstaben „ROA“ und dem russischen Andreaskreuz.
In Prag, dem Ort der Verkündung des Manifestes des Befreiungskomitees der Völker Russlands, abgekürzt KONR (Komitet Oswoboshdenija Narodov Rossij), finden wir auch die Spur von Jobst wieder. Am 14.11.1944, dem Tag der Proklamation, schickt er Inge eine Postkarte aus Prag und schwärmt von den Schönheiten der Stadt. Er bedauert, zu wenig Zeit zu haben, um sich hier ein wenig umzuschauen, er muss an der Proklamation teilnehmen. An der Zeremonie im Prager Schloss, dem Hradschin, nehmen auf Anweisung Hitlers keine Minister und Staatssekretäre teil. Einzig Karl-Hermann Frank als Deutscher Staatsminister für Böhmen und Mähren, SS-Obergruppenführer Werner Lorenz als „halbamtlicher“ Vertreter der Reichsregierung, der General der Freiwilligenverbände Ernst Köstring als Vertreter der Wehrmacht und die zuständigen Dienststellenleiter des RSHA, des SS-Hauptamtes und des Auswärtigen Amtes wohnen dem Festakt bei. In der deutschen Presse findet die Proklamation dennoch eine außerordentliche Würdigung und wird als „russischer Staatsakt“ einer neuen Gegenregierung zu Stalin gefeiert.[230] Bereits am 16.11.1944 ist Jobst wieder in seiner Dienststelle „Dachs“ und schreibt rückblickend an Inge:

> „Ich bin nicht einmal dazu gekommen, mir Prag auch nur flüchtig anzuschauen. Lediglich durch die Burg bin ich einmal gegangen und über die Karlsbrücke und den Altstadtring. Das aber war schon wunderbar, wenn Du nur dabei gewesen wärest. Der Dom auf der Burg ist großartig, alles atmet deutschen Geist. Wenn das nur alles stehen bleibt, damit unsere Kinder später ein deutsches altes Stadtbild nicht nur aus dem Film noch kennenlernen.“[231]

[230] Vgl. Schröder, Deutschbaltische SS-Führer, S. 206
[231] Jobst Thiemann, Brief an Inge Thiemann vom 16.11.1944 – Privatarchiv

Am 18.11.1944 findet im Europa-Haus in Berlin eine große Kundgebung von Wlassows „Komitee zur Befreiung der Völker Russlands (KONR)" statt. Ein großes Transparent zeigt die Aufschrift: „Nieder mit der stalinistischen Tyrannei! Es leben die Völker Russlands." Zur Feier des Prager Manifestes in Berlin schreibt Jobst (Brief vom 20.11.1944):

> „Samstag Nachmittag fand die große Wlassow-Kundgebung in Berlin statt mit anschließendem Festkonzert. Danach habe ich mit einem Kameraden zu Abend gegessen und wie wir uns grade eingehend in das Problem der Ostpolitik vertieft haben, taucht ein alter SK 4b-Kamerad auf [Diese Abkürzung ist Inge jetzt also bekannt] mit einem Freund und zwei Flaschen Cognac zur Feier der Geburt seiner Tochter. Das war eine dreifache Freude, wir haben munter gebechert."[232]

Seit Anfang Januar 1945 ist Jobst offiziell beim Sonderkommando Ost. Er fordert Inge auf, die Briefe an die entsprechende Feldpostnummer 56 388 zu schicken: „Anschrift nur Sturmbannführer, nicht Regierungsrat, dann kommt die Post schneller und sicherer an."[233]

Spätestens im Februar 1945 begeben sich die Stäbe von Kröger und Buchardt mit den von ihnen betreuten Einheiten der Russischen Befreiungsarmee von Berlin nach Karlsbad. Dort residiert jetzt der Stab des „Komitees zur Befreiung der Völker Russlands". Jobst fährt am 08.02.1945 nach Karlsbad. Wir erfahren dies aus einem Brief seines Schwiegervaters Gustav Adolf Kunzelmann:

> „Gestern bin ich nach Berlin hereingeschneit. Erst war ich in Jobsts Wohnung, dann fuhr ich zu seiner Dienststelle [RSHA]. Dort sind alle Gebäude durch Volltreffer zerstört. Ein wüster Trümmerhaufen [Bombenangriff vom 03.02.1945]. Jobst konnte ich nirgends finden.

[232] Jobst Thiemann, Brief an Inge Thiemann vom 20.11.1944 – Privatarchiv

[233] Jobst Thiemann, Brief an Inge Thiemann vom 04.01.1945 – Privatarchiv

> Gegen Abend fuhr ich wieder zu den Vermietern von Jobst und wurde von ihnen freundlichst empfangen und bewirtet. Schließlich kam auch Jobst daher und verlor für einen Augenblick die Sprache vor Überraschung. Drei Stunden saßen wir beisammen, wobei eine Flasche Wein dran glauben musste. Heute gondelt Jobst im Pkw nach Karlsbad ab. Dies Zusammentreffen hat uns beiden ‚Kraft durch Freude' gebracht. … Dass ich ‚gen Osten reite', wollte Jobst gar nicht passen."[234]

Auch Jobst schreibt an Inge über das Treffen mit ihrem Vater und bestätigt, dass er in Richtung Sudetenland fahren werde.

> „Es geht mir gut, Du brauchst Dir keine Sorgen zu machen und den Papa befehlen wir in Gottes Schutz."[235]

Gustav Adolf hat von Dezember 1944 bis Januar 1945 einen Stabsoffiziers-Lehrgang in Bad Oeynhausen/Westfalen besucht. Danach wird er dem Bau-Pionier-Batallion 4 in Oschatz in Sachsen zugeteilt, um gegen die immer näher heranrückende Sowjetarmee zu kämpfen. Zunächst kümmert er sich mit seinen Pionieren um den Verteidigungsausbau einiger Ortschaften. Am Ostersonntag 1945 wird er zum Führer der „Sondereinheit Kunzelmann" ernannt. Seine Soldaten sind aus Frankreich herbeigeführt. Sie bauen Verteidigungsstellungen westlich der Oder aus. Hier gerät Gustav Adolf mit seinen Soldaten in russische Gefangenschaft.
Jobst hat es besser getroffen: Er wohnt seit dem 08.02.1945 in Karlsbad im Hotel Richmond und bleibt dort bis Ende April. Im Zuge des allgemeinen Zusammenbruches verlässt er Karlsbad und begibt sich – mit seinen russischen Einheiten – Anfang Mai nach Österreich, so die Bestätigung von Dr. Friedrich Buchardt vom 06.04.1954.
Über das Wirken von Jobst im Sonderkommando Ost finden sich in der Literatur zur Wlassow-Armee keine Spuren. Laut

---

[234] Gustav Adolf Kunzelmann, Brief an Sigrid Kunzelmann vom 08.02.1945
[235] Jobst Thiemann, Brief an Inge Thiemann vom 08.02.1945 – Privatarchiv

Buchardt soll das Sonderkommando Ost zugleich der offizielle Verbindungsstab des RSHA zu General Wlassow gewesen sein mit der selbständigen Stellung eines Einsatzkommandos. Dem Sonderkommando Ost gehören überwiegend Baltendeutsche – wegen der russischen Sprachkenntnisse – an, als Ausnahme erwähnt Buchardt nur einen Obersturmbannführer Max Pech.[236] In seiner Vernehmung am 21.02.1962 sagt Jobst zu seiner Tätigkeit aus:

> „Ich wurde zu der dem General Wlassow beigeordneten SS-Dienststelle [also dem Sonderkommando Ost] versetzt, bei der ich bis Kriegsende verblieb. Ich hatte dort im Wesentlichen schutzdienstliche Aufgaben für den General und seinen Stab.“[237]

An dieser Stelle soll eine spätere Bemerkung von Gustav Adolf, geboren in Czernowitz und ehemaliger Kaiserjäger-Offizier der K.u.K.-Monarchie, nicht unerwähnt bleiben:

> „Ich habe Jobst vor langer Zeit einmal gefragt, welches seine Obliegenheiten während des Krieges im SS-Hauptamt seien. Auf meine Frage bekam ich eine ausweichende Antwort: ‚Ich war Sachbearbeiter für Ostfragen'. Damals habe ich mir darunter nichts vorstellen können. Im Stillen aber dachte ich bei mir: Ostfragen – komisch. Jobst und Ostfragen! Was verstand er schon vom Osten?“[238]

Einige Episoden aus seiner Zeit beim Wlassow-Stab gibt Jobst an Inge weiter (Brief vom 14.02.1945):

> „Jetzt bin ich hier in dem wunderbaren ruhigen Karlsbad und habe ein schönes Zimmer in einem der vornehmsten

[236] Vgl. Schröder, wie oben, S. 169
[237] BArch B 162/1552, Bl. 509
[238] Gustav Adolf Kunzelmann, Die NS- Kriegsverbrecherprozesse und unser Jobst Thiemann, Notiz vom November 1964 – Privatarchiv

> Hotels Deutschlands, im Parkhotel Richmond. Vor meinem Fenster ist eine große Terrasse und da geht der Blick weit über ein Tal auf den gegenüberliegenden Wald. Und doch habe ich ein schlechtes Gewissen, dass ich hier in dieser Umgebung in Ruhe und mit allem Komfort wohne, während draußen gekämpft wird und zum Beispiel der Papa [Gustav Adolf Kunzelmann] mit seiner Einheit nach vorn an die Ostfront zog. Einige Kameraden haben ihre Familien mit hierher genommen, eine ganze Reihe Kinder springen herum."[239]

Am 22.02.1945 schreibt Jobst aus Prag:

> „Unsere Fahrt geht endlich zu Ende. Ich sitze in der Halle unseres Hotels in Prag bei einer Tasse Kaffee, die meinen fürchterlichen Durst und den Hunger nach einer Zigarette erst recht nicht löscht. Die nächsten Tische um mich herum sind mit Filmschauspielern und -spielerinnen besetzt. Du würdest Deine Augenweide haben. Alle wohnen hier im Hotel und führen offenbar ein ruhiges Dasein, weitab vom Krieg. Gestern Abend wurde nach dem Abendessen im Zimmer des Generals noch mal ausgiebig gebechert. Um 12 Uhr bin ich endlich todmüde ins Bett gefallen. Sein Adjutant ist völlig fertig und sitzt mit bejammernswürdigem Aussehen und Herzbeschwerden in einem Sessel und dämmert vor sich hin. Der General sitzt oben in seinem Zimmer und lässt in würdiger Haltung den Redeschwall seines Besuches über sich ergehen."[240]

Dann fahren sie wieder zurück nach Karlsbad.
Am 27.02.1945 berichtet Wlassow in einer Sitzung des Komitees zur Befreiung der Völker Russlands (KONR) in Karlsbad von dem ersten Zusammenstoß seiner Truppen mit der Sowjetarmee an der Oder nördlich von Küstrin: Das gute Abschneiden

[239] Jobst Thiemann, Brief an Inge Thiemann vom 14.02.1945 – Privatarchiv
[240] Jobst Thiemann, Brief an Inge Thiemann vom 22.02.1945 – Privatarchiv

der Wlassow-Soldaten unter wenig günstigen Bedingungen wurde als Beweis einer unerschütterlichen Kampfmoral gewertet und zugleich auch mit der politischen Werbekraft der ROA in Verbindung gebracht. … Rotarmisten hatten auf Zurufe hin verschiedentlich das Feuer eingestellt und einige von ihnen hatten noch auf dem Gefechtsfeld um Aufnahme in die ROA gebeten – und das zu einer Zeit, da, wie Wlassow jetzt feststellt, Stalin die Frage des Sieges für entschieden hielt.[241]
Im März 1945 fährt Jobst wieder mit „einem russischen General“ von Karlsbad über Prag nach Wien.

> „Nachts um 2 Uhr kamen wir endlich an und fanden zwar im besten Hotel noch freie Zimmer, aber völlig ungeheizt. Seit dem habe ich kaum noch richtig geschlafen. Es geht mit dem General von einer Veranstaltung zur anderen. Gestern Abend waren wir natürlich zu einem großartig fetten Abendessen in russischen Kreisen eingeladen. Leider wurde auch heftig und ausdauernd getrunken. Im Hotel wurde dann im Zimmer eines Russen erheblich weitergezecht“.[242]

Am nächsten Morgen fahren sie wieder zurück ins Karlsbader Quartier.
Leider erzählt Jobst in seinen Briefen nur von den unpolitischen Ereignissen. Gerne hätten wir etwas mehr von den inhaltlichen Themen erfahren, mit denen er beim Wlassow-Stab befasst war. Es wäre wohl zu gefährlich gewesen, derartiges brieflich zu übermitteln.
Zu der Tätigkeit von Jobst in diesem Zeitraum finden wir in der Umzugskiste eine Bescheinigung des „Komitees zur Befreiung der Völker Russlands“ vom 30.04.1945:

> „Major Thiemann ist Angehöriger des Stabes der russischen Befreiungsarmee. Da sein Soldbuch in Verlust

[241] Vgl. Joachim Hoffmann, Die Tragödie der Russischen Befreiungsarmee 1944/45, München 2003, S.147
[242] Jobst Thiemann, Brief an Inge Thiemann im März 1945 – Privatarchiv

> geriet … wird dieser Lichtbildausweis vorläufig ausgestellt.“[243]

Und da gibt es noch den Marschbefehl der russischen Befreiungsarmee (ROA) vom 04.05.1945:

> „Das ROA-Kommando unter Führung des Majors Thiemann begibt sich im Auftrage des Stabes der Russischen Befreiungsarmee (ROA) von Zell am Ziller zur 1. Russischen ROA-Division in den Raum von Prag. Das Kommando hat den Auftrag, sich bei General Wlassow zu melden. Alle zivilen und militärischen Dienststellen werden gebeten, das Kommando, das sich zum Kampf gegen den Bolschewismus begibt, ungehindert passieren zu lassen.“[244]

Komitee zur Befreiung der
Völker Russlands.
Stab.

O.U., 30.4.45

Bescheinigung.

Major Thiemann ist Angehöriger des Stabes der russischen Befreiungsarmee. Da sein Soldbuch in Verlust geriet, ein neues Soldbuch infolge Verlagerung nicht ausgestellt werden kann, wird dieser Lichtbildausweis vorläufig ausgestellt.

Für den Stab der russischen
Befreiungsarmee:
Oberst.

Abb. 36: *Bescheinigung vom 30.04.1945*

---

[243] Bescheinigung des Komitees zur Befreiung der Völker Russlands vom 30.04.1945 – Privatarchiv

[244] Marschbefehl der Russischen Befreiungsarmee v. 04.05.45 – Privatarchiv

Abb. 37: *Marschbefehl der ROA*

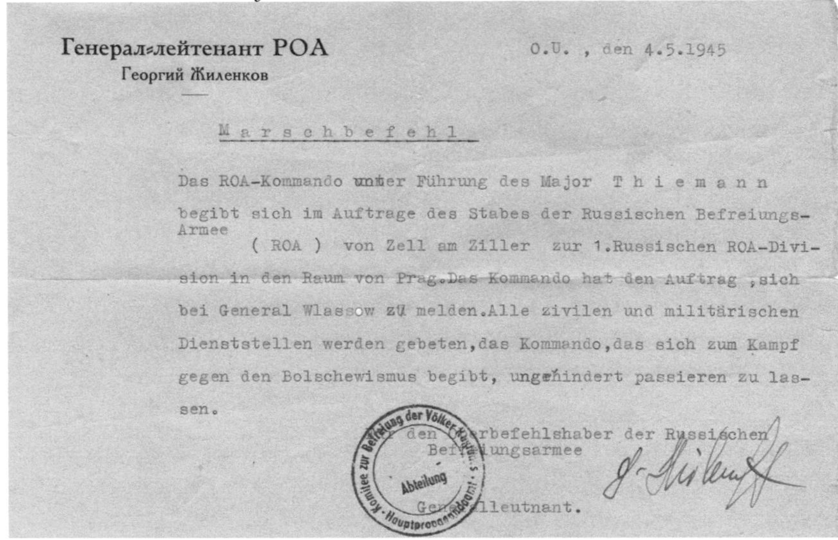

Генерал-лейтенант РОА
Георгий Жиленков

O.U. , den 4.5.1945

Marschbefehl

Das ROA-Kommando unter Führung des Major Thiemann begibt sich im Auftrage des Stabes der Russischen Befreiungs-Armee (ROA) von Zell am Ziller zur 1.Russischen ROA-Division in den Raum von Prag.Das Kommando hat den Auftrag ,sich bei General Wlassow zu melden.Alle zivilen und militärischen Dienststellen werden gebeten,das Kommando,das sich zum Kampf gegen den Bolschewismus begibt, ungehindert passieren zu lassen.

Für den Oberbefehlshaber der Russischen Befreiungsarmee

Generalleutnant.

Dieser Marschbefehl ist ausgestellt von Generalleutnant Georgij Shilenkow, er ist der Chef der Hauptpropagandaverwaltung des „Komitees zur Befreiung der Völker Russlands“. Shilenkow ist möglicherweise mit Jobst bis zum Gerlos-Pass in Österreich marschiert. Shilenkow wird später in Tirol unter Hausarrest gestellt. Im Vernehmungslager in Oberursel vertraut er dem amerikanischen Geheimdienst sein Wissen an. Am 01.05.1946 wird er den Sowjets ausgeliefert und zusammen mit Wlassow 1946 in Moskau hingerichtet.[245]

Die beiden Dokumente aus der Umzugskiste sind hinsichtlich der Funktion von Jobst natürlich gefälscht. Jobst ist kein Major der Wehrmacht. Der Marschbefehl vom 04.05.1945 zeigt außerdem in die falsche Richtung. Zu dieser Zeit bewegen sich die Reste der Wlassow-Armee nach Österreich, um nicht in die Hände der Rotarmisten zu fallen. Zell am Ziller ist nicht Ausgangspunkt, sondern vielmehr Endstation der Wlassow-Mission von Jobst. Wesentliche Teile seiner „Kriegskasse“ hat er bereits in Prag aufgelöst. Vom 21. bis 26.04.1945 verteilt Jobst in mehreren Tranchen 74.750,- RM an Hauptmann Chmirow und

[245] Vgl. Hoffmann, wie oben, S. 263 f.

20.000,- RM an Hauptmann Dolsskij. Sie bestätigen auf 7 Quittungen, die ebenfalls in der Umzugskiste zum Vorschein kommen, das Geld vom „Verbindungsführer Prag des Sonderkommandos Ost“ erhalten zu haben.
Hauptmann Chmirow gehört zur Aufklärungsabteilung von Generalmajor Truchin, dem Leiter des Nachrichtendienstes der ROA. Chmirow tritt später pikanterweise als Belastungszeuge im Prozess gegen Wlassow in Moskau 1946 auf. Im sogenannten Jagdhaus nahe Marienbad wird Anfang 1945 eine Spionageschule der ROA eingerichtet, um Kommandounternehmen im Rücken der Roten Armee durchzuführen. In diesem Umfeld ist Jobst vermutlich tätig, weil er schon im RSHA mit Angelegenheiten der verdeckten Kampfführung an der Ostfront im sogenannten „Partisanenreferat“ IV D 5 beschäftigt war. Es ist weniger wahrscheinlich, dass er „Personenschützer“ des Wlassow-Stabes war, wie er behauptet, zumal er überhaupt nicht Russisch spricht.
Jobst schreibt zu den Bewegungen des Sonderkommandos Ost am 13.09.1953 an seinen früheren Berliner Vermieter:

> „Ich habe mich mit unserem Haufen schon kurz nach Ostern 1945 aus Karlsbad in Richtung Bayern absetzen müssen.“[246]

Der vorgefundene Marschbefehl vom 04.05.1945 „von Zell am Ziller nach Prag zur 1. Russischen ROA-Division“ ist ziemlich absurd. Nach der ursprünglich in Karlsbad beschlossenen Planung vom 28.03.45 sollen sich alle Teile der ROA (etwa 50.000 Mann) von den bisherigen Standorten an süddeutschen Truppenübungsplätzen kommend im Raum Linz-Budweis zusammenziehen. Abweichend davon wurde aber die 1. Division der ROA in den Bereich der Heeresgruppe Weichsel an die Front verlegt. So entsteht eine Nord- und Südgruppe der ROA.[247]
Am 05.05.45, nach dem Abschluss der sowjetisch-tschechischen Militärverhandlungen, beginnt in Prag der Aufstand gegen die

[246] Jobst Thiemann, Brief vom 13.09.1953 – Privatarchiv
[247] Vgl. Hoffmann, wie oben, S. 210

deutschen Besatzer. Und da passiert etwas Unerwartetes: Die 1. Division der ROA, von Norden aus dem Weichselgebiet kommend, um sich mit der Südgruppe der ROA zu vereinigen, wechselt am 06.05.1945 die Fronten und beginnt, den deutschen Flugplatz Rosin nordwestlich von Prag anzugreifen. Das können die Deutschen zunächst nur als Missverständnis deuten. Ohne das Eingreifen der 1. Division der ROA auf der Gegenseite hätten die Deutschen vermutlich den Aufstand in Prag noch um etliche Tage weiter unterdrücken können. Zugespitzt kann man sagen: Prag wurde durch die 1. Division der ROA vorzeitig befreit und nicht durch die Sowjetarmee. Daher ist der Marschbefehl von Jobst vom 04.05.1945, nämlich sich in Richtung Prag zu bewegen, bereits durch die Ereignisse vom folgenden Tage überholt und rein fiktiv. Offenbar befindet er sich zu diesem Zeitpunkt mit dem Stab der ROA bereits seit einigen Tagen in den österreichischen Alpen in Tirol um zu verhindern, dass die Angehörigen der ROA den Russen in die Hände fallen.

Tatsache ist, dass Kroeger und Wlassow sich in Tirol aufhalten und am 22.04.1945 mit Franz Hofer, dem Gauleiter von Tirol, über den Einsatz der Wlassow-Armee in der „Alpenfestung" sprechen. Wlassow will sich jedoch langsam aus den Händen der SS lösen, um eine Internierung seiner Truppen bei den Amerikanern zu erreichen. Sein Stab jedenfalls wird Anfang Mai 1945 in Mayrhofen im Zillertal von den Amerikanern festgesetzt.[248] Dies stimmt überein mit der Aussage von Jobst, dass er sich am Gerlos-Pass in Tirol von seinen Wlassow-Soldaten getrennt und den Weg in die Ramsau gesucht hat.

Rückschauend ist zum Thema Wlassow-Armee zu bemerken, dass die „Russlandfreunde" Kroeger und Buchardt bei Himmler ein spätes Umdenken zum Einsatz der gefangenen Rotarmisten erwirken konnten. Dennoch sollte nicht übersehen werden, dass die beiden Baltendeutschen zuvor im Vernichtungskrieg gegen Russland in vorderster Front des Terrors standen, Buchard als Leiter des Einsatzkommandos 9 bis Anfang 1944 und Kroeger als Leiter des Einsatzkommandos 6 bis November 1941.

---

[248] Vgl. Schröder, Deutschbaltische SS-Führer, S. 209 f.

In unserer Umzugskiste finden wir noch das SS-Soldbuch von Jobst mit der Nummer 9090, das ihn als SS-Sturmbannführer ausweist.

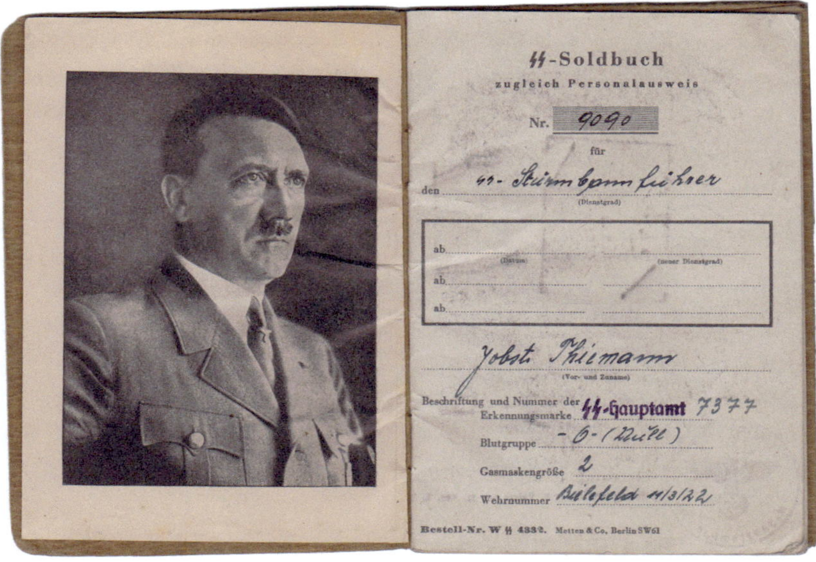

ϟϟ-Soldbuch
zugleich Personalausweis

Nr. 9090

für

den SS-Sturmbannführer
(Dienstgrad)

ab (Datum) (neuer Dienstgrad)
ab
ab

Jobst Thiemann
(Vor- und Zuname)

Beschriftung und Nummer der Erkennungsmarke ϟϟ-Hauptamt 7377

Blutgruppe -0- (Null)

Gasmaskengröße 2

Wehrnummer Bielefeld 11/3/22

Bestell-Nr. W ϟϟ 4332. Metten & Co, Berlin SW61

Abb. 38: *Soldbuch*

geboren am 12.6.11 in Gütersloh
(Ort, Kreis, Verwaltungsbezirk) Kr. Wiedenbrück

Religion ggl Stand, Beruf Reg Rat

Personalbeschreibung

Größe 183 Gestalt schlank
Gesicht oval Haar blond
Bart ohne Augen blau

Besondere Kennzeichen (z. B. Brillenträger)
Blinddarmnarbe

Schuhzeuglänge 44 Schuhzeugweite —

Jobst Thiemann
(Vor- und Zuname, eigenhändige Unterschrift des Inhabers)

Die Richtigkeit der nicht umrandeten Angaben auf Seite 1 und 2 und der eigenhändigen Unterschrift des Inhabers bescheinigt:

Berlin den 9. November 1944

ϟϟ-Hauptamt
(Ausfertigender Truppenteil, Dienststelle)

ϟϟ-Sturmbannführer u. Leiter der H.-Abt. I 2
(Eigenhändige Unterschrift, Dienstgrad u. Dienststellung d. Vorges.)

2

Bescheinigungen
über die Richtigkeit der Zusätze und Berichtigungen auf Seite 1 und 2

Lfd. Nr.	Art der Änderung	auf Seite	Datum	Truppenteil	Unterschrift	Dienstgrad und Dienststellung
1.	Abordnung		4.18.10.44	Dienststelle Feldpost-Nr. 65388		

3

Laut Soldbuch wird er bereits am 18.10.1944 zur Dienststelle mit der Feldpostnummer 65388 abgeordnet. Dahinter verbirgt sich in der Tat das „Sonderkommando Ost des RSHA". Ansonsten enthält das Dokument keine Hinweise auf seine vorherigen Tätigkeiten bei der SS. Die nächsten Angehörigen laut Soldbuch sind seine Ehefrau Ingeborg und seine Mutter Hanna Thiemann, der Vater wird – obwohl noch lebend – ausgespart. Das Soldbuch weist unter Orden und Ehrenzeichen die Ostmedaille auf (1942), das Kriegsverdienstkreuz 2. Klasse ohne Schwerter (30.01.1942) und das Kriegsverdienstkreuz 2. Klasse mit Schwertern (1944). Dieses Dokument ist bereinigt von allen belastenden Spuren, es datiert vom 09.11.1944.

In der Umzugskiste finden wir auch noch Blanko-Entlassungsbescheide der Wehrmacht mit dem Stempel der Feldpostnummer 65 388 und dem Datum 06.05.1945. Es muss nur noch der Name eingetragen werden, dann sind die Spuren der SS-Zugehörigkeit erst einmal verwischt.

Für die Nachkriegszeit verfügt Jobst noch über zwei Personalausweise aus dem Jahre 1942. Der eine ist in Berlin ausgestellt und enthält seine korrekten persönlichen Daten. Der andere ist in Innsbruck ausgefertigt und weist ihn als „Heinz Frohwein" aus.

Genauere Daten zu den Funktionen, die Jobst in den Kriegsjahren ausgeübt hat, können wir nicht mehr ermitteln. Die Dokumente, die wir für die letzten Kriegsmonate vorfinden, sind eher verwirrend und dazu gedacht, Spuren zu verwischen. Seine Briefe an Inge haben aber wichtige Hinweise gegeben.

Gerade hinsichtlich des letzten Kommandos ist es schwer zu verstehen, dass die Führer der Einsatzkommandos erst nach dem Morden in Russland entdecken, dass die Wehrmacht für ihren Krieg gegen die Sowjetunion dringend russische Verbündete benötigt.

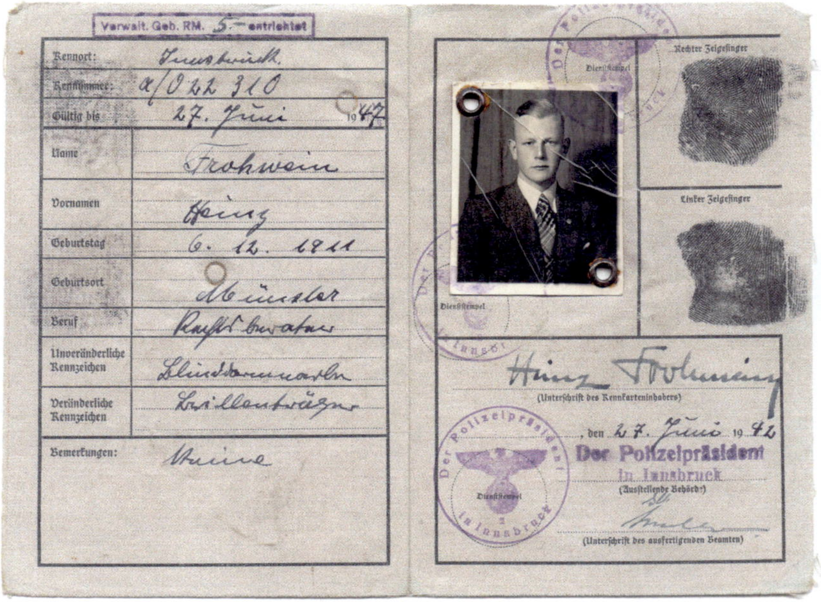

Verwalt. Geb. RM. 5.– entrichtet
Kennort: Innsbruck
Kennummer: A/022 310
Gültig bis 27. Juni 1947
Name: Frohwein
Vornamen: Heinz
Geburtstag: 6. 12. 1911
Geburtsort: Münster
Beruf: Kaufm. Berater
Unveränderliche Kennzeichen: Blinddarmnarbe
Veränderliche Kennzeichen: Brillenträger
Bemerkungen: Keine

Rechter Zeigefinger
Linker Zeigefinger
Dienststempel
Heinz Frohwein
(Unterschrift des Kennkarteninhabers)
, den 27. Juni 1942
Der Polizeipräsident in Innsbruck
(Ausstellende Behörde)
(Unterschrift des ausfertigenden Beamten)

Abb. 39: *Personalausweise*

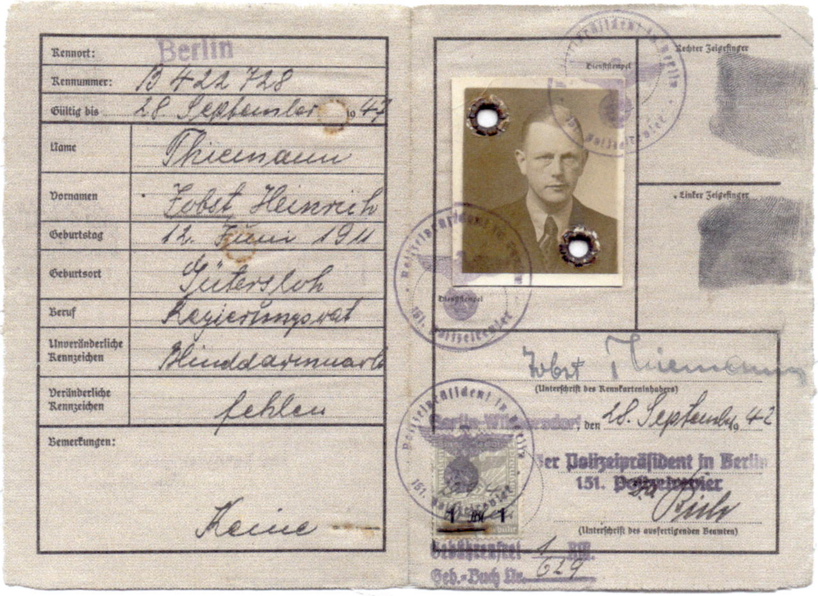

Kennort: Berlin
Kennummer: B 422 728
Gültig bis 28. September 1947
Name: Thiemann
Vornamen: Jobst Heinrich
Geburtstag: 12. Juni 1911
Geburtsort: Gütersloh
Beruf: Regierungsrat
Unveränderliche Kennzeichen: Blinddarmnarbe
Veränderliche Kennzeichen: fehlen
Bemerkungen: Keine

Rechter Zeigefinger
Linker Zeigefinger
Dienststempel
Jobst Thiemann
(Unterschrift des Kennkarteninhabers)
Berlin-Wilmersdorf, den 28. September 1942
Der Polizeipräsident in Berlin
151. Polizeirevier
(Unterschrift des ausfertigenden Beamten)
Gebührenmarke 1 RM.
Geb.-Buch Nr. 629

15. Der Weg des Sonderkommandos 4b 1941/42

Das Verfahren gegen die Angehörigen des SK 4b wurde vom Landgericht Düsseldorf (Az. 8 Ks 3/70) durch Urteil vom 12.01.1973 abgeschlossen. Das Urteil erlangte Rechtskraft mit Beschluss des Bundesgerichtshofes vom 01.04.1976. Die wesentlichen Feststellungen zur Tätigkeit von Jobst beim SK 4b finden wir in den Ermittlungsakten zu diesem Strafprozess.
Das SK 4b gehörte zur Einsatzgruppe C. Sie wird ab Herbst 1941 von dem SS-Brigadeführer Dr. Max Thomas geleitet, Jurist und promovierter Facharzt für Psychiatrie. Er war – laut Zeugenaussagen – als Vorgesetzter nicht beliebt, galt als schwierig, scharf und unberechenbar. Dass er intern ein gewisses Verständnis für die mit der Beteiligung an den Exekutionen verbundenen seelischen Belastungen der Kommandoangehörigen aufbrachte, war lediglich im engen Kreis seiner Mitarbeiter bekannt. Ab 04.11.1941 gehörte Jobst zum Stab der Einsatzgruppe in Kiew.
Mit Marschbefehl vom 03.12.1941 (Abb. 21) wird Jobst vom Stab zum SK 4b abkommandiert. Der Ermittlungsrichter fasst zusammen:

> „Am 24.12.41 trafen beim SK 4b [in Kramatorskaja] der SS-Hauptsturmführer Jobst Thiemann und der SS-Obersturmführer Marcel Zschunke ein. Das genaue Datum des Eintreffens dieser beiden Führer wurde durch einen Funkspruch vom 27.12.41 durch SS-Sturmbannführer Fritz Braune an die Einsatzgruppe C wie folgt gemeldet: Hauptsturmführer Thiemann und Obersturmführer Zschunke haben am 24.12.41 ihren Dienst beim SK 4b angetreten. Die Richtigkeit dieser Meldung wird durch die richterliche Aussage des früheren SS-Obersturmführers Zschunke bestätigt, der erklärt, dass er mit Thiemann am Heiligabend beim Sonderkommando 4b eingetroffen sei.“[249]

---

[249] BArch B 162/3771, Bl. 576 f.

Ein heiliges Datum für eine unheilvolle Kommandierung! Hierzu erklärt Jobst als Zeuge in dem Verfahren gegen Sommerfeld:

> „Ich fuhr dann mit einem Pkw der Einsatzgruppe, der Post, Marketenderware und Ausrüstungsgegenstände geladen hatte, zum Kommando nach Kramatorskaja. Die Fahrt von Kiew dauerte, soviel ich weiß, mehrere Wochen, weil es Winter war und der Wagen durch den starken Frost und Schnee öfter ausfiel."[250]

Ein Zeuge identifiziert Jobst später:

> „SS-Hauptsturmführer Thiemann, dieser Name ist mir bekannt. Ich meine, dass er beim Stab des SK 4b war. Ich glaube, dass er vom RSHA gekommen und für die höhere Laufbahn (für den Leitenden Dienst) vorgesehen war. Thiemann hatte rötliches Haar und war mindestens 180 cm groß."[251]

Der Zeuge Goercke erklärt:

> „Thiemann war Hauptsturmführer und stellvertretender Leiter des SK 4b. Er kam zum SK 4b direkt vom RSHA. Ihm wurde seinerzeit für seine Tätigkeit beim RSHA das Kriegsverdienstkreuz II. Klasse verliehen."[252]

Ein weiterer Zeuge bestätigt:

> „Es trifft zu, dass Thiemann nach Fritz Braune den nächst höheren Rang hatte und somit stellvertretender Leiter war. Die Aufgaben Thiemanns bestanden meiner Meinung nach in der Stellvertretung des Kommandoführers. Er machte auch Vernehmungen."[253]

---

[250] BArch B 162/1552, Bl. 510
[251] BArch B 162/3769, Bl. 188 R
[252] BArch B 162/3769, Bl. 207
[253] BArch B 162/3770, Bl. 308 f.

Der Ermittlungsrichter fasst zusammen:

> „Dem [Gemeint sind die Aussagen von Jobst, die er in der Sache Sommerfeld gemacht hat, siehe oben] steht nach den bisherigen Ermittlungen gegenüber,
> 1. dass Thiemann stellvertretender Kommandoführer war (Aussage Haensch),
> 2. dass er Leiter der Exekutivabteilung IV im SK 4b als Nachfolger Bussingers war (Aussage Haensch),
> 3. dass er im RSHA – wohl auch schon vor seinem Osteinsatz – dem sogenannten Kommandostab angehörte, der die Ereignismeldungen der Einsatzkommandos auswertete,
> 4. dass es üblich und Befehl war, dass jeder Führer im Einsatz einmal selbst an einer Judenerschießung teilgenommen haben musste,
> 5. dass neben Sommerfeld und Juhnke auch Thiemann von Braune als Führer eines Exekutivkommandos eingeteilt worden ist (Aussage Frehse).
> Schon nach dem bisherigen Ermittlungsergebnis erscheint die richterliche Aussage Thiemanns als Zeuge im Verfahren Sommerfeld objektiv falsch und nicht glaubwürdig."[254]

In dem Zeitraum seines „Osteinsatzes" vom November 1941 bis September 1942 ist Jobst demnach ranghöchster Offizier nach dem Kommandoführer und folglich stellvertretender Leiter des SK 4b, seine Vorgesetzten sind der Reihe nach Fritz Braune, Dr. Walter Haensch und August Meier.
Das SK 4b hat im Dezember 1941 Kramatorskaja erreicht, wo das Kommando für einige Wochen seinen Standort errichtet. Mitte Dezember wird die Einheit dort in ein Hauptkommando und drei Teilkommandos aufgegliedert. Die Teilkommandos bestehen jeweils aus ein oder zwei Pkw-Besatzungen. Sie werden anschließend entweder unter der Bezeichnung „Teilkommando"

---

[254] BArch B 162/ 3771, S. 596 f.

oder als „Außenstelle“ in den im Umkreis von 20 bis 40 km gelegenen Städten Artemowsk, Slawiansk und Konstantinowka stationiert. Mit der Führung werden beauftragt in Artemowsk Sommerfeld, in Slawiansk Juhnke und in Konstantinowka Haubach. Anfang Januar 1942 wird das Hauptkommando von Kramatorskaja nach Gorlowka verlegt. Diesen Standort behält es bis zum Beginn der deutschen Sommeroffensive Anfang Juli 1942. Fritz Braune wird Ende Januar oder Anfang Februar 1942 als Kommandoführer abgelöst und in die Heimat zurückberufen. Mitte März 1942 übernimmt der zwischenzeitlich zum Nachfolger bestimmte damalige SS-Sturmbannführer Dr. Haensch die Führung der Einheit. Das bedeutet, dass Jobst als Stellvertreter in der Interimszeit der Leiter des SK 4b ist.

„Haensch übergab das Kommando Mitte 1942 seinem Vertreter, dem Beschuldigten Thiemann. Einige Wochen später kam als neuer Kommandoführer Obersturmbannführer August Meier, der bis dahin das EK 5 geführt hatte und inzwischen Selbstmord verübt hat“[255], stellt Staatsanwalt Dr. Hesse in seinem Ermittlungsergebnis fest.

Der Dienstbetrieb im SK 4b beginnt in der Regel frühmorgens mit einem Appell mit Befehlsausgabe und Bekanntgabe der Einteilung der Kommandoangehörigen für die zu erledigenden Aufgaben des Tages.

Wechselt das Kommando seinen Standort, wird meist ein Vorkommando vorausgeschickt, das den Auftrag hat, die erforderlichen Unterkünfte bereitzustellen, Fahndungsmaßnahmen nach den örtlichen politischen Führern einzuleiten und die Dienstgebäude insbesondere der Partei und der Geheimpolizei NKWD zu durchsuchen. Wenn das Kommando nachgerückt ist, werden die eingeleiteten Maßnahmen fortgesetzt. Die sogenannte „Fahndungsliste Ost“ enthält die Namen der wichtigsten gesuchten Personen, insbesondere von Funktionären, soweit diese überhaupt den deutschen Nachrichtendiensten bekannt sind. Bei den nachfolgenden Festnahmen bedient sich das Kommando der von der Wehrmacht eingesetzten örtlichen Miliz und

[255] IfZ, Gd 05.31/1 Ermittlungsergebnisse der Staatsanwaltschaft Dortmund, 45 Js 24/62, S. 9

auch der örtlichen „Judenräte“. Daneben hat das Kommando die Aufgabe, Ermittlungen über die wirtschaftliche und soziologische Struktur des Landes sowie über die „volkstumsmäßige Zusammensetzung“ der Bewohner anzustellen (zur Identifizierung der jüdischen Bürger) und die Betreuung der – soweit nicht deportierten – Volksdeutschen sicherzustellen.
Die mit Hilfe der Miliz und der „Judenräte“ erfassten Menschen werden beim Kommando inhaftiert. Als Gefängnisse dienen die früheren Haftanstalten des NKWD, Schulen oder andere große Gebäude. Bei der Festnahme müssen insbesondere die Juden ihre Wertsachen abgeben, sie werden vom Gefängnisverwalter eingesammelt. Die Wertsachen werden asserviert und an die Einsatzgruppe abgeliefert. Bargeld wird vom Kommando als Betriebsmittel vereinnahmt und für die Beschaffung von Marketenderware verbraucht. Otto Ohlendorf, Leiter der Einsatzgruppe D, schreibt in diesem Zusammenhang an das Oberkommando der 11. Armee, in dessen Bereich seine Einsatzgruppe tätig ist, dass wertvolle Uhren weisungsgemäß an die Staatskasse nach Berlin abgeführt werden und Gelder – bis auf einen geringen Bestand – bei der Reichskreditkasse zugunsten des Reiches eingezahlt werden.[256] Das mag zwar der „Intellektuelle“ Ohlendorf persönlich so gemacht haben, es gibt jedoch genügend Fälle von Bereicherung und Korruption innerhalb der SS, die von den SS-Gerichten verfolgt und abgeurteilt wurden.
Die Vernehmung der Inhaftierten erfolgt überwiegend durch einen der höheren Dienstgrade mit einem Dolmetscher, teilweise aber auch durch den Dolmetscher allein. Die Vernehmungen sind oberflächlich. Der bloße Verdacht, in irgendeiner Weise den Interessen der deutschen Besatzungsmacht zuwider gehandelt zu haben, reicht grundsätzlich für die Anordnung der Exekution aus. Juden werden nur dann vernommen, wenn sie leitende politische Funktionen bekleiden oder verdächtigt werden, an Terrorakten oder Widerstandshandlungen beteiligt gewesen zu sein. Ansonsten werden sie ohne jede Anhörung liquidiert. Fritz Braune erklärt dem Gericht, dass Exekutionen

---

[256] Nachweis bei Klein, Die Einsatzgruppen, S. 399

immer dann erfolgt seien, wenn sich eine größere Gruppe von zu tötenden Menschen im Gewahrsam des Kommandos angesammelt oder der Haftraum nicht mehr ausgereicht habe. Wenn der Gefängnisverwalter in den Akten vermerkt habe „entlassen“, so bedeutete dies, dass die genannte Person zur Exekution bestimmt war.
Zu Beginn des Russlandfeldzuges werden die Exekutionen in standrechtlicher Weise durchgeführt, indem auf ein einheitliches Feuerkommando mindestens zwei Schützen auf jedes Opfer schießen. Spätestens nach Ausdehnung des Tötungsbefehles auf alle Juden, also auch Frauen und Kinder, wird zur Vereinfachung die Genickschussmethode angewandt.
Staatsanwalt Hesse fasst zusammen:

> „In der ersten Zeit wurden die Erschießungen vorwiegend von Freiwilligen durchgeführt. Später ging die Kommandoführung dazu über, die Teilnehmer an den Exekutionen einzuteilen. Im Laufe der Zeit waren die Erschießungsaktionen so sehr Routinearbeit geworden, dass das Kommando für die Exekutionen von 100 Opfern nur noch eine Zeit von einer bis eineinhalb Stunden benötigte. Nach dem Ergebnis der Ermittlungen ist davon auszugehen, dass jeder Angehörige des SK 4b an Exekutionen teilgenommen hat und jeder SS-Führer des Kommandos mindestens eine Exekution geleitet hat und dabei auch selbst geschossen hat.“[257]

Die Tätigkeitsberichte der Teilkommandos erstellen die jeweiligen Führer. Die Einzelberichte werden vom Kommandoführer zu einem Gesamtbericht an den Stab der Einsatzgruppe zusammengestellt. Der Stab meldet weiter an das RSHA. So entstehen die Ereignismeldungen der Einsatzgruppen mit den verschiedenen Berichten und den Zahlen der erschossenen potenziellen Gegner. Die Ereignismeldungen werden im April 1942 abgelöst durch die „Meldungen aus den besetzten Ostgebieten“. Diese

---

[257] IfZ, Gd 05.31/1, Ermittlungsergebnisse der Staatsanwaltschaft Dortmund, 45 Js 24/62, Bl. 11-13

haben einen anderen Schwerpunkt und enthalten nur noch vereinzelt detaillierte Berichte über Massenerschießungen.
Hier ein Beispiel aus der Ereignismeldung Nr. 135 vom 19. November 1941, also kurz bevor Jobst zum Kommando kommt:

> „Nach einer Meldung des SK 4b befindet sich in Poltawa eine 865 Insassen umfassende Irrenanstalt, der ein großer landwirtschaftlicher Betrieb angegliedert ist, deren Erträge zur Ernährung der Geisteskranken und des Stammpersonals dienen. Im Hinblick auf die außerordentlich kritische Ernährungslage in der Stadt Poltawa – für die drei großen Kriegslazarette steht beispielsweise keine Vollmilch zur Verfügung – trat der Kommandoführer des SK 4b im Einvernehmen mit dem Armeeoberkommando der 6. Armee und dem Ortskommandanten mit der Leitenden Ärztin der Irrenanstalt in Verbindung mit dem Ziel, eine Einigung über die Liquidierung wenigstens eines Teils der Geisteskranken herbeizuführen. … Es wurde ein Ausweg in der Weise gefunden, dass die Liquidierung von 565 unheilbar Geisteskranken, die in diesen Tagen durchgeführt wird, unter dem Vorwand der Überführung der Kranken in eine andere, bessere Anstalt nach Charkow erfolgt.“[258]

Als Jobst im Dezember 1941 zum SK 4b nach Kramatorskaja kommt, ist die Lage hier dicht hinter der Front äußerst gespannt – wie bereits berichtet. Die 17. Armee rechnet jederzeit mit Angriffen der Roten Armee mit dem Ziel, in ihrem Abschnitt einen Frontdurchbruch zu erzwingen. Noch im Dezember 1941 sollen nach den Planungen des SK 4b die 4.300 Juden von Artemowsk getötet werden. Sommerfeld, der Leiter des Teilkommandos Artemowsk, hat alles vorbereitet, die in der Stadt lebenden Juden sind von der örtlichen Miliz listenmäßig erfasst. Am 14.12.41 sollen die Erschießungen stattfinden. Doch da kommt gerade noch rechtzeitig am gleichen Tag ein Befehl von Vinzenz

[258] Nachweis bei Klein, Die Einsatzgruppen, S. 257 m.w.N. BArch R 58/219

Müller vom Oberkommando der 17. Armee (später General der DDR-Volksarmee): Die Vorbereitungen für die Exekutionen sind sofort zu stoppen.[259] Artemowsk liegt an einer kritischen Ausbuchtung der Front, Generaloberst Hoth, der Oberbefehlshaber der 17. Armee, erwartet hier einen russischen Durchbruchsversuch, er will jedes Risiko vermeiden: Im Falle der Ermordung eines Zehntels der Bevölkerung wäre es möglich gewesen, dass die Bewohner von Artemowsk sich gegen die Wehrmacht erheben. Die 17. Armee ist offensichtlich bestens über die Planungen des SK 4b informiert, weil sie um Unterstützung bei der Exekution gebeten wurde.

Am 18.01.42 startet die Sowjetarmee von Isjum aus eine Großoffensive, die die deutsche Seite in starke Bedrängnis bringt.

Am 31. Januar 1942 wird ein letzter starker Angriff des Gegners von der 17. Armee abgewehrt, danach beruhigt sich die Lage an der Front. Die bereits für den 14.12.1941 geplante Exekution der Juden von Artemowsk kann beginnen. Braune und ein Nachrichtenoffizier (44. Armeekorps) besichtigen außerhalb der Stadt ein stillgelegtes Alabasterbergwerk. Diesen unterirdischen Stollen bestimmen sie als Exekutionsort. Die Miliz treibt die Juden von Artemowsk zusammen und hält sie in einem großen Gebäude in der Stadt fest. Es sind laut Ermittlungsakten etwa 500 Männer, Frauen und Kinder.

Die Exekution findet am 09.02.1942 statt.[260] Aus diesem Anlass kommen vom Hauptkommando u.a. Fritz Braune und Jobst nach Artemowsk, um an der Exekution teilzunehmen. Die Opfer werden in den Abendstunden mit Hilfe einer Wehrmachtseinheit auf Lkw verladen und zum Alabasterbergwerk gebracht. Die Lastkraftwagen werden von der Feldkommandantur 243 sowie von der 9. Infanteriedivision gestellt, weil das Teilkommando von Sommerfeld nur über einen Personenkraftwagen verfügt.[261] Den Abtransport der Opfer aus der Stadt überwacht Sommerfeld mit

---

[259] Vgl. Klaus-Peter Friedrich, Die Verfolgung und Ermordung der europäischen Juden, Band 4, Dokument 140, S. 415

[260] Vgl. Klein, Die Einsatzgruppen, S. 314

[261] Vgl. Manfred Oldenburg, Ideologie und militärisches Kalkül, Die Besatzungspolitik der Wehrmacht in der Sowjetunion 1942, S. 255 f.

seinem Teilkommando. Wertsachen und Geld werden sichergestellt und später an das Hauptkommando weitergeleitet.
Die Lkw fahren etwa 80 bis 100 Meter in den Alabasterstollen hinein. Die Opfer müssen absteigen und werden gruppenweise in eine große aus dem Stein gehauene Kaverne hineingeführt, die etwa 30 bis 40 Meter vom Haltepunkt der Fahrzeuge entfernt seitlich des Stollens liegt. Den Zugang zu dieser Kaverne bildet eine Öffnung im Gestein, die etwas kleiner als eine Tür ist. Die Szene wird von Scheinwerfern beleuchtet. Nachdem die Opfer die Kaverne betreten haben, werden sie von den Kommandoangehörigen durch Genickschuss getötet. Die nachfolgenden Opfer sehen die Erschossenen vor sich liegen und die im Stollen noch Wartenden hören die Schüsse in der Kaverne. Die Erschossenen fallen auf die bereits dort liegenden Leichen. Die Exekution dauert mehrere Stunden. Anschließend wird die Kaverne zugemauert. Sommerfeld, der die Exekution organisiert hat und es daher genau wissen muss, geht von 500 Opfern aus, Braune schätzt aus naheliegenden Gründen nur 200 bis 300 Opfer. Das Gericht legt sich daher beweissicher auf mindestens 300 Opfer fest. Fritz Braune und Jobst Thiemann sind die ganze Zeit anwesend, wer von beiden der Leiter der Exekution war, konnte das Gericht nicht mehr feststellen.[262] Die verschiedenen Exekutionen in Artemowsk gehen später in die Ereignismeldung Nr. 177 vom 06. März 1942 ein:

> „Durch das SK 4b wurde eine Anzahl von 1317 Personen (darunter 63 politische Aktivisten, 30 Saboteure und Partisanen und 1224 Juden) exekutiert. Durch diese Maßnahme wurde auch der Ort Artemowsk judenfrei.“[263]

Die militärisch kritische Lage zur Jahreswende 1941/42 im Frontbereich der 17. Armee wird durch ein Ereignis in Kramatorskaja verdeutlicht. Am südlichen Stadtrand befindet sich das Durchgangslager (Dulag) 180, das unter dem Befehl des Armeeoberkommandos der 17. Armee steht. Infolge der sowjetischen

---

[262] Vgl. Landgericht Düsseldorf, Urteil vom 12.01.1973, 8 Ks 3/70, D III, 9
[263] Nachweis bei Klein, Die Einsatzgruppen, S. 309

Offensive liegt es jetzt bedenklich nahe an der Front. Am 23.01.1942 soll das Lager in das rückwärtige Gebiet nach Gorlowka verlegt werden. Da aber keine Vorbereitungen hierzu getroffen sind, beschließt die Lagerleitung kurzfristig, das Lager mit den mehr als 3.000 Menschen, überwiegend Zivilisten, einfach „leerzuschießen“. Nach den Unterlagen des Armeeoberkommandos der 17. Armee sollen es aber lediglich 379 Opfer gewesen sein.[264] Aus diesem Vorgang ist ersichtlich, dass neben dem SK 4b auch die Militärverwaltung des rückwärtigen Heeresgebietes mit äußerster Brutalität gegen die Zivilbevölkerung vorgeht.

Rückblickend bewertet der Oberbefehlshaber der 17. Armee, Generaloberst Hoth, mit Tagesbefehl vom 12.04.1942 die militärische Lage zu Jahresbeginn:

> „Die Winterschlacht am Donez ist im wesentlichen beendet. … Mitte Januar war es dem Feind gelungen, unsere Sicherungen beiderseits des Isjum zu durchbrechen und zwischen uns und der Nachbararmee tief in unser rückwärtiges Gebiet einzudringen. Gleichzeitig griffen starke Kräfte beiderseits des Bachmut [Artemowsk] an und rissen auch dort ein Loch in unsere Verteidigungsfront. Es gab nur ein Mittel, die drohende Vernichtung der gesamten Armee abzuwenden: Jeder Ort, jeder Stützpunkt musste bis zum letzten Schuss … verteidigt werden. … Teile aller Divisionen sind an diesem Ringen um den Eckpfeiler Slawjansk, um den Durchbruch auf Artemowsk … beteiligt. … Die Angriffskraft [des Feindes] brach sich an der Überlegenheit des deutschen Soldaten und seiner Führung. Ich weiß, dass der Führer glücklich über diese tapfere Haltung der 17. Armee ist, und wir können mit Stolz auf diese schweren Wochen zurückblicken. …“[265]

[264] Vgl. Oldenburg, Ideologie und militärisches Kalkül, S. 248
[265] Hoth, Tagesbefehl vom 12.04.1942 – Privatarchiv

Anfang Januar 1942, während des Höhepunktes der sowjetischen Winteroffensive bei Isjum, unternimmt Fritz Braune, der Leiter des SK 4b, eine längere Dienstreise nach Berlin und Prag. In dieser Zeit wird das Hauptkommando von Kramatorskaja weiter weg von der Hauptkampflinie in südöstliche Richtung nach Gorlowka verlegt. Jetzt leitet Jobst stellvertretend das SK 4b. Offensichtlich hat er gute Arbeit geleistet. Im März 1942 wird Jobst zum Regierungsrat ernannt. Aus dem Brief der Mutter erfahren wir mehr:

> „Befördert bist Du und hast eine Kriegsauszeichnung bekommen, das Kriegsverdienstkreuz als Anerkennung für die Rückverlegung [des SK 4b von Kramatorskaja nach Gorlowka], die Du allein bewerkstelligen musstest. Und nun bist Du ein würdiger Regierungsrat“.[266]

Im Soldbuch finden wir die Bestätigung, dass Jobst das Kriegsverdienstkreuz am 30.01.1942 erhalten hat.
Als Braune zum Kommando zurückkehrt, erfährt er, dass sein Stellvertreter, also Jobst, inzwischen eine größere Erschießungsaktion vorbereitet hat. Braune lässt sich über Herkunft und Zusammensetzung der 250 Opfer berichten und stimmt der Aktion zu. Unter den Opfern befinden sich wenigstens 126 Juden und mindestens zwei politisch Verdächtige sowie einige von der Wehrmacht überstellte Personen, bei denen der Grund für die Exekution unklar bleibt.
Wegen des starken Frostwetters können keine Gruben ausgehoben werden für die Opfer. Auf der Suche nach einer geeigneten Exekutionsstätte hat das Kommando eine stillgelegte Schachtanlage nahe Gorlowka ausfindig gemacht, das Bergwerk Nr. 5, russisch „schacht pjatj“. Der Stollen war mit einer Neigung von 45 Grad schräg in das Erdinnere hineingetrieben. So ist es möglich, die Opfer nach dem Todesschuss einfach in die Tiefe rutschen zu lassen. Alle Führer des Kommandos besichtigen den Schacht, Braune hält das Bergwerk für gut geeignet

---

[266] Hanna Thiemann, Brief an Jobst Thiemann vom Pfingstsonntag 1942 – Privatarchiv

und bestimmt ihn zum Vollzugsort für die weiteren Exekutionen.
Braune ordnet Ende Januar oder Anfang Februar 1942 die bereits geplante Aktion an. Die Opfer werden mit Lastwagen vom provisorischen Gefängnis des Kommandos zur Schachtanlage transportiert. Die Umgebung ist im weiten Kreis vom Kommando abgesperrt. Die Lastwagen halten in der Nähe des Schachtes hinter einer Halde an. Von dort werden die Opfer in kleinen Gruppen zur Schachtanlage geführt. Der Eingang ist von einer Mauer mit mehreren Öffnungen umgeben. Die Opfer müssen sich bei klirrender Kälte bis auf die Unterwäsche entkleiden. Dann müssen sie einzeln an den Rand der Schräge treten und werden durch Genickschuss getötet. Die Leichen rutschen wie geplant in den Schacht hinab. Die Schützen sind angeseilt, damit sie nicht durch ein Opfer in die Tiefe mitgerissen werden können. Die Schützen wechseln sich von Zeit zu Zeit ab. Die Aktion dauert mehrere Stunden, ihr fallen alle zuvor inhaftierten 250 Personen zum Opfer.[267]
Dass sich die Opfer ausziehen müssen, hat einen psychologischen Grund: Nackte Menschen sind kaum in der Lage, Widerstand zu leisten.
In Gorlowka finden in dem Zeitraum bis März 1942 noch drei weitere Exekutionen am Schacht statt. Einmal beträgt die Zahl der Opfer 40 Personen, dann 50 bis 65 und 20 bis 25. Die Opfer kommen nicht nur aus Gorlowka, sondern auch aus den Gebieten der Teilkommandos.
Hierzu der Zeuge Goercke, einer der Dolmetscher des SK 4b:

> „Ich erinnere mich an Jobst Thiemann. Er war Hauptsturmführer und stellvertretender Leiter des SK 4b. Ich kann aus unmittelbarer Kenntnis sagen, dass der Hauptsturmführer Thiemann selbst mit dabei war und nicht nur den Befehl zum Schießen erteilte, sondern selbst mit der Pistole Menschen niederschoss. Die Menschen, die dabei erschossen wurden, stürzten in den dafür bestimmten

[267] Vgl. LG Düsseldorf, wie oben, D III, 14

> Kohlenschacht, der noch tagelang, ja monatelang nach den Massenerschießungen offen stand und auch weiterhin noch als Hinrichtungsstätte benutzt wurde."[268]

Der Zeuge S., der Schirrmeister des SK 4b, kommt bei einer Exekution am Schacht hinzu und erkennt den Hauptsturmführer Thiemann als ranghöchsten Dienstgrad des Kommandos.
Der Zeuge D., der das Gefängnis verwaltet, sagt aus:

> „Auch in Gorlowka musste ich Gefangene zur Exekution herausgeben. An einer Exekution habe ich als Zugführer teilgenommen. Die Gefangenen wurden zu einem Schacht gefahren. Es handelte sich um etwa 15 Mann, die von einem Schützen erschossen wurden. Dieser war angeseilt, damit er nicht in den Schacht gerissen wurde. Hauptsturmführer Thiemann leitete die Exekution. Sturmbannführer Haensch, der neue Kommandeur, war ebenfalls zugegen. Wir selbst mussten die Gefangenen vom Lkw zum Schacht führen. Am Schachtrand wurden sie dann erschossen und fielen nunmehr in die Grube. Einer der Gefangenen sprang sogleich in den Schacht. Da er sich nicht mehr im Schusswinkel des Schützen befand, schossen Thiemann und Haensch auf ihn mit Pistolen. Diese beiden Personen standen nämlich seitlich des Schachtes."[269]

Weiter erinnert sich Goercke:

> „Ich kann mich besinnen, dass der Bürgermeister des Stadtteils, in dem der Schacht lag, sich bei mir und anderen beklagte, dass der Verwesungsgeruch der Hingerichteten den ganzen Ort verpeste."[270]

Später wurde dann die Schachtanlage vom SK 4b gesprengt.

---

[268] BArch B 162/3769, Bl. 207
[269] BArch B 162/3772, Bl. 891 R
[270] BArch B 162/3769, Bl. 207

Eine weitere Exekution beschreibt Staatsanwalt Hesse wie folgt:

> „Im April 1942 übernahm das SK 4b Juden, die im italienischen Frontbereich ansässig gewesen waren. Italienische Soldaten übergaben dem SK 4b etwa 60 bis 100 Juden. Den Juden wurde erklärt, sie kämen nach Polen zum Arbeitseinsatz. Sie müssten deshalb ihr Geld abliefern, damit es in polnische Währung umgetauscht werde. Von dem Übergabeplatz auf offener Straße wurden die Juden in mehreren Fahrten mit einem Lkw zum Schacht gebracht und dort unter der Leitung von Thiemann erschossen. Die Tötung der Säuglinge und Kinder soll durch den Obersturmführer B. erfolgt sein, der [dem Stab der Einsatzgruppe C angehörte und] sich kurzfristig als Gast beim Kommando aufhielt.“[271]

Der Zeuge W. kann bei seiner Vernehmung mit dem Namen Thiemann zunächst nichts anfangen, dann erinnert er sich aber:

> „Im Zusammenhang mit Dr. Haensch fällt mir die Person eines SS-Führers ein, dessen Name ich vergessen habe. Dieser Führer war sehr genau in allem. Ich weiß noch, dass er sich damals in Gorlowka in den Abendstunden – es muss schon dunkel gewesen sein – mit der Pistole versehentlich in den Fuß geschossen hat. Ich weiß genau, dass dieses Missgeschick dem SS-Führer während eines Einsatzes unterlaufen ist, weil ich Posten stand. Ich kann mich beim besten Willen nicht daran erinnern, dass dieser Führer Thiemann hieß. Dieser Vorfall war allgemein bekannt.“[272]

---

[271] Staatsanwaltschaft Dortmund, wie oben, S. 27/28

[272] BArch B 162/3772, Bl. 680

Ein Angehöriger des Kommandos muss ihn verbinden, er sagt aus:

> „Ich habe mal als Sanitäter einen Hauptsturmführer verbinden müssen, der sich angeblich bei einer Spielerei mit dem Schießeisen ober- oder unterhalb des Knies ins Bein geschossen hatte. Ich weiß nicht, ob Herr Thiemann eine solche Narbe hat.“[273]

Staatsanwalt Hesse beschreibt, bei welchem Einsatz dies passiert ist:

> „Bei mindestens einem Gaswageneinsatz hatte der Beschuldigte Thiemann die verantwortliche Leitung. Es handelte sich wieder um einen größeren Einsatz, an dem fast das gesamte Kommando beteiligt war. Die Aktion begann in den Abendstunden und endete erst nach Mitternacht. Bei mindestens fünf bis sechs Fahrten des Gaswagens wurden insgesamt 250 bis 300 Juden durch die Auspuffgase getötet. Arbeitsjuden mussten am Schacht die Leichen aus dem Gaswagen holen und in den Schacht werfen. Anschließend wurden sie erschossen. Bei dieser Exekution der Arbeitsjuden hat sich der Beschuldigte Thiemann mit einer Spezialpistole ins Bein geschossen. Er kam deshalb für kurze Zeit ins Lazarett.“[274]

Man könnte bei dieser Verletzung an einen „Heimatschuss“ denken, doch das kann ausgeschlossen werden. Im April 1942 schreibt Jobst an seine Schwestern, dass er für immer im Osten bleiben möchte und er nur die einzige Sorge habe, dass man ihn zu früh nach Berlin zurückberufen könne. Die Schwestern verstehen diese Aussage objektiv sicherlich als den Begeisterungsruf des Kämpfers an der Ostfront, subjektiv kann diese aber nur als ein deutliches Bekenntnis zum Vernichtungskrieg in der Sowjetunion verstanden werden.

---

[273] BArch B 162/3772, Bl. 889

[274] Ermittlungsergebnisse der Staatsanwaltschaft Dortmund, wie oben, S.28

Die Idee, Gaswagen zur Vernichtung von Menschen einzusetzen, hat Walther Rauff, Leiter der Abteilung II D, Technische Angelegenheiten, im RSHA. Weil das eigenhändige Töten der Opfer nicht ohne psychische Wirkung auch auf die hartgesottensten Angehörigen der Einsatzgruppen bleibt, sucht man nach weniger die Person des Täters belastenden Methoden der Tötung. Es werden Autobusse in der Weise präpariert, dass die Abgase während der Fahrt solange in den Innenraum geleitet wurden, bis die Opfer qualvoll erstickt sind.
Die Tötung mit den Gaswagen stellt die Einsatzkommandos jedoch vor noch größere Probleme, weil das Ausräumen der Fahrzeuge als weitaus schlimmer empfunden wird als das Erschießen der Opfer. Daher setzen die Leiter zu diesem Zweck auch die sogenannten Arbeitsjuden ein, die nach dem Ausräumen der Busse ebenfalls umgebracht werden. Der Schirrmeister W. muss den Gaswagen Anfang 1942 aus Kiew holen, dann wird das Gerät beim SK 4b in Gorlowka eingesetzt. Bei mehreren Einsätzen des Gaswagens soll Jobst nach den Ermittlungen der Staatsanwaltschaft die Oberaufsicht gehabt haben.
Der Zeuge W. sagt dazu aus:

> „Ich kann mich nur an zwei Gaswagen-Einsätze erinnern. Ich habe bei beiden als Absperrer mitwirken müssen. Beim ersten Einsatz wurden die Insassen unseres Gefängnisses mit dem Gaswagen getötet. Es handelte sich um etwa 40 Männer und Frauen. Es waren vorwiegend Juden. Die Menschen kamen aus dem Gefängnis heraus und mussten sofort den Wagen besteigen. Anschließend startete der Fahrer den Motor und leitete die Auspuffgase in das Fahrzeug. Der zweite Gaswagen-Einsatz begann in den Abendstunden und war erst nach Mitternacht beendet. Es war so, dass der Gaswagen die Leichen brachte, die, weil der Wagen aus irgendwelchen Gründen nicht bis an den Schacht fahren konnte, mit einem Panjewagen zum Schacht gefahren werden mussten. Die Leichen mussten also aus dem Gaswagen geholt werden und anschließend auf den Panjewagen verladen

> werden. Dann wurden sie an den Schacht gefahren und dort hineingeworfen. Diese Arbeit verrichteten vermutlich Gefangene. Die ganze Stimmung war unheimlich. Wer die verantwortliche Leitung dieser Aktion hatte, das weiß ich nicht mehr. Mit Sicherheit kann ich sagen, dass derjenige SS-Führer anwesend war, der sich in dieser Nacht aus Versehen mit seiner Pistole in den Fuß geschossen hat."[275]

Der Zeuge S. hat von den Gaswagen-Einsätzen folgendes gehört:

> „Die Tötungsart muss besonders grauenvoll gewesen sein. Noch während der Fahrt schaltete er [der Fahrer] die Auspuffanlage auf Vergasung. Die Opfer sollen furchtbar geschrien haben. Der Fahrer war von diesen Erlebnissen völlig fertig. Er musste abgelöst werden. Sowohl Greise als auch Säuglinge wurden vergast."[276]

Und in einem weiteren Fall hat Staatsanwalt Hesse gegen Jobst ermittelt:

> „Nach der Ablösung des Dr. Haensch im Juli 1942 führte der Beschuldigte Thiemann eine Zeitlang das SK 4b. In dieser Zeit erfolgte eine weitere Exekution von etwa 100 Juden und Zigeunern. Das Außenkommando Artemowsk war zu diesem Zeitpunkt bereits nach Gorlowka zurückgekehrt. Auch die Angehörigen des Außenkommandos wurden bei der Erschießung mit eingesetzt. Mehrere Lkw brachten die Häftlinge zum Schacht. Wenige Meter vor dem Schacht hielt der Wagen an. Anschließend mussten die Gefangenen einzeln das Fahrzeug verlassen. Sie wurden dann fast im Laufschritt zum Schacht geführt, wo die Schützen auf sie warteten und sie durch Genickschüsse töteten.

[275] BArch B 162/3772, Bl. 688 f.
[276] BArch B 162/3772, Bl. 851

> Ob der Beschuldigte Thiemann bei weiteren Exekutionen auf dem Vormarsch (nach Stalingrad und auf dem Rückweg von dort), insbesondere in Woroschilowgrad mitgewirkt hat, konnte nicht geklärt werden.“[277]

Im Spätsommer 1942 wird Jobst per Funkspruch nach Berlin zurückbeordert. Er bleibt noch bis zum 07.09.1942 beim SK 4b. Ein Jahr später würdigt Himmler in seiner berüchtigten und schon zitierten Posener Rede am 04.10.1943 vor den Höheren SS- und Polizeiführern die Taten der Einsatzgruppen:

> „Ich will hier vor Ihnen in aller Offenheit auch ein ganz schweres Kapitel erwähnen. Ich meine jetzt die Judenevakuierung, die Ausrottung des jüdischen Volkes. Und da kommen sie alle, die braven 80 Millionen Deutschen, und jeder hat seinen anständigen Juden. Von euch werden die meisten wissen, was es heißt, wenn 100 Leichen beisammen liegen, wenn 500 oder 1000 daliegen. Dies durchgehalten zu haben und dabei – abgesehen von Ausnahmen menschlicher Schwächen – anständig geblieben zu sein, das hat uns hart gemacht.“[278]

Es ist schwer zu verstehen, was Himmler hier für „anständig“ hält.

Inge, die bis zur Verhaftung wohl nur teilweise darüber informiert war, welche Verantwortung Jobst in Russland im einzelnen getragen hat, erinnert sich, dass er nach dem Krieg bei einem unruhigen Mittagsschlaf auf dem häuslichen Sofa in der Bielefelder Senne plötzlich sagte: „Da musste man schon starke Nerven haben!“

Inge will aber auch gar nicht so genau wissen, was Jobst im einzelnen wirklich gemacht hat. Er spricht nicht darüber, und sie steht einfach zu ihrem Mann. Und sie verdrängt, was sie erfahren hat. Im Jahrbuch des Familienverbandes Faust 1972 schreibt sie über ihr Leben mit Jobst:

---

[277] Staatsanwalt Hesse, wie oben, S. 28, 29

[278] Himmler, Posener Rede vom 04.10.1943, vgl. Heinemann, wie oben.

> „Jobst hatte große Mühe, 1942 von seinem Ministerium zu einem halbjährigen Fronteinsatz beurlaubt zu werden. Er wollte nicht nur im Hinterland den Krieg überleben. Dass er draußen, seinem Dienstgrad getreu, seinen Mann als Soldat gestanden hat, war für ihn selbstverständlich. Er war eingesetzt im Kampf gegen Partisanen. Es kam zu Exekutionen. Das machte man ihm später auch nicht zum Vorwurf, aber es waren Juden darunter. Und das war das Kriterium.“[279]

Bei dem Versuch, das Geheimnis der verschwundenen Tagebücher zu lüften, sind wir mit dem „Osteinsatz“ von Jobst in das dunkelste Kapitel seiner Juristenkarriere vorgedrungen. Wir haben zwar geahnt, was uns bei den Nachforschungen erwartet, aber es fällt doch schwer, mit den Details konfrontiert zu werden und über diese Ereignisse zu schreiben.

---

[279] Jahrbuch des Familienverbandes Faust 1972, Band 2, S. 25 ff.

16. War Befehlsverweigerung möglich?

Die Führungskräfte der Einsatzkommandos, also im wesentlichen die Offiziere, waren die Garanten für den erwarteten Erfolg der Aufgaben der Einsatzgruppen im Sinne der SS-Führung. Der Fronteinsatz war ein fester Baustein für die Karrieren der höheren SS-Führer. „Er hat sich im Fronteinsatz bewährt," lautete dann die Beurteilung in den Personalakten. Das setzte aber auch voraus, dass die Führer keinerlei Skrupel zeigten und willlig die nationalsozialistische Weltanschauung umsetzten, indem sie alle vermeintlichen Gegner, die „bolschewistischen Untermenschen", die Juden und alle, die als „lebensunwert" galten, gnadenlos ausrotteten.

Wie behandelten diese Kommandoführer ihre eigenen Soldaten? Was geschah, wenn einer sich dem Morden entziehen wollte? Hierzu äußerte sich im Prozess gegen das SK 4b der Zeuge W., der das Gefängnis des Kommandos verwaltete:

> „Ich war bei einer Exekution, die unter der Leitung des Untersturmführers Ebert stand. Sie lief so ab, dass jeweils 2 Mann des Kommandos sich 2 Häftlinge vom Lkw holten, sie zum Erschießungsplatz zu bringen und dort zu erschießen hatten. Ebert rief mich gegen Schluss der Exekution an, dass ich nun auch endlich mal an der Reihe sei. Daraufhin bin ich zum Lkw gegangen und habe mir einen der dort noch befindlichen Gefangenen geholt. Es war eine sehr korpulente Frau. Am Erschießungsort angekommen wusste ich mit der Pistole nichts anzufangen. Ich habe Ebert gesagt, dass ich so etwas noch nie gemacht hätte und habe ihn gefragt, wie man es mache. Ebert, der sich mit mir einen Gefangenen geholt hatte, hat daraufhin zunächst sein Opfer (ich glaube, es war ebenfalls eine Frau) durch Genickschuss getötet. Mir ist noch im Gedächtnis, dass er durch einen gleichzeitigen Fußtritt in das Gesäß dafür sorgte, dass die Leiche vornüber in das Loch fiel. Erst danach trat er an mich heran und zeigte mir mit Hilfe meiner Pistole, wie ich meine Waffe anzusetzen hatte, ‚um eine volle Wirkung

> zu erzielen'. Ich war aber nicht in der Lage – nicht zuletzt unter dem Eindruck des zuvor Gesehenen – den Befehl auszuführen und habe Ebert gesagt, dass er machen könne was er wolle, ich könnte nicht schießen. Daraufhin hat er mich beiseite gestoßen und die Frau selbst durch Genickschuss getötet. Über die Gründe der einzelnen Hinrichtungen kann ich nur sagen, dass man uns erklärt hat, es seien kriminelle Personen, wobei man wohl auch Kommunisten dazu zählte. Mir ist nicht bekannt, dass ein Urteil vorgelegen hat. Im Gegenteil, ich weiß hundertprozentig, dass dies nicht der Fall war. Nach der Exekution, bei der nach meiner Beobachtung ukrainische Miliz im weiteren Umkreis den Exekutionsort abgesperrt hatte, hat Ebert im Kreis des zwanglos versammelten Kommandos zu mir gesagt: ‚Du bist mir ein schöner Nazi, ein feiges Schwein bist du [weil bekannt war, dass Ebert der NSDAP angehörte]!' Irgendwelche weiteren Maßnahmen sind nicht ergriffen worden. Ich habe allerdings an dem Gesamtverhalten – vor allem der Vorgesetzten – gemerkt, dass man mich von da ab mied oder schnitt."[280]

Wie hat sich Jobst gegenüber seinen Untergebenen verhalten? Hierzu haben wir nur wenige Aussagen gefunden. Der Zeuge W. hatte ja schon bekundet, dass Jobst einer war, der alles sehr genau nahm. Ein weiterer Zeuge erklärte, dass „er sehr unbeliebt war, weil er arrogant und hochnäsig auftrat. Nach seiner Meinung war er der Einzige, der die Arbeit richtig erledigte und auf den man sich verlassen könnte."[281] Auch bei den Verhören verdächtiger terroristischer Personen zeigte Jobst besonderen Eifer. Der Dolmetscher Goercke erinnert sich:

> „Ein Erlebnis aus eigener Wahrnehmung mit Thiemann war die Vernehmung einer Frau durch denselben, bei der er die Frau zwang, sich vollständig zu entkleiden."[282]

---

[280] BArch B 162/3770, Bl. 399 f.
[281] Zitiert nach Jens Banach, Heydrichs Elite, S. 308
[282] BArch B 162/3769, Bl. 207

Dass Jobst im Sinne der SS weltanschaulich gefestigt war, legt die Tatsache nahe, dass sein Schuss in den Fuß von seinen Vorgesetzten nicht als „Heimatschuss“ gewertet wurde, weil er ja nach dem kurzen Lazarettaufenthalt weiter beim Kommando blieb. Etwa zum Zeitpunkt dieser Verletzung, also im März 1942, wird Jobst in seiner Eigenschaft als Beamter im Innenministerium zum Regierungsrat befördert.[283]

Aus dem Brief der Schwester Gretlein vom 14.04.1942 erfahren wir, dass er seinen Dienst im Osten mit voller Überzeugung versieht. „Du schreibst, dass Du wohl für immer im Osten bleiben möchtest, lieber Jobst? Da kann ich Dich nur restlos bewundern.“[284] Und seine Muter fügt in diesem Brief hinzu: „Lieber Junge, wenn Du immer so zufrieden schreibst und bloß eine Sorge hast, dass man Dich zu früh nach Berlin zurückrufen könnte! Ja, darüber bin selbst ich froh!“[285]

In diesem Kontext stellt sich immer wieder die Frage: Hatten die Soldaten, Offiziere und SS-Führer überhaupt eine realistische Möglichkeit, sich dem Morden zu entziehen? Hätte man sie nicht unweigerlich vor ein Wehrmachts- oder SS-Kriegsgericht gestellt?

Einigen Kommandoführern ist es zumindest gelungen, ihre Ablösung durchzusetzen. Sie hatten in dem Augenblick Bedenken, als die Einsatzgruppen dazu übergingen, nicht nur wehrfähige Männer, sondern auch Frauen und Kinder zu erschießen. Peter Longerich benennt hierzu die Kommandoführer Erwin Schulz (EK 5), Walter Blume (SK 7) und Ehrhard Kroeger (EK 6).[286] Pikanterweise argumentiert auch Jobst vor dem Untersuchungsrichter (Aussage am 21.02.1961) damit, dass er sich bei rechtswidrigen Befehlen hätte ablösen lassen:

> „Wenn ich jetzt gefragt werde, ich hätte bei der Vernichtung von jüdischen Menschen teilnehmen sollen: Ich hätte in einem derartigen Fall opponiert oder Mittel und

---

[283] Vgl. Ernennung zum Regierungsrat, BArch, R 601/1813

[284] Gretlein Thiemann, Brief an Jobst Thiemann v. 14.04.1942 – Privatarchiv

[285] Hanna Thiemann, Brief an Jobst Thiemann vom 14.04.1942 – Privatarchiv

[286] Vgl. Peter Longerich, Politik der Vernichtung, S. 381

> Wege gefunden, mich einer derartigen Aufgabe zu entziehen.“[287]

Günther Herrmann, Leiter des SK 4b, erklärte im Strafprozess, der Leiter der Einsatzgruppe C, Otto Rasch, habe ihm auf seine Einwendungen gegen die Ausrottungsbefehle erklärt, „wer Zicken macht, wird an die Wand gestellt.“[288]

Das Urteil des Landgerichts Düsseldorf nimmt ausführlich Stellung zu der Frage, ob es den Angeklagten möglich und zumutbar war, sich der Vernichtungsmaschinerie zu entziehen. Dazu hat es Sachverständige gehört, die mehrheitlich Richter von Kriegs- oder SS-Gerichten waren. Diese konnten keinen Beweis dafür liefern, dass eine Befehlsverweigerung bei rechtswidrigen Erschießungsaktionen der Einsatzgruppen zu einer Verurteilung vor den SS-, Wehrmachts- oder Polizeigerichten geführt hätte. Sicherlich wurden Exzesse anlässlich dieser Exekutionen, die über die befohlene Tötung hinausgegangen sind, von SS- und Polizeigerichten abgeurteilt. Hinsichtlich der Liquidierungen habe Himmler jedoch den NS-Richtern erklärt, dass diese Aufgaben zu den schwersten der SS gehörten und für die SS- und Polizeigerichte „tabu“ seien.[289]

Bereits 1958 hat Dr. Hans Günther Seraphim in seinem Gutachten für das Schwurgericht in Ulm (Ulmer Einsatzgruppen-Prozess) festgestellt, dass ihm nach 12 Jahren Forschung nicht ein Fall bekannt sei, der den Schluss zulasse, dass die Weigerung eines SS-Führers, einen Vernichtungsbefehl auszuführen, für diesen Folgen gehabt hätten, die als Schädigung an Leib und Leben anzusehen wären.[290] Auch Werner Best, der die Verteidigungsstrategie seiner Kollegen aus dem RSHA koordiniert hat, konnte von den angesprochenen Wehrmachts- und SS-Richtern nur hören, dass ihnen kein Fall bekannt war, in dem die Nichtbefolgung eines rechtswidrigen Befehls zu einem Gerichtsver-

---

[287] BArch B 162/1552 Bl. 510
[288] LG Düsseldorf, wie oben, E II 5d
[289] Vgl. Aussage Dr. Bender, LG Düsseldorf, wie oben, E II, 5d
[290] IfZ, G 01 -35-334

fahren vor einem der damaligen Gerichte geführt hatte.[291] Das Düsseldorfer Urteil führt dazu ein konkretes Beispiel auf:

> „Der Zeuge G. gehörte der Gestapo an und wurde bei Beginn des Ostfeldzuges zum SK 4a kommandiert. Während der Stationierung der Einheit in Charkow hat er sich gegenüber dem Kommandoführer, dem damaligen SS-Standartenführer Blobel, unter Berufung auf seinen Glauben und sein Gewissen offen geweigert, an einer Exekution teilzunehmen. Er ist dafür von Blobel lediglich in einer Weise gemaßregelt worden, dass er einige Tage Stubenarrest erhielt und anschließend zu seiner Heimatdienststelle in Berlin zurückversetzt wurde.“[292]

Das Gericht führt auch noch den Zeugen Dr. Husmann an, den Leiter der Dienststelle „Untersuchungsführer beim RSHA.“ Dieser führte im Herbst 1944 die Untersuchungen gegen den damaligen Chef der Stapo-Leitstelle Düsseldorf, Gustav Adolf Nosske, über den wir schon berichtet haben. Dieser hatte sich geweigert, alle damals noch im Raum Düsseldorf in sogenannter Mischehe lebenden Juden festzunehmen und liquidieren zu lassen. Nosske wurde nach Aussage dieses Zeugen lediglich von seinem Posten abberufen und für den Wehrdienst freigegeben. Er musste anschließend als einfacher Soldat an die Front. Dies mag zwar eine sehr späte Erkenntnis von Nosske gewesen sein, der Fall belegt aber, dass auch höhere SS-Führer bei Befehlsverweigerung gegenüber völkerrechtswidrigen Befehlen von der SS-Gerichtsbarkeit keinesfalls mit dem Tode bedroht waren.
Das Landgericht Düsseldorf fällte in dem Prozess gegen die Angehörigen des SK 4b am 12.01.1973, als die im Nürnberger Einsatzgruppenprozesses nicht zum Tode verurteilten SS-Führer bereits wieder in Freiheit waren, folgende Urteile:
Günther Herrmann, Leiter des SK 4b, wurde zu 7 Jahren Freiheitsstrafe verurteilt. **Fritz Braune**, ebenfalls Leiter des SK 4b, erhielt 9 Jahre Freiheitsstrafe. **Hans-Joachim Sommerfeld**,

---

[291] Vgl. Ulrich Herbert, Best, S. 459
[292] LG Düsseldorf, wie oben, E II 5d

Leiter eines Teilkommandos, wurde zu 6 Jahren Freiheitsstrafe verurteilt. **Wilhelm Ebert**, ebenfalls Leiter eines Teilkommandos, wurde zu 5 Jahren Freiheitsstrafe verurteilt. **Walter Hupp,** der „Spieß“ des SK 4b und Leiter eines Teilkommandos, erhielt 3 Jahre und 6 Monate Freiheitsstrafe.
Dr. Walter Haensch, ebenfalls Leiter des SK 4b, wurde – wie berichtet – bereits im Einsatzgruppenprozess zum Tode verurteilt, dann aber begnadigt und 1955 freigelassen.
Wer aber das Pech hatte, sich nach dem Kriege in der DDR wiederzufinden, musste mit der Todesstrafe rechnen. So wurde der notdienstverpflichtete Baltendeutsche und mehrfach zitierte Dolmetscher und SS-Scharführer Kurt Goercke in der DDR vor Gericht gestellt. Er sagte – warum auch immer – offener aus als seine westdeutschen Kameraden, die fast alle „an Amnäsie litten.“ Goercke wurde 1961 zum Tode verurteilt und hingerichtet. Hierzu Wilhelm Lenz:

> „Als Dolmetscher war Goercke einer Vernehmungsgruppe zugeteilt, die von Gefangenen durch Misshandlung Geständnisse erpressten. Als Angehöriger einer Exekutionsgruppe hat er an verschiedenen Orten ca. 130 Menschen getötet. Eingesetzt war er auch bei einer Vernichtungsaktion mittels Gaswagen.“[293]

Am Ende unserer Nachforschungen stellt sich unweigerlich die Frage, warum so viele Juristen in den höheren Führungsebenen der staatlichen Verwaltung an diesem Morden teilgenommen haben. Sie hatten ein juristisches Studium absolviert, in dem es essentiell um die Definition von Recht und Gerechtigkeit geht. Sind sie nicht zum Kern der Rechtswissenschaft vorgestoßen? Offensichtlich war die Kraft der Assimilation der NS-Ideologie stärker als ihr persönliches Rechtsgefühl. Das ureigene Gespür für Gerechtigkeit und Menschlichkeit ist verlorengegangen. Juristen – so zeigt es die Geschichte – passen sich immer schmieg-

---

[293] Wilhelm Lenz, Deutschbalten in den Einsatzgruppen der Sicherheitspolizei und des SD, S. 295

sam an das Machtgefüge an, das ihnen Karrieremöglichkeiten bietet, in Unrechtssystemen geht das Rechtsbewusstsein allmählich unter. Dies ist nicht nur auf die Zeit des Nationalsozialismus beschränkt, und es gilt natürlich auch für die übrigen Akademiker in den Führungsfunktionen des NS-Staates, die ebenfalls ein persönliches Rechtsempfinden gehabt haben müssen. Hatten sie eine Handlungsalternative? Die Antwort ist einfach: Alle hätten sich auch anders entscheiden können ohne Gefahr für Leib und Leben, außer einem Karriereknick wäre ihnen nichts weiter widerfahren. Aber sie haben sich für die Karriere entschieden.

Himmler hatte mit seiner Ideologisierung der Führungskräfte jedenfalls Erfolg. Er hat die Juristen seines Machtapparates zu den willigen Vollstreckern des nationalsozialistischen Rassenwahns gemacht.

Diesem scheinbar unwiderstehlichen Sog des Zeitgeistes konnte sich auch Jobst nicht entziehen. Freiwillig hat er sich dem militärischen Drill der SA angeschlossen, fast unerwartet schaffte er den Sprung in die Spitze des Polizeiapparates der Nationalsozialisten, wo er die gesamte Kriegszeit verbrachte. Jobst war wie seine Juristenkollegen des RHSA Himmlers Ideologie verfallen, der seinen Männern indoktrinierte, dass die SS die Elite des nationalsozialistischen Reiches sei. Werner Best prägte die Ideologie des RSHA ausgehend von Ernst Jüngers Mythos des Kriegers: Nicht wofür wir kämpfen, sondern wie wir kämpfen - darauf kommt es an. Schon 1930 formulierte Best seinen heroischen Realismus:

> „Der Kampf ist das Notwendige, Ewige, die Kampfziele sind zeitbedingt und wechseln. Deshalb kann es auch auf den Erfolg des Kampfes nicht ankommen … So bleibt das Maß der Sittlichkeit nicht ein Inhalt, nicht ein Was, sondern das Wie, die Form.“[294]

---

[294] Zitiert nach Höhne, Der Orden unter dem Totenkopf, S. 149
siehe auch Ulrich Herbert, Best, S.97

Und mit dieser Ideologie der Vordenker des RSHA werden alle historischen Wertvorstellungen des Abendlandes aus den Angeln gehoben. Hinzu kommt die normative Kraft des Faktischen, nämlich in einem Amt zu arbeiten, das Machtbefugnisse verleiht, um das Unrechtssystem des „Dritten Reiches“ zu implementieren. Und der tägliche hautnahe Kontakt mit den mächtigsten Männern der Exekutivgewalt – Heinrich Müller, Heydrich, später Kaltenbrunner, und Himmler – prägt das Verhalten der Führungskräfte der SS.

Einigen Juristen in höchsten NS-Funktionen, die einen ähnlichen Weg wie Jobst beschritten hatten, ist es obendrein noch trefflich gelungen, nach dem Krieg den Schalter umzulegen, sofort bestens angepasst der neuen Ordnung zu dienen und ihre Karriere erfolgreich fortzusetzen. So wurde der Verfasser und Kommentator der Nürnberger Rassegesetze, Hans Globke, zum wichtigsten Staatssekretär von Adenauer. Der Ministerpräsident Hans Filbinger war einst ein „fürchterlicher Marinerichter“. Als die Marine gegen Ende des Krieges ihre im Landkampf unerfahrenen Soldaten gegen Panzer in den Kampf schickte, verurteilte er desertierende Matrosen zum Tode und ließ diese Urteile vollstrecken. Der Jurist Otto Bräutigam war, aus dem Auswärtigen Amt kommend, seit Mai 1941 in leitender Stellung im Reichsministerium für die besetzten Ostgebiete tätig. Seine Aufgabe war es, die „Neugestaltung des europäischen Ostens“ zu konzipieren. Er war bestens über alle Angelegenheiten in der besetzten Sowjetunion informiert und arbeitete aktiv mit an der Vernichtungsstrategie der Nationalsozialisten. Das Strafverfahren gegen ihn wegen seiner Tätigkeit im Ostministerium endete 1950 mit einem Freispruch. Bräutigam kehrte in das Auswärtige Amt zurück und erhielt 1959 das große Bundesverdienstkreuz. Diese Aufzählung ließe sich noch beliebig fortsetzen.

17. Margit erinnert sich

Im November 1952 in der Ramsau am Dachstein hieß es, wir besuchen die Großmutter in Deutschland. In Salzburg stieg der uns Kindern weniger vertraute Eduard Steininger alias Jobst Thiemann zu uns in den Zug. Wir hatten keine Ahnung, dass dieser strenge Mann unser Vater sein sollte. Diese Tatsache wurde uns plötzlich von den beiden Erwachsenen mitgeteilt. Ich glaube, es war mir egal, hatte ich doch meinen Großvater in der Ramsau, der bisher für mich da war. Wozu einen Vater, den ich bisher nicht als solchen wahrgenommen hatte!
Ankunft am Bielefelder Bahnhof – kalt, zugig, regnerisch, fremd. Der Satz: „Wir bleiben jetzt immer hier und fahren nicht zurück nach Österreich," riss mich endgültig aus meiner bisher glücklichen Kindheit. Ich wurde aus der großen Freiheit gegen meinen Willen in eine enge Drei-Zimmer-Wohnung verpflanzt. Im Kindergarten und zu Hause wurde ich bisher nicht bekannten Zwängen unterworfen, musste mir den ostwestfälischen Dialekt an- und den vertrauten steirischen Dialekt abgewöhnen. Darüber hinaus hatte ich plötzlich einen Vater, der streng und unnahbar war. An meiner Seite hatte ich meine geliebte, aber im neuen Umfeld unglückliche Mutter und eine freundliche Großmutter. Ich wurde immer dünner, blasser, nervöser und anfälliger für Krankheiten, meine Schwester immer stiller und unsichtbarer, sie litt nach innen hinein. Wie habe ich meinen Opa vermisst! Ich habe ihm später meinen Kummer oft in Briefen übermittelt. Erst nach fünf langen Jahren durfte ich wieder heimfahren zu ihm. Ich lernte mit der Zeit, mich in der neuen Umgebung zu behaupten und die neue familiäre Situation zu akzeptieren.

Zehn Jahre später: Fünfzehnjährig, stapfe ich müde nach der Schule nach Hause durch die sogenannte Senner Heide. Von weitem registriere ich, dass vor unserem Gartentor ein Auto parkt. Beim Näherkommen sehe ich meine weinende Mutter und ihre Freundin, meinen schluchzenden Vater und einen Polizeibeamten. Unsere Hunde schleichen mit hängenden Köpfen um diese Gruppe – ich erstarre innerlich und fühle: Hier ist etwas

Schlimmes passiert. Meine Fassungslosigkeit über diese Situation ist unbeschreiblich. Mein Vater: „Ich gehe ein bisschen ins Gefängnis …“ Ich entsetzt: „Was hast Du getan?“

Der Vater stand für uns Kinder immer unantastbar auf einem hohen Sockel, war eine allseits geachtete Persönlichkeit.

Er: „Es ist noch was aus dem Krieg…“ Nie zuvor wurde bei uns über den Krieg gesprochen, wir waren völlig ahnungslos.

Eine kurze hilflose Umarmung, Tränen, winselnde Hunde, das Auto fuhr mit meinem Vater davon – Filmriss bei mir!

Am gleichen Abend schrie ich meine Ohnmacht, Angst, Sorge, Liebe in mein Tagebuch hinein. Noch heute kann ich es nicht ohne Erschütterung lesen.

Wie konnte ich (das Kind) nur so „normal“ im späteren Leben bleiben? Ist es nicht klar, warum ich später Diplom-Sozialarbeiterin wurde und Psychologie studierte? Mir dämmerte das erst Jahrzehnte später.

Das Alltägliche wurde zum Albtraum. In allen Zeitungen und Nachrichten wurde ausführlich über die Verhaftung des „bekannten Rechtsanwaltes Thiemann“ berichtet. Ein Anwalt gleichen Namens aus Bielefeld dementierte in der Presse, dass er nicht „der Böse“ sei.

Die Schule, Tanzschule – alles wurde zu einem Minenfeld. Ich machte mich unsichtbar und schämte mich entsetzlich. Plötzlich mutierte ich vom fröhlichen, frechen und selbstbewussten Teenager zur Kriegsverbrechertochter. Diese Last drückte mich tief hinunter. Meine Klassenlehrerin in einem christlichen Gymnasium meinte es gut mit mir und bat in meiner Gegenwart meine Mitschülerinnen um Rücksichtnahme, da ich es jetzt sehr schwer zu Hause habe. Das war für mich das Schlimmste, so vorgeführt zu werden. Später habe ich das verstanden und verziehen, aber mit 15 Jahren war das kaum zu ertragen.

Meine Freundinnen und Mitschülerinnen waren in dieser Zeit niemals abweisend zu mir!

Aber ich habe damals gelernt, in den Augen der Menschen zu lesen, vieles zu spüren – die Augen waren so oft voller Verachtung und Abscheu, Häme, Triumph, Neugierde, Mitleid, Hilflosigkeit. Heute habe ich Verständnis dafür, damals fühlte ich mich wie entwurzelt. Der Entschluss, später beruflich Menschen zu helfen, die auf der Schattenseite des Lebens stehen müssen, reifte ganz konkret in mir. War ich doch selber aus der sogenannten Gesellschaft brutal ausgestoßen worden. Mein bester Freund sagte einmal in der Wut zu mir: „Vergiss nie, dass Dein Vater ein Kriegsverbrecher ist!“

In dieser Zeit und auch heute noch frage ich mich immer, woher meine Mutter ihren unerschütterlichen Optimismus und ihre Lebensfreude hernimmt. Ich habe sie niemals klagen oder schimpfen hören, sie stand fest zu meinem Vater.

Ich wurde innerlich immer aufmüpfiger, kritischer, zorniger gegen diesen Vater – nach außen hin aber blieb ich angepasst. Es gab Zeiten, da wünschte ich sehnlichst, dass dieser Mann nicht mein Vater sein sollte, ich wollte keinen Vater, der zu diesen Verbrechen fähig war. Ich hasste ihn und wollte nicht, dass er wieder freikommt. Am Tag der Entlassung nach eineinhalb Jahren äußerte ich gegenüber meiner Mutter: „Ich weiß nicht, ob ich mich freuen soll.“ Diese Zweifel waren sehr berechtigt, wie sich später zeigte, denn es wurde eine schlimme Zeit für alle Beteiligten. Er war tyrannisch, ungerecht, einfach unausstehlich, mehr will ich dazu nicht sagen.

Später versuchte ich zu analysieren, warum er so war. Und ich kann ihm entschuldigend zu Gute halten, dass er unter einem immensen Druck gestanden haben muss.

Ich habe mich mit mir und unseren Lebensumständen damals versöhnt, kann darüber diskutieren und auch akzeptieren.

Etwas muss ich noch erwähnen: Jahrelang wachte ich aus einem Albtraum auf, in dem ich verzweifelt versuchte, mit dem Fuß ein größer werdendes Loch in der Erde zuzuschieben, in dem sich Grauenvolles verbarg und von dem ich nicht wusste, was da unten drin war. Eines Tages wurde mir schlagartig klar, dass es der Schacht in Russland gewesen sein muss, von dem ich träumte, der Schacht, an dem mein Vater seinen „Dienst“ tat….

Wie werden mir die Menschen begegnen, wenn sie dieses Buch gelesen haben – ich werde in ihren Augen lesen.

18. Epilog

Am 02.07.1966 beantragt Jobst beim Landgericht Düsseldorf, von seiner Meldepflicht entlassen zu werden, um im August einen Urlaub in der Ramsau zu verbringen. Er argumentiert, dass angesichts der hohen Kaution eine Fluchtgefahr wohl ausgeschlossen sei. Gleichzeitig schreibt er seinem Pflichtverteidiger, Rechtsanwalt Kurt Hartwich, einen bösen Brief und rügt dessen Untätigkeit. Hartwich verteidigt gleichzeitig auch Waldemar Krause, den letzten Leiter des SK 4b. Die Hauptakten beim Landgericht Düsseldorf in dem Verfahren gegen Herrmann und andere umfassen inzwischen 27 Bände.
Jobst hat weiterhin gegenüber der Staatsanwaltschaft und dem Ermittlungsrichter jegliche Aussage zur Sache verweigert.
Am 25.06.1966 bricht Jobst in seinem Büro zusammen und wird zur Untersuchung nach Bethel in das Krankenhaus Gilead eingeliefert. Die Ärzte verordnen ihm strenge Bettruhe und entlassen ihn nach Hause. Am 13.07.66 hat sich sein Gesundheitszustand so sehr verschlechtert, dass er wieder in das Krankenhaus eingeliefert wird. Dies nimmt das Landgericht Düsseldorf zum Anlass, sofort mit Schreiben vom 15.07.1966 bei Jobst anzufragen, ob „mit Rücksicht auf Ihre Erkrankung und insbesondere die Aufnahme in das Krankenhaus Gilead Ihr Urlaubsantrag gegenstandslos geworden sei." Jobst will unbedingt noch einmal in die Ramsau und hält seinen Antrag aufrecht. Daraufhin wird der Antrag vom Landgericht Düsseldorf am 27.07.1966 abgelehnt.
Inge gibt diesen Beschluss nicht an Jobst weiter. Sie schreibt am 17.08.1966 hinter seinem Rücken an das Landgericht und bittet noch einmal um die Reisegenehmigung:

> „Der Gesundheitszustand meines Mannes ist so elend, dass die Enttäuschung einen augenblicklichen und endgültigen Zusammenbruch herbeiführen könnte. Nach Auskunft der behandelnden Ärzte besteht keine Hoffnung, dass er wieder gesund werden kann. Er hat eine akute Form der Leukämie, und trotz aller Bluttransfusio-

nen und Medikamente ist ihm nur noch eine kurze Zeit gegeben."[295]

Landgerichtsrat Strauss antwortet am 23.08.1966 mit entwaffnend scharfer juristischer Logik:

> „Ich sehe mich außerstande, auf dies Schreiben hin etwas zu veranlassen. Gegen den Beschluss vom 27.07.66 steht lediglich Ihrem Ehemann ein Beschwerderecht zu. Da Ihr Ehemann aber, wie Sie selbst schreiben, von diesem Beschluss keine Kenntnis hat, kann auch nicht angenommen werden, dass er Sie bevollmächtigt hat, eine Beschwerde einzulegen, als welche an sich das Schreiben vom 17.08.66 angesehen werden könnte."[296]

Etwa zur gleichen Zeit meldet sich das Landgericht Bielefeld, um Jobst in der Sache gegen Dr. Altenloh und andere im September zu vernehmen. Das ist der Bialystok-Prozess, in dessen Verlauf sich Herbert Zimmermann Ende Dezember 1965 erschossen hat. Offensichtlich ist Jobst hier gefragt als Leiter der Abteilung „Gouvernementsangelegenheiten" im RSHA. Prof. Hochheimer, der Leiter des Krankenhauses Gilead, antwortet dem Gericht, dass eine Vernehmung von Jobst als Zeuge in den nächsten 3-4 Monaten nicht möglich sei.
Als sich das Gericht erneut meldet und jetzt fordert, Jobst im Krankenhaus als Zeugen zu vernehmen, antwortet Prof. Hochheimer am 14.09.1966:

> „Herr Rechtsanwalt Jobst Thiemann liegt seit dem 13.07.66 auf der inneren Abteilung des Krankenhauses. Es handelt sich bei Herrn Thiemann um eine akute myeloische Leukämie. Die bösartige und bisher unheilbare Erkrankung hat bei Herrn Thiemann ein Ausmaß,

---

[295] Inge Thiemann, Schreiben an das LG Düsseldorf vom 17.08.1966 – Privatarchiv
[296] Schreiben LG Düsseldorf an Inge Thiemann vom 23.08.1966 Az. UR I 13/65 – Privatarchiv

> dass er sich während der ganzen Zeit der bisherigen Krankheit in Lebensgefahr befand. Aus diesem Grund muss ich dem Gericht gegenüber ärztlich vertreten, dass die Vernehmung von Herrn Rechtsanwalt Thiemann auch im Krankenhause nicht möglich ist, weil sie eine ernste Gefährdung bedeutet."[297]

Jobst kann das Krankenhaus nicht mehr verlassen. Er verstirbt im Herbst 1966. Inge, die Kinder, seine Mutter und seine Schwestern zeigen seinen Tod an:

> „Am 29.11.1966 wurde unser Liebster, Jobst Thiemann, von all seinen Nöten des Leibes und der Seele erlöst."[298]

Wir haben die verschwundenen Tagebücher der Jahre 1939-45 nicht mehr gefunden. Aber die Umzugskiste hat uns doch noch einige Dokumente und Fotos beschert, mit denen wir diesen dunklen Zeitraum ein wenig ausleuchten konnten. Die Gerichtsakten haben das Kapitel des Osteinsatzes dann doch etwas deutlicher belichtet.
Was wir insgesamt entdecken konnten, war eine ambitionierte Juristenkarriere seiner Zeit mit allen Konsequenzen der Verstrickung in ein Unrechtssystem.
Das berufliche Traumziel von Jobst, Assessor beim Regierungspräsidenten in der westfälischen Provinz zu werden, hat er nicht erreicht, aber seine aus Trotz und Verzweiflung ebenso wie aus politischer Überzeugung motivierte Bewerbung bei der Polizei ist erfolgreich. Sie führt ihn mitten in das Zentrum der Exekutivgewalt des „Dritten Reiches", zur Gestapo in das RSHA. Ehrgeizig verfolgt er dort sein Karriereziel über den Osteinsatz und die Blitzheirat zum Regierungsrat und SS-Sturmbannführer. Den Mut zum Ausstieg aus dem mörderischen Osteinsatz hat er nicht gehabt – falls er sich diese Frage überhaupt gestellt hat.

---

[297] Prof. Hochheimer, Schreiben an das LG Bielefeld vom 14.09.1966 – Privatarchiv
[298] Todesanzeige vom 05.12.1966 – Privatarchiv

Archivalienverzeichnis

Bundesarchiv, Berlin / Außenstelle Ludwigsburg:

BArch B 162/1552
BArch B 162/1553
BArch B 162/3769
BArch B 162/3770
BArch B 162/3771
BArch B 162/3772
BArch B 162/4396
BArch B 162/5418
BArch B 162/5698

BArch, Sammlung BDC, SSO, RS und R

Institut für Zeitgeschichte, München:

IfZ, ZS 249, Bd. I
IfZ, Gd 05.31/1
IfZ, G01 - 35 - 334

Stadtarchiv Bielefeld:

Sterberegister und Zeitungsanzeigen vom Oktober 1935

Privatarchiv Margit und Joachim Potthast:

Jobst Thiemanns Tagebücher
Jobst Thiemann, Büchlein über meinen Vater
Diverse Briefwechsel
Diverse Dokumente & Fotografien
Ingeborg Thiemann, Tonbandaufnahmen von 1996
Weitere Tagebuchaufzeichnungen und Erinnerungen
Diverse Zeitungsartikel

Literaturverzeichnis

Banach, Jens, Heydrichs Elite, Das Führercorps der Sicherheitspolizei und des SD 1936-1945. Paderborn, 3. Aufl. 2002

Broszat, Martin, Nationalsozialistische Polenpolitik 1939-1945, Frankfurt, 1965

Friedrich, Klaus-Peter (Hg), Die Verfolgung und Ermordung der europäischen Juden 1939-1944, Band 7, Sowjetunion, München, 2011

Heinemann, Isabel, Kommentar der Rede des Reichsführers SS bei der SS-Gruppenführertagung in Posen am 4. Oktober 1943, In „100(0) Schlüsseldokumente zur deutschen Geschichte"

Herbert, Ulrich, Best: Biographische Studien über Radikalismus, Weltanschauung und Vernunft, Bonn, 2001

Höhne, Heinz, Der Orden unter dem Totenkopf, München, 1967

Hoffmann, Joachim, Die Geschichte der Russischen Befreiungs-Armee 1944/45, München, 2003

Klein, Peter (Hg), Die Einsatzgruppen in der besetzten Sowjetunion 1941/42, Berlin, 1997

Krausnick, Helmut/Wilhelm, Hans-Heinrich, Die Truppe des Weltanschauungskrieges, Stuttgart, 1981

Lenz, Wilhelm, Deutschbalten in den Einsatzgruppen der Sicherheitspolizei und des SD, in Garleff, Michael (Hg), Deutschbalten, Weimarer Republik und Drittes Reich, Köln, 2011

Longerich, Peter, Politik der Vernichtung, München, 1998

Levy, Alan, Die Akte Wiesenthal, Wien, 1995

Lingen, Kerstin von, SS und Secret Service, Paderborn, 2010

Oldenburg, Manfred, Ideologie und militärisches Kalkül, Die Besatzungspolitik der Wehrmacht in der Sowjetunion 1942, Köln, 2004

Paul, Gerhard / Mallmann, Klaus-Michael, Die Gestapo im Zeiten Weltkrieg, Darmstadt, 2000

Potthast, Jan Björn, Das jüdische Zentralmuseum der SS in Prag, Frankfurt, 2002

Reitlinger, Gerald, Die Endlösung, Hitlers Versuch der Ausrottung der Juden Europas 1939-1945, Berlin, 1983

Rürup, Reinhard, Topographie des Terrors, Berlin, 1987

Schröder, Matthias, Deutschbaltische SS-Führer und Andrej Vlasov 1942-1945, Paderborn, 2003

Schwan, Heribert/Heindrichs, Helgard, Der SS-Mann, Leben und Sterben eines Mörders. München, 2005

Smelser, Ronald/Zitelmann, Rainer, Die braune Elite. Darmstadt, 1989

Stockhecke, Kerstin, Ernst Gerke: Vom Gestapo-Chef in Prag zum Justiziar in den von Bodelschwinghschen Anstalten, in Hakenkreuz und Kronenkreuz, 2003

Wildt, Michael, Generation des Unbedingten, Das Führungskorps des Reichssicherheitshauptamtes, Hamburg, 2003

Wilhelm, Hans-Heinrich, Rassenpolitik und Kriegsführung, Passau, 1991

FOTINI TZANI

Zwischen Karrierismus und Widerspenstigkeit - SS-Aufseherinnen im KZ-Alltag

ISBN: 978-3-938969-13-7 140 Seiten 19,95€